人力资源管理论与实务发展研究

张海莹 王林 董晓英 著

中国纺织出版社

图书在版编目（CIP）数据

人力资源管理理论与实务发展研究 / 张海莹，王林，董晓英著. —北京：中国纺织出版社，2019.6

ISBN 978-7-5180-4364-4

Ⅰ.①人… Ⅱ.①张… ②王… ③董… Ⅲ.①人力资源管理—研究 Ⅳ.①F243

中国版本图书馆CIP数据核字（2017）第291482号

责任编辑：武洋洋　　　　　　责任印制：储志伟

中国纺织出版社出版发行
地址：北京市朝阳区百子湾东里 A407 号楼　邮政编码：100124
销售电话：010-67004422　传真：010-87155801
http://www.c-textilep.com
E-mail: faxing@c-textilep.com
中国纺织出版社天猫旗舰店
官方微博 http://www.weibo.com/2119887771
北京玺诚印务有限公司印刷　各地新华书店经销
2019 年 6 月第 1 版第 1 次印刷
开本：787×1092　1/16　印张：16
字数：260 千字　定价：88.00 元

凡购本书，如有缺页、倒页、脱页，由本社图书营销中心调换

前　言

"人力资源管理发展战略"是近年来管理科学工程与经济管理类专业学生的必修课程。它既是新兴的专业学科，也是实际应用性很强的学科，是培养和打造优秀人力资源管理人才的主要课程之一，在培养高素质专业型人才方面起着特别重要的作用。通过学生的专业课程学习，不断提高学生的职业素养，培养学生自己动脑思考问题和动手实践能力。在竞争激烈的市场浪潮中，企业的竞争归根结底是对优秀人力资源的竞争，企业构建自己核心竞争力的同时，需要不断开发和探索新的人力资源管理模式和人力资源策略。因此，人力资源管理课程已经成为管理科学工程与经济管理类专业一门重要必修课程。

近些年来，管理科学工程及经济管理的各专业学生对人力资源管理表现出了极大的热情与诉求，但是，能够将理论和实际的操作方法、评价体系与实践运用相结合的可供选择的论著并不多，因此，我们编写组的老师们在参阅大量的学术研究成果和中外文献的基础上，编写了这本书。本书强调了人力资源管理中的使命、战略、任务、目标和发展的活动，在内容体系的编排上有所创新，突出了人力资源管理各体系的系统化和整体化，共分八章介绍人力资源管理的相关内容。第一章为概述，从整体上介绍人力资源管理的概念及发展。第二章至第四章为人力资源的规划和组织篇，讲述人力资源管理中的主要内容和组织分工设计。第五章至第八章为人力资源管理作业篇，主要介绍人力资源管理作业内容，包括员工招聘与录用、员工培训与开发、职业生涯管理、员工激励与沟通、绩效管理和薪酬管理等内容。

本书编写过程中参考了国内外大量的有关研究文献和教研材料，由于时间关系，对于文献和资料的作者们未及逐一告知，谨向这些文献和教研材料的编者们表示深深的谢意。同时，对于我们在编写过程中存在的不足，还请同行专家和读者们批评指正。

作　者
2018 年 10 月

目 录

第一章 人力资源管理概述 ·················· 1
   第一节 人力资源 ························· 1
   第二节 人力资源管理 ····················· 9
   第三节 人力资源管理的产生与发展 ······· 19

第二章 人力资源规划 ························ 27
   第一节 人力资源规划概述 ················ 28
   第二节 人力资源需求预测 ················ 33
   第三节 人力资源供给预测 ················ 36
   第四节 人力资源供需综合平衡 ············ 41
   第五节 人力资源规划步骤 ················ 42
   第六节 人力资源管理信息系统 ············ 43

第三章 工作分析 ···························· 63
   第一节 工作分析概述 ···················· 63
   第二节 工作分析的方法 ·················· 68
   第三节 工作分析的实施 ·················· 74
   第四节 工作设计 ························ 87
   第五节 岗位胜任特征模型构建 ············ 89

第四章 组织设计 ···························· 100
   第一节 组织设计的原则和内容 ············ 100
   第二节 组织结构设计的类型 ·············· 105

第五章 人力资源招聘 ······················· 111
   第一节 人力资源招聘概述 ················ 111
   第二节 人力资源招聘过程管理 ············ 114
   第三节 招聘渠道的类别及选择 ············ 118
   第四节 应征者的求职过程 ················ 125

第五节　员工招聘与甄选的方法·································127
第六章　员工培训与开发···139
　　第一节　培训与开发概述···139
　　第二节　培训需求分析···148
　　第三节　培训计划制订与实施··155
　　第四节　培训效果评估···169
第七章　职业生涯管理···178
　　第一节　职业生涯管理概述···178
　　第二节　人力资源调配···189
　　第三节　劳动关系与合同管理··194
　　第四节　组织职业生涯规划的操作···································205
第八章　员工激励与沟通···213
　　第一节　激励的基本知识··213
　　第二节　激励理论···219
　　第三节　员工沟通技巧··235
参考文献···249

第一章 人力资源管理概述

【导入案例】

农夫与小羊

农夫家里养了三只小白羊和一只小黑羊。三只小白羊常常为自己雪白的皮毛骄傲，而对小黑羊不屑一顾："你看看你身上像什么，黑不溜秋的，像锅底。""像穿了几代的旧被褥，脏死了！"

就连农夫也瞧不起小黑羊，常给它吃最差的草料，还时不时抽它几鞭子。小黑羊过着寄人篱下的日子，经常伤心落泪。

初春的一天，小白羊与小黑羊一起外出吃草，走出很远。不料突然下起了鹅毛大雪，它们只得躲在灌木丛中相互依偎。不一会儿，灌木丛周围全铺满了雪，因为雪太厚，小羊们只好等待农夫来救援。

农夫上山寻找，起初因为四处雪白，根本看不清羊羔在哪里。突然，农夫看见远处有一个小黑点，跑过去一看，果然是他那濒临死亡的四只羊羔。

农夫抱起小黑羊，感慨地说："多亏这只小黑羊呀，不然，大家都要冻死在雪地里了！"

启示：企业内部各种类型的员工都有，人力资源管理者应因人而异，比如让富有创新精神者从事市场开发工作；把墨守成规、坚持原则者安排在质量监督岗位等，最大限度地发挥他们的潜能。从这个意义上说，没有无能的员工，只有无能的人力资源管理者。

第一节 人力资源

一、人力资源的含义

（一）资源

按照逻辑从属关系，人力资源属于资源这一大的范畴，是资源的一种具体形式。因此，在解释人力资源的含义之前，有必要先对资源进行简要的说明。

《辞海》把资源解释为"资财的来源"。资源是人类赖以生存的物质基础，从不同的角度有不同的解释，从经济学的角度来看，资源是指能给人们带来新的使用价值和利用价值的客观存在物，它泛指社会财富的源泉。自人类出现以来，财富的来源不外乎有两类，一类是来自自然界的物质，可以称为自然资源，如森林、矿藏、河流、草地等；另一类就是来自人类自身的知识和体力，可以称为人力资源。在相当长的时间里，自然资源一直是财富形成的主要来源,但是随着科学技术的突飞猛进,人力资源对财富形成的贡献越来越大,并逐渐占据了主导地位。

从财富创造的角度来看,资源是指为了创造物质财富而投入生产过程的一切要素。法国经济学家萨伊认为,土地、劳动、资本是构成资源的三要素。马克思认为,生产要素包括劳动对象、劳动资料和劳动者,而劳动对象和劳动资料又构成了生产资料,因此,"不论生产的社会形式如何,劳动者和生产资料始终是生产的要素"。而著名经济学家熊彼特认为,除了土地、劳动、资本这三种要素之外,还应该加上企业家精神。随着社会的发展,信息技术的应用越来越广泛,其作用也越来越大,现在很多经济学家认为生产要素中还应该再加上信息。目前,伴随着知识经济的兴起,知识在价值创造中的作用日益凸显,因此也有人认为应当把知识作为一种生产要素。

(二)人力资源

"人力资源"(Human Resource,简称HR)的概念最早出现于1954年彼得·德鲁克的《管理的实践》一书中。彼得·德鲁克认为,人力资源拥有当前其他资源所没有的素质,即"协调能力、融合能力、判断力和想象力"。经理们可以利用其他资源,但是人力资源只能自我利用——"人对自己是否工作绝对拥有完全的自主权",彼得·德鲁克关于"人力资源"概念的提出,人事管理理论和实践的发展以及后工业时代员工管理的不适应,使人事管理开始向人力资源管理转变。这种转变正如彼得·德鲁克在其著作中所说的:"传统的人事管理正在成为过去,一场新的以人力资源管理开发为主调的人事革命正在到来。"

20世纪60年代以后,美国经济学家W.舒尔茨和加里·贝克尔提出了现代人力资本理论,这种理论认为,人力资本是体现在具有劳动能力(现实或潜在)的人身上的、以劳动者的数量和质量(知识、技能、经验、体质与健康)所表示的资本,它是通过投资而形成的。人力资本理论的提出,使得人力资源的概念更加广泛地深入人心,英国经济学家哈比森在《作为国民财富的人力资源》中写道:"人力资源是国民财富的最终基础。资本和自然资源是被动的生产要素,人是积累资本,开发自然资源,建立社会、经济和政治并推动国家向前发展的主动力量。显而易见,一个国家如果不能发展人们的知识和技能,就不能发展任何新的东西。"从此,对人力资源的研究越来越多。到目前为止,对于人力资源的含义,学者给出了多种不同的解释。根据研究的角度不同,可以将这些定义分为两大类:第一类主要从能力的角度出发解释人力资源的含义,可以称为人力资源的"能力观",持这种观点的人占了较大的比例。代表性的观点有:

(1)所谓人力资源,是指能够推动整个经济和社会发展的劳动者的能力,即处在劳动年龄的已直接投入建设和尚未投入建设的人口的能力。

(2)人力资源是一个国家、经济部门或组织所能够开发和利用的,用来提供产品和服务、创造价值、实现相关目标的,所有以人为载体的脑力和体力的综合。

(3)所谓人力资源,是指包含在人体内的一种生产能力,它是表现在劳动者的身上、以劳动者的数量和质量表示的资源，对经济起着生产性的作用，并且是企业经营中最活跃、最积极的生产要素。

（4）人力资源是指社会组织内部全部劳动人口中蕴含的劳动能力的总和。

（5）所谓人力资源，是指劳动过程中可以直接投入的体力、智力、心力的总和及其形成的基础素质，包括知识、技能、经验、品性与态度等身心素质。

第二类主要是从人的角度出发来解释人力资源的含义，可以称为人力资源的"人员观"。代表性的观点有：

（1）人力资源是指一定社会区域内所有具有劳动能力的适龄劳动人口和超过劳动年龄的人口的总和。

（2）人力资源是企业内部成员及外部的顾客等人员，即可以为企业提供直接或潜在服务及有利于企业实现预期经营效益的人员的总和。

（3）人力资源是指能够推动社会和经济发展的具有智力和体力劳动能力的人员的总称。

综合国内外专家学者的研究，我们认为，人力资源是指那些体能、技能、智能健全，能够以各种有益于社会的脑力劳动和体力劳动创造财富，从而推动经济社会发展的人的总和。

二、人力资源的数量和质量

作为一种资源，人力资源同样也具有量的规定性和质的规定性。由于人力资源是依附于人身上的劳动能力，和劳动者是密不可分的，因此可以用劳动者的数量和质量来反映人力资源的数量和质量。

（一）人力资源的数量

1. 人力资源数量的计量

对于企业而言，人力资源的数量一般来说就是其员工的数量。

对于国家而言，人力资源的数量可以从现实人力资源数量和潜在人力资源数量两个方面来计量，潜在人力资源的数量，可依据一个国家具有劳动能力的人口数量加以计量。为此，各国都根据国情对人口进行劳动年龄的划分，我国现行的劳动年龄规定是男性16~60岁，女性16~55岁。在劳动年龄上下限之间的人口称为"劳动适龄人口"。小于劳动年龄下限的称为"未成年人口"，大于劳动年龄上限的称为"老年人口"，一般认为这两类人口不具有劳动能力。

但是在现实中，劳动适龄人口内部存在一些丧失劳动能力的病残人口。此外，还存在一些因为各种原因暂时不能参加社会劳动的人口，如在校就读的学生。在劳动适龄人口之外，也存在一些具有劳动能力，正在从事社会劳动的人口，如我们经常看到的退休返聘人员。在计量人力资源时，对上述两种情况都应当加以考虑，这也是划分现实人力资源与潜在人力资源的依据。

按照上述思路，我国的人口构成可以做如下划分：

（1）处于劳动能力之内、正在从事社会劳动的人口占据人力资源的大部分，可称为"适龄就业人口"。

（2）尚未达到劳动年龄，已经从事社会劳动的人口，即"未成年就业人口"。

（3）已经超过劳动年龄，继续从事社会劳动的人口，即"老年劳动者"或"老年就业者"。

以上三部分构成就业人口的总体，以往被称为"劳动力人口"。

（4）处于劳动年龄之内，具有劳动能力并要求参加社会劳动的人口，这部分可以称为"待业人口"，它与前三部分一起构成"经济活动人口"，即现实人力资源。

（5）处于劳动年龄之内，正在从事学习的人口，即"求学人口"。

（6）处于劳动年龄之内，正在从事家务劳动的人口。

（7）处于劳动年龄之内，正在军队服役的人口。

（8）处于劳动年龄之内的其他人口。

2. 影响人力资源数量的因素

由上面的分析可以看出，人力资源的数量受到很多因素的影响，概括起来主要有以下几个方面：

（1）人口的总量。人力资源属于人口的一部分，因此人口的总量会影响人力资源的数量。人口的总量由人口基数和自然增长率两个因素决定，自然增长率取决于出生率和死亡率，用公式表示如下：

$$人口总量 = 人口基数 \times [1 + (出生率 - 死亡率)]$$

（2）人口的年龄结构。人口的年龄结构也会对人力资源的数量产生影响，相同的人口总量下，不同的年龄结构会使人力资源的数量有所不同。劳动适龄人口在人口总量中所占的比重比较大时，人力资源的数量相对比较多；相反，人力资源的数量相对比较少。

（二）人力资源的质量

人力资源主要表现为人所具有的智力和体力，因此劳动者的素质直接决定人力资源的质量。人力资源质量的最直观表现，是人力资源或劳动要素的体质水平、文化水平、专业技术水平以及心理素质的高低、道德情操水平等。人力资源的质量，也可以用每百万人口中接受高等教育的人数、小学教育普及率、中学教育普及率、专业人员占全体劳动者比重等经济社会统计常用指标来表示。

劳动者的素质由体能素质和智能素质构成。劳动者的体能素质有先天的体质和后天的体质之分；智能素质包括经验知识和科技知识两个方面，而科技知识又可分为通用知识和专业知识两个部分。此外，劳动者的积极性和心理素质是劳动者发挥其体力作用和脑力作用的重要条件。

人类社会的发展历史表明，在人力资源对经济发展的贡献中，智能因素的作用越来越大，体能因素的作用逐渐降低；智能因素中，科技知识的作用不断上升，经验知识的作用相对下降。现代专业科学知识和技术能力存在"老化"与"更新"速度不断加快的规律性。

与人力资源的数量相比，质量方面更重要。人力资源的数量反映可以推动物质资源的人的规模，人力资源的质量则反映可以推动哪种类型、哪种复杂程度和多大数量的物质资源。一般来说，复杂的劳动只能由高质量的人力资源从事，简单劳动则可以由低质量的人力资源从事。经济越发展，技术越现代化，对于人力资源的质量要求越高，现代化的生产体系要求人力资源具有极高的质量水平。

从人力资源内部替代性的角度，也可以看出其质量的重要性。一般来说，人力资源质量对数量的替代性较强，而人力资源数量对质量的替代性较差，甚至不能代替。

三、人力资源与相关概念

（一）人力资源和人口资源、人才资源

人口资源，是指一个国家或地区所拥有的人口的总量，是最基本的资源，一切人力资源、人才资源皆产生于这个最基本的资源中，它主要表现为人口的数量。

人才资源，是指一个国家或地区中具有较多科学知识、较强劳动技能，在价值创造过程中起关键作用或重要作用的人。人才资源是人力资源的一部分，即优质的人力资源。

应当说，这三个概念的本质有所不同，人口资源和人才资源的本质是人，而人力资源的本质则是智力和体力，从本质上来讲它们之间并没有什么可比性。就人口资源和人才资源来说，它们关注的重点也不同，人口资源更多的是一种数量概念，而人才资源更多的是一种质量概念。

在数量上，人口资源是最多的，它是人力资源形成的数量基础，人口资源中具备一定智力资本和体能的人才是人力资源；而人才资源又是人力资源的一部分，是人力资源中质量较高的具有特殊智力资本和体能的人力资源，也是数量最少的。

在比例上，人才资源是最小的，它是从人力资源中的一部分，而人力资源又是从人口资源中的一部分。

（二）人力资源和人力资本

"人力资源"和"人力资本"也是容易混淆的两个概念，很多人甚至将它们通用，其实这两个概念是有一定区别的。

1. 资本和人力资本

"资本"一词，语义上有三种解释：一是指掌握在资本家手里的生产资料和来雇用工人的货币，二是指经营工商业的本钱，三是指牟取利益的凭借。马克思则认为，资本是指能够带来剩余价值的价值。

对于人力资本的含义，被称为"人力资本之父"的西奥多·舒尔茨认为，人力资本是劳动者身上所具备的两种能力：一种能力是通过先天遗传获得的，是由个人与生俱来

的基因决定的；另一种能力是后天获得的，由个人努力经过学习而形成，而读写能力是任何民族人口的人力资本质量的关键成分。人力资本这种体现在具有劳动能力（现实或潜在）的人身上的、以劳动者数量和质量（知识、技能、经验、体质与健康）表示的资本，是需要通过投资才能够获得的。

2. 人力资源和人力资本的关系

"人力资源"和"人力资本"是既有联系又有区别的两个概念。

应该说，人力资源和人力资本都是以人为基础而产生的概念，研究的对象都是人所具有的脑力和体力，从这一点看两者是一致的。而且，现代人力资源理论大都是以人力资本理论为根据的，人力资本理论是人力资源理论的重点内容和基础部分，人力资源经济活动及其收益的核算是基于人力资本理论进行的，两者都是在研究人力作为生产要素在经济增长和经济发展中的重要作用时产生的。

虽然这两个概念有着紧密的联系，但它们之间还是存在一定的区别。

首先，在与社会财富和社会价值的关系上，两者是不同的。人力资本是由投资形成的，强调以某种代价获得的能力或技能的价值，投资的代价可在提高生产力过程中以更大的收益收回。因此，劳动者将自己拥有的脑力和体力投入到生产过程中参与价值创造，就要据此来获取相应的劳动报酬和经济利益。它与社会价值的关系应当说是一种由因溯果的关系。而人力资源则不同，作为一种资源，劳动者拥有的脑力和体力对价值的创造起了重要的作用。人力资源强调人力作为生产要素在生产过程中的生产、创造能力，它在生产过程中可以创造产品、创造财富，促进经济发展。它与社会价值的关系应当说是一种由果溯因的关系。

其次，两者研究问题的角度和关注的重点也不同。人力资本是通过投资形成的存在于人体中的资本形式，是形成人的脑力和体力的物质资本在人身上的价值凝结，是从成本收益的角度来研究人在经济增长中的作用，它强调投资付出的代价及其收益，考虑投资成本带来多少价值，研究的是价值增值的速度和幅度，关注的重点是收益问题，即投资能否带来收益以及带来多少收益的问题。人力资源则不同，它将人作为财富的来源看待，是从投入产出的角度来研究人对经济发展的作用，关注的重点是产出问题，即人力资源对经济发展的贡献有多大，对经济发展的推动力有多强。

最后，人力资源和人力资本的计量形式不同。众所周知，资源是存量的概念，而资本则兼有存量和流量的概念，人力资源和人力资本同样如此。人力资源是指一定时间、一定空间内的人所具有的对价值创造起贡献作用，并且能够被组织所利用的体力和脑力的总和。而人力资本，如果从生产活动的角度看，往往是与流量核算相联系的，表现为经验的不断积累、技能的不断增进、产出量的不断变化和体能的不断损耗；如果从投资活动的角度看，又与存量核算相联系，表现为投入教育培训、迁移和健康等方面的资本在人身上的凝结。

四、人力资源的特点

（一）主观能动性

主观能动性是指人力资源的体力和智力的融合不仅具有主动性，而且还具有不断拓展的潜力。主观能动性表明人具有意识，可以有效地对自身活动做出选择。另外也表明人在各种活动中处于主体地位，可以支配其他一切资源。此外，人力资源的主观能动性还表明为自我开发性。在生产过程中，人一方面要发生自身损耗，更重要的是通过自身的合理行为，使自身的损耗得到弥补、更新和发展，其他资源则没有这种特性。最后，人力资源在各种活动中是可以被激励的，也就是说可以通过提高人的劳动能力和劳动动机来提高劳动效率。

（二）时效性

人力资源的时效性是指人力资源要在一定的时间段内开发，超过这一时期，可能就会荒废和退化。人具有生产劳动的能力，但是随着年龄的增长和环境的变化，这种能力就会随之发生变化。人在每个年龄段的工作能力会有所差异，如果不及时使用和开发就会失去其固有的作用和能力。人的生命是有限的，劳动技能会发生衰退，智力、知识和思维也将发生转变。国内外多项研究表明，人现有的知识和技能如果不能及时得到应用和发挥，其积极性就会受到影响，心理压力增加，本身所具有的价值将无从实现。

（三）增值性

与自然资源相比，人力资源具有明显的增值性。一般来说，自然资源是不会增值的，只会因为不断被消耗而逐渐贬值。人力资源则不同，人力资源是人所具有的脑力和体力，对单个人来说，他的体力不会因为使用而消失，只会因为使用而不断增强，当然这种增强是有限度的。他的知识、经验和技能也不会因为使用而消失，相反，会因为不断地使用而更有价值，也就是说在一定的范围内，人力资源是不断增值的，创造的价值会越来越多。美国经济学家舒尔茨说："土地本身并不是使人贫穷的主要因素，而人的能力和素质却是决定贫富的关键。旨在提高人口质量的投资能够极大地有助于经济繁荣和增加穷人的福利。"他测算，美国1929～1957年间经济增长中，人力资源投资的贡献度高达33%。

（四）两重性

人力资源既是投资的结果，又能创造财富，具有既是生产者又是消费者的两重性。人力资源投资的程度决定了人力资源质量的高低。研究表明，对人力资源的投资无论是对社会还是对个人所带来的收益要远远大于对其他资源所产生的收益。

（五）社会性

自然资源具有完全的自然属性，不会因为所处的时代、社会不同而有所变化。比如，古代的黄金和现代的黄金是一样的，中国的黄金和南非的黄金也没有什么本质的区别。人力资源则不同，人所具有的体力和脑力明显受到时代和社会因素的影响，从而具有社

人力资源管理理论与实务发展研究

会属性。

五、人力资源的作用

(一) 人力资源是财富形成的关键要素

人力资源构成社会经济运动的基本前提。从宏观的角度看,人力资源不仅在经济管理中必不可少,而且是组合、运用其他各种资源的主体。也就是说,人力资源是能够推动和促进各种资源实现配置的特殊资源。因此,人力资源是最重要和最宝贵的资源。它不仅与自然资源一起构成了财富的源泉,而且在财富的形成过程中发挥着关键作用。

社会财富是由对人类的物质生活和文化生活具有使用价值的产品构成,因此自然资源不能直接形成财富,还必须有一个转化的过程,人力资源在这个转化过程中起重要的作用。人们将自己的脑力和体力通过各种方式转移到自然资源上,改变了自然资源的状态,使自然资源转变为各种形式的社会财富,在这一过程中,人力资源的价值也得以转移和体现。应该说,没有人力资源的作用,社会财富就无法形成。此外,人力资源的使用量也决定了财富的形成量。一般来讲,在其他要素可以同比例获得并投入的情况下,人力资源的使用量越大,创造的财富就越多;反之,创造的财富就越少。正因为如此,所以说人力资源是财富形成的关键要素。

(二) 人力资源是经济发展的主要力量

人力资源不仅决定财富的形成,而且是推动经济发展的主要力量。随着科学技术的不断发展,知识技能的不断提高,人力资源对价值创造的贡献度越来越大,社会经济发展对人力资源的依赖程度也越来越重。

(三) 人力资源是企业的首要资源

在现代社会中,企业是构成社会经济系统的细胞单元,是社会经济活动中最基本的经济单位,是价值创造最主要的组织形式。企业的出现,是生产力发展的结果,而企业反过来又极大地提高了生产力的水平。

企业要想正常运转,就必须投入各种资源,而在企业投入的各种资源中,人力资源是首要的资源;人力资源的存在和有效利用能够充分激活其他物化资源,从而实现企业的目标。彼得·德鲁克曾指出:"企业只有一项真正的资源:人。"汤姆·彼得斯也曾说过:"企业或事业唯一真正的资源是人。"而小托马斯·沃森的话则更加形象:"你可以搬走我的机器,烧毁我的厂房,但只要留下我的员工,我就可以有再生的机会。"由此可以看出,人力资源是保证企业最终目标得以实现的最重要也是最有价值的资源。21世纪是知识经济时代,是全球经济一体化的时代,是高新技术的时代,是竞争的时代。人力资源是知识经济时代的第一资源,人力资源还是企业生存和发展的必备资源。猎取稀缺的第一资源——人力资源,是各级各类组织发展的当务之急。

无论是对社会还是对企业而言,人力资源都发挥着极其重要的作用,因此我们必须对人力资源引起足够的重视,创造各种有利的条件以保证其作用的充分发挥,从而实现财富的不断增加、经济的不断发展和企业的不断壮大。

第二节 人力资源管理

一、人力资源管理的含义

人力资源管理这一概念，是在德鲁克1954年提出人力资源的概念之后出现的。1958年，怀特·巴克出版了《人力资源职能》一书，首次将人力资源管理作为管理的普通职能加以论述。此后，随着人力资源管理理论和实践的不断发展，国内外产生了人力资源管理的各种流派，他们从不同的侧面对人力资源管理的概念进行了阐释。

人力资源管理是指为了达到组织的总体目标，运用现代科学的技术方法，对人力资源获取、开发、整合和调控的过程，通过对组织的人和事的管理，协调好人与事的关系，处理好人与人之间的矛盾，充分发挥人的潜能。它包括人力资源规划、人员招聘与培训、薪酬体系的制订及绩效考核等方面。

二、人力资源管理的功能

这里需要强调指出，尽管人力资源管理的功能和职能在形式上可能有些相似，但两者在本质上是不同的。人力资源管理的功能指它自身应该具备或者发挥的作用，而人力资源管理的职能则是指它所要承担或履行的一系列活动。人力资源管理的功能是通过它的职能来实现的。确切地说，人力资源管理的功能是指它自身所具备或应该具备的作用，这种作用并不是相对于其他事物而言的，而是具有一定的独立性，反映了人力资源管理自身的属性。人力资源管理的功能主要体现在四个方面：吸纳、维持、开发、激励。

吸纳功能，主要是指吸引并让优秀的人才加入本企业。维持功能，是指让已经加入的员工继续留在本企业。开发功能，是指让员工保持能够满足当前及未来工作需要的技能。激励功能，则是指让员工在现有的工作岗位上创造出优良的绩效。

就这四项功能之间的相互关系而言，吸纳功能是基础，为其他功能的实现提供了条件，不将人员吸引到企业中来，其他功能就失去了发挥作用的对象；激励功能是核心，是其他功能发挥作用的最终目的，如果不能激励员工创造出优良的绩效，其他功能的实现就失去了意义；开发功能是手段，只有让员工掌握了相应的工作技能，激励功能的实现才会具备客观条件，否则就会导致员工"心有余而力不足"；维持功能是保障，只有将吸纳的人员保留在企业中，开发和激励功能才会有稳定的对象，其作用才可能持久。

在企业的实践过程中，人力资源管理的这四项功能通常被概括为"选、育、用、留"四个字。这里，"选"就相当于吸纳功能，要为企业挑选出合格的人力资源；"育"就相当于开发功能，要不断地培育员工，使其工作能力不断提高；"用"就相当于激励功能，要最大限度地使用已有的人力资源，为企业的价值创造做出贡献；"留"就相当于维持功能，要采用各种办法将优秀的人力资源保留在企业中。

人力资源管理论与实务发展研究

三、人力资源管理的目标

人力资源管理目标是指企业人力资源管理需要完成的职责和需要达到的绩效。人力资源管理既要考虑组织目标的实现，又要考虑员工个人的发展，强调在实现组织目标的同时实现个人的全面发展。人力资源管理目标包括全体管理人员在人力资源管理方面的目标任务与专门的人力资源部门的目标任务。显然，两者有所不同，属于专业的人力资源部门的目标任务不一定是全体管理人员的人力资源管理目标任务，而属于全体管理人员承担的人力资源管理目标任务，一般都是专业的人力资源部门应该完成的目标任务。具体来说，这些目标任务主要有以下几个方面：

（一）获取并保持适合组织发展的人力资源

人才是企业最重要的资源。在日益激烈的商业竞争中，拥有比对手更优秀、更忠诚、更有主动性与创造力的人才，是构建企业差异竞争战略优势的宝贵因素。然而，人才资源始终是稀缺资源，随着社会的发展，人才的竞争也会越来越激烈。人力资源管理工作的首要目标就是为组织获取符合其发展需要的数量和质量的劳动力和各种专业技术人员，这是开展其他工作的基础。很多企业在吸引人才方面不惜重金，投入巨大。

保持人力资源队伍的稳定性是人力资源管理的又一重要目标。近些年来，企业的人才流失率节节攀升。人才的流失不但会影响企业的正常运转，还会增加开支，降低工作效率。如果一个企业不能有效地留住优秀员工，久而久之就会形成恶性循环：优秀的员工不断流失，而劣质的人员又占据着很多岗位，这将使企业无法接受新的优秀人才，对企业的发展极为不利。留住人才最主要的是提高他们的工资和福利，提供安全且舒适的工作环境和未来的发展空间。同时，也要加强对员工的关怀及情感上的联系。

（二）提高组织效率或经营绩效，不断获取新的竞争优势

组织效率或经营绩效的高低与员工有着直接的联系。加强人力资源管理的目标就是通过提升员工技能、规范员工行为以及鼓励创新等方式改进员工的绩效，从而实现组织效率或经营绩效的提高。

获取竞争优势是企业发展的重要目标，这种优势的获取源于人力资源的优势。企业要通过人力资源的调控和整合来实现并不断获取新的优势，人力资源必须有其独特的价值，还要经过组织精心安排。因此，组织要不断获取新的竞争优势，就必须加强对人力资源的管理，通过招聘、培训、激励等手段，加强他们对企业文化的认同、对工作环境的适应以及对工作本身的喜爱等，不断提高员工的工作兴趣和心理满足感。

（三）塑造良好的企业形象

企业形象是指人们通过企业的各种标志和行为的认知，而建立起来的对企业的总体印象。企业形象是企业精神文化的一种外在表现形式，它是社会公众与企业接触交往过程中所感受到的总体印象。这种印象是通过人体的感官传递获得的。

员工形象是塑造良好企业形象的重要基础。员工的整体形象是企业内在素质的具体

表现。培养员工"干一行、爱一行、钻一行、精一行"的爱岗敬业精神，树立尊重知识、尊重人才的观念，创造一种有利于各类人才脱颖而出的环境和平等、团结、和谐、互助的人际关系，从而增强企业的凝聚力、向心力，以员工良好的精神风貌，赢得企业良好的社会形象和声誉。

（四）培育和创造优秀的组织文化

组织文化由其价值观、信念、仪式、标识、行为准则等组成。企业员工受组织文化的影响，同时也能反作用于组织文化。例如，高层管理人员的综合素质、行为举止要与组织文化保持相对的一致性，这样才能使文化得以传播与发展，否则，组织文化会在高层管理人员的影响下慢慢发生变化，并演变成新的组织文化类型。全体员工要认可组织文化本身的精髓，文化才能发展，否则，组织文化可能会发生变化，要么员工改变了文化，要么组织文化导致人员流失、运营艰难、企业倒闭。因此，优秀的组织文化对员工产生的是积极向上的正面影响，而不合理的组织文化对组织产生的是负面的影响，有时甚至是致命的影响。

四、人力资源管理的原则

人力资源管理的最终目的是要做到人尽其才，才尽其用，人事相宜，最大限度地发挥人力资源的作用，以配合实现组织的总目标。如何实现科学合理的配置，是人力资源管理长期以来亟待解决的一个重要问题。如何才能对企业人力资源进行有效合理的配置呢？我们认为必须遵循如下的原则：

（一）能级对应原则

合理的人力资源配置应使人力资源的整体功能加强，这就要求人的能力与岗位要求相对应。企业岗位有层次和种类之分，处于不同的能级水平。每个人也都具有不同水平的能力，在纵向上处于不同的能级位置。那些具有高瞻远瞩的战略眼光、宽阔的视野、较强的运筹帷幄能力的人就应该成为企业的高层管理者；具有良好的技能、较强执行力的人可以作为企业的中层管理者；只具有一般技能的人才应该考虑作为企业的基层管理人员或普通员工。做到能级对应，即每一个人所具有的能级水平与所处的层次和岗位的能级要求相对应。

（二）权变原则

人的发展受先天素质的影响，更受后天实践的制约。后天形成的能力不仅与本人的努力程度有关，也与实践的环境有关，人的感情、行为及素质也是多变的。因此，人的能力的发展是不平衡的，其个性也是多样化的。每个人都有自己的长处和短处，有其总体的能级水准，同时也有自己的专业特长及工作爱好。权变原则有两个方面：一是指组织应根据每个人的优势和岗位的要求，选择其最有利于发挥自己优势的岗位；二是指管理者也应根据时间、地点、对象的不同，将不同的人安置到最有利于发挥其特长的职位上。

人力资源管理论与实务发展研究

（三）动态调整原则

动态调整原则是指当人员或岗位要求发生变化的时候，要适时地对人员配备进行调整，以保证始终使合适的人工作在合适的岗位上。岗位或岗位要求是在不断变化的，人也是在不断变化的，人对岗位的适应也有一个实践与认识的过程。由于种种原因，使得能级不对应，用非所长等情形时有发生。因此，如果搞"一次定位，一职定终身"，既会影响工作又不利于人员的成长。能级对应，优势定位只有在不断调整的动态调整过程中才能得以实现。

（四）普选人才原则

现在企业的竞争，已不再是一国之内的同行竞争，许多国际巨头并非排斥引入必要的外部人才。当确实需要从外部招聘人才时，我们就不能"画地为牢"，局限于企业内部。

五、人力资源管理人员的胜任力

彼得·德鲁克说过，有效的管理者在用人所长的同时，必须容忍人之所短。今天的大型组织需要的是由一群平凡的人，做出不平凡的事。知识经济时代，人才作为知识的载体，必然成为稀缺资源，能够寻找、管理、开发稀缺资源的人，必然成为更稀缺的资源——人力资源管理人员。21世纪，知识化、网络化、变革化的管理特点，必然造就一大批知识英雄，也一定能造就一大批人力资源管理精英。

根据人力资源管理者在企业中所扮演的角色和起到的作用，一位合格的人力资源从业人员必须拥有相应的素质、专业知识和其他领域的知识。

（一）应具备的素质

1. 培养人才

培养人才是人力资源管理人员所应具备的最关键的素质之一。具体体现在人力资源管理人员要成为"教练员"，必须能够制订并宣讲人力资源的政策和制度，帮助各级主管承担激发下属潜能、培养人才和贯彻执行人力资源制度的责任。在面向员工的时候，能成为"咨询师"，为员工答疑解惑。

2. 影响力

影响力主要体现在人力资源管理人员与员工建立彼此信任并达成共识的基础上，成为员工利益的代言人；同时作为人力资源管理领域的专家，人力资源管理人员依赖专业权威性，影响与推动企业的变革，发挥人力资源管理对企业运营实践的支持作用等方面。

3. 人际理解力

如果人力资源管理人员无法敏感地倾听与理解员工的需求，无法基于企业与员工的需要提供人力资源的产品与服务，那么人力资源管理的价值无从体现。

4. 客户服务

客户服务素质是建立在人际理解力基础上的，具体表现在倾听并积极响应客户（包括内部员工与外部客户）提出的问题与需求，并就此提供一系列的人力资源产品与服务，从而获得客户的满意。

5. 团队合作

团队从一定意义上说，也可以看成一种培养与开发人才的有效方式。同时，为促进人力资源管理部门履行其对企业经营决策的支持以及员工价值管理的职责，团队合作提供了沟通、分享与支持的平台。

（二）**专业知识**

1. 人力资源战略与企业文化

根据企业的发展规划，诊断企业现有人力资源状况，结合企业经营发展战略，对未来的人力资源需要和供给状况进行分析及估计，把人力资源战略与企业文化紧密地结合起来。

2. 组织结构设计

根据企业战略目标、资源状况、现有的核心流程以及同行企业的最佳实践模式，分析公司的组织结构，设计企业组织机构。

3. 流程分析与流程再造

流程是组织内部从供应商到客户的价值增长过程。流程的有效性与效率将直接影响组织的有效性、效率与客户满意度。

4. 工作分析

工作分析是人力资源管理的一项传统的核心职能与基础性工作。一份好的职位说明书无疑是一幅精确的"企业地图"，指引着人力资源的方方面面。

5. 基于战略的绩效管理

绩效问题是任何公司都面临的长期挑战，人力资源从业者必须掌握绩效管理与绩效目标分解的工具和方法、绩效制度设计与基本操作、绩效目标设定与分解等相关知识。

6. 全面薪酬战略体系

考虑薪酬的不同要素如何正确组合才能有效地发挥薪酬的作用。薪酬管理是有效支持公司的战略和公司价值提升的方法和工具。

7. 能力管理

建立素质模型，将素质模型应用到人力资源管理的不同领域，从而真正将人力资源管理回归到建构组织能力和人力资源开发利用上。

8. 招聘

制订人才选择战略，进行准确的工作分析和胜任特征分析，有效地进行人力资源分析与规划，对应聘者的专业技能及综合能力进行评估，对招聘成本进行评估。

9. 培训体系的建立与管理

培训是促成"以人为本"的企业文化的重要手段，制订有效的年度培训计划是人力

(三) 其他领域的知识

企业在选择人力资源管理人员时，一般比较注重对候选人所掌握的专业知识的考察。但是，人力资源管理人员参与企业的战略决策，与总经理和其他业务部门沟通，仅仅具备人力资源方面的专业知识显然是远远不够的还必须掌握其他领域的知识，这样才能符合新时期对合格的人力资源管理人员的要求，那就是成为企业的战略合作伙伴和企业的人力资源管理领域的技术专家。相关知识包括：组织行为学、心理学、项目管理、经济学、统计学、市场营销学、财务管理学、生产管理学、战略学、法律等。

六、人力资源管理模式

人力资源管理模式在人力资源管理活动中扮演着十分重要的角色。关于人力资源管理模式的理论目前国内外未有一致定论。国内外的专家学者从不同的角度提出了自己的观点，这些理论大多是结合本国的实际情况和当时的特定环境提出的。

(一) 西方的人力资源管理模式

西方的人力资源管理模式主要有哈佛模式、盖斯特模式与斯托瑞模式等。

1. 哈佛模式

1984 年，哈佛商学院的迈克尔·比尔、伯特·斯佩克特、保罗·劳伦斯、奎茵·米尔斯和理查德·沃尔顿五位学者在共同出版的《人本管理》一书中，首次提出了"哈佛模式"。哈佛模式包含了管理情景、利益相关者、人力资源效果、长期影响以及制约因素进行科学的决策。同年，德万纳等人提出了人力资源管理圈的人力资源管理模式。该模式强调集合筛选、绩效评估、开发和激励四项关键的人力资源管理，强调人力资源管理内部政策必须具有一致性，让人们认识到人力资源管理活动的性质和意义，并了解人力资源管理的各要素相互作用的原理。但是，该模式却没有对不同主体的利益、情景因素以及管理的战略选择做出相关详细分析和说明。

2. 盖斯特模式

盖斯特模式因英国学者盖斯特提出而得名。1987 年，盖斯特提出了盖斯特模式。该模式强调传统的人事管理与现代的人力资源管理具有很大的区别，主要包含四个部分：人力资源管理政策、人力资源管理结果、组织结果以及系统整合。其实该模式与哈佛模式在一定程度上相似，都注重人力资源管理与组织战略的结合，具有较浓的一元化色彩，都认为组织获得高绩效的保证是雇员的忠诚，其共同的缺点就在于现实性比较差，并且许多假设是不现实的。但盖斯特模式将人力资源管理定义为忠诚、品质灵活性以及谋求战略整合的管理活动，更加注重描述性，所以该模式的表述与理论构建要比哈佛模式更完善。

3. 斯托瑞模式

斯托瑞模式所要表达的是理想的人力资源管理范式。该模式与盖斯特模式一样，也是通过对比人力资源管理与人事管理来体现的。斯托瑞模式由四个部分构成：信念和假设、战略方面、直线管理、关键杠杆。

人力资源管理最盛行的信念和假设是一元主义的。在斯托瑞模式中，人力资源管理通过增加雇员的信任和忠诚来达到所谓的"超越合同"的目标。该模式中的战略方面显示了人力资源管理是企业战略计划的中心，战略管理赋予了人力资源管理者在组织中一种领导变革的角色。同时，许多企业的经验表明，在几乎所有的人力资源管理问题上，无论是总经理还是直线经理都开始扮演关键角色。斯托瑞发现，在不同的企业，这些关键角色的分配有很大的差异。斯托瑞模式的优点在于它比较注重实践，也正是由于这一优点，斯托瑞模式后来被广泛运用。

4. 战略性人力资源管理模式

美国学者罗纳德·舒勒于1992年提出了战略性人力资源管理模式。该模式强调人力资源管理实践必须与企业战略相结合，以期获得竞争优势，重视人力资源管理实践对企业整体绩效的影响。该模式将人力资源管理的理念、政策、项目、实践和过程等五项通过企业的各个层级而有机地融为一个整体，从而使人力资源管理实践活动与企业战略结合起来，所以又称"5P"模式。强调人力资源管理人员参与制订企业战略发展计划是该模式的最大特征。该模式认为企业领导层在制订企业战略时，还必须要考虑企业的人力资源战略，否则，就很难保证企业人力资源战略的最终有效性，也无法保证企业战略能有效实施。

5. 基于胜任力的人力资源管理模式

该模式是由戴维·D.杜波依斯、威廉·J.思韦尔等人提出来的。该模式旨在规划和实施客户驱动，并且必须实施九大步骤：

第一步，使组织战略目标和人力资源客户的需要得到确认；

第二步，进行科学的环境扫描；

第三步，清晰呈现与人力资源客户有利害关系的部门；

第四步，使组织的战略目标与人力资源客户的需求保持一致；

第五步，促使人力资源客户认可组织的项目目标；

第六步，科学地布置下一步的工作；

第七步，提出能够指导项目实施的项目管理方案；

第八步，积极实施项目管理方案；

第九步，进行总结性和过程性的评估。

（二）国内关于人力资源管理模式的研究综述

我国的学者对人力资源管理模式的研究大体上可以归结为以下三个层面。

1. 宏观层次（国家层面）的人力资源管理模式研究

对不同国家人力资源管理模式的研究是这个层面的主要研究内容。基于不同价值观念的必然选择，所得出的结论大同小异，是宏观人力资源管理模式的最大的特征。刘雅静将日本和美国的人力资源管理模式做了比较，认为美国的企业在人力资源的配置上主要依赖于外部劳动力市场；而日本主要依靠内部的培训。美国企业在人力资源的管理上实现了高度专业、对口化和制度化；而日本企业则具有浓厚的情感色彩。美国企业在人力资源的使用上一般采取多口进入和快速提拔的模式；而日本企业则采取有限入口和内部提拔的模式。美国企业在人力资源的激励上主要以物质刺激为主；而日本企业则以精神激励为主。美国企业在劳动关系方面劳资双方的对抗性较强；而日本则非常重视劳资双方的合作互助关系。

2. 中观层次（企业层面）的人力资源管理模式研究

从企业层面研究人力资源管理模式是我国学者研究最集中的地方。于衍平提出的科技人力资源管理与激励模式，即强调人力资源管理各种活动之间的相互关联性，认为其主要由积极的激励过程和维护激励的环境两方面构成。林泽炎提出的中小企业人力资源管理的"3P"模式，即强调由岗位职责、工作绩效考核、工资分配等方面来规范中小企业人力资源管理。孙建安、李志铭两人共同提出了"6P"模式，该模式由契约、职位、薪资、绩效、培训、奖惩六个管理子系统构建而成，强调管理技术在模式中的作用。但是，该模式没有合理地考虑政策因素、社会因素、法律法规等模式运作的具体条件和各种环境的因素，而是把人力资源管理的各项活动简单地串联在一起。"6P"模式的柔韧性不足，依然没有突破传统管理方式的束缚。

3. 微观层次的人力资源管理模式研究

实际上，这些模式应该只能算是人力资源管理方法或者技巧。比如荆全忠等人提出的"JIT"人力资源管理模式，"JIT"就是准时生产制，但是该模式并没有太大的创新点，只是运用了"JIT"的理念和方法而已。陈晓波提出的内核外圈型人力资源管理模式，认为应该将员工划分为内核心员工和外圈员工，划分的依据主要是人力资源的独特性、人力资源成长性以及人力资源和组织战略的相关性这三个维度，并强调对不同的员工类型采取不同的管理方式。刘艳等人构建了以营销为核心的企业人力资源管理模式，强调从营销的角度出发，把与人力资源部门发生关系的人员和其他部门视作是影响本部门生存与发展的顾客，人力资源部门必须根据他们不同的需要提供满意的产品，并要求人力资源从业人员积极主动地不断提高自身的综合素质和技能，从而为企业赢得人力资源上的竞争优势。

（三）其他管理模式

1. "抽屉式"管理

在现代管理中，它也叫作"职务分析"。"抽屉式"管理是一个通俗形象的管理术语，它形容在每个管理人员办公室的抽屉里，都有一个明确的职务工作规范，在管理工作中，既不能有职无权，更不能有权无责，必须职、责、权、利相互结合。

企业进行"抽屉式"管理有如下五个步骤：

第一步，建立一个由企业各个部门组成的职务分析小组；

第二步，正确处理企业内部集权与分权关系；

第三步，围绕企业的总体目标，层层分解，逐级落实职责权限范围；

第四步，编写"职务说明""职务规格"，制订出对每个职务工作的要求准则；

第五步，必须充分考虑考核制度与奖罚制度的结合。

2. "危机式"管理

美国企业界认为，如果经营者不能很好地与员工沟通，不能向他的员工们表明危机确实存在，那么他很快就会失去信誉，因而也会失去效率和效益。美国技术公司总裁威廉·伟思看到，全世界已变成一个竞争的战场，全球电信业正在变革中发挥重要作用。因此，他启用两名大胆改革的高级管理人员为副董事长，免去五名倾向于循序渐进改革的高级人员职务；在职工中广泛宣传某些企业由于忽视产品质量、成本上升，导致失去用户的危机。他要全体员工知道，如果技术公司不把产品质量、生产成本及用户时刻放在突出位置，公司的末日就会来临。

3. "合拢式"管理

"合拢"表示管理必须强调个人和整体的配合，创作整体和个体的高度和谐。具体特点是：

（1）既有整体性，又有个体性。企业每个成员对公司产生使命感，"我就是公司"是"合拢式"管理中的一句响亮的口号。

（2）自我组织性。放手让下属做决策，自己管理自己。

（3）波动性。现代管理必须实行灵活经营策略，在波动中产生进步和革新。

（4）相辅相成。要促使不同的看法、做法相互补充交流，使一种情况下的缺点变成另一种情况下的优点。

（5）个体分散和整体协调性。一个组织中单位、小组、个人都是整体中的个体，个体都有分散性、独创性，通过协调形成整体的形象。

（6）韵律性。企业与个人之间达成一种融洽和谐、充满活力的气氛，激发人们的内驱力和自豪感。

4. "走动式"管理

这种管理主要是指企业主管体察民意，了解实情，与部属打成一片，共创业绩。它的优势在于以下几点：

（1）主管动下属也跟着动。

（2）投资小，收益大。走动式管理并不需要太多的资金和技术就可能提高企业的生产力。

（3）看得见的管理，就是说最高主管能够到达生产第一线，与工人见面、交谈，希望员工能够提意见，甚至与之争辩。

（4）现场管理。

（5）"得人心者昌"。

七、人力资源管理与传统人事管理的区别

人事管理的起源可以追溯到非常久远的年代，对人和事的管理是伴随组织的出现而产生的。现代意义上的人事管理是伴随工业革命的产生而发展起来的，并且从美国的人事管理演变而来。20世纪70年代后，人力资源在组织中所起的作用越来越大。传统的人事管理已经不适用，从管理的观念、模式、内容、方法等全方位向人力资源转变。从80年代开始，西方人本主义管理的理念与模式逐步凸显出来。人本主义管理，就是以人为中心的管理。人本主义管理被作为组织的第一资源，现代人力资源管理便应运而生。它与传统的人事管理的差别已经不仅是名词的转变，两者在性质上已经有了较本质的转变。

（一）管理的视角不同

传统的人事管理视人力为成本，而现代人力资源管理不仅认为人是一种成本，而且视人力为四大资源中的第一资源，通过科学管理可以升值和增值。

（二）管理的重点不同

传统的人事管理只强调人与事的配合，而现代人力资源管理更着重共事人之间人际关系的和谐与协调，特别是劳资关系和专业技术人员间的协调。

（三）管理的层次不同

传统的人事管理一般都处于执行层，而现代人力资源管理一般都是进入决策层的，人事活动的功能多元化。

（四）管理的广度不同

传统的人事管理只注重管好自有人员，而现代人力资源管理不仅要管好自有人员，而且还必须要对组织现今和未来各种人力资源的要求进行科学的预测和规划。

（五）管理的深度不同

传统的人事管理只注重用好职工的显能，发挥人的固有能力，而现代人力资源管理则注重开发职工的潜能，以不断激发其工作动机。

（六）管理的形态不同

传统的人事管理一般采用高度专业化的个体静态管理，而现代人力资源管理则采用灵活多样的整体动态管理，给职工创造施展自身才华的机会和环境。

（七）管理的方式不同

传统人事管理的方法机械单一，而现代人力资源管理的方法则灵活多样，是科学理

性与人文精神在现代管理理论中有机结合的典范。

（八）管理部门的性质不同

传统的人事管理部门属于非生产、非效益部门，而现代人力资源管理部门逐渐成为生产和效益部门。

八、人力资源管理的内容

企业的人力资源管理，是指企业对人力资源的一系列管理活动。这些活动主要包括企业人力资源规划、薪酬管理、人员招聘与配置、员工培训管理、绩效管理、劳动关系管理等，即企业运用现代管理方法，对人力资源的获取（选人）、开发（育人）、利用（用人）和保持（留人）等方面所进行的计划、组织、指挥、控制和协调等一系列活动，最终达到实现企业和员工共同发展目标的一种管理行为。

在选才方面，首先企业要制订人力资源管理规划。然后，在人力资源管理规划的指导下，通过合适的方式和渠道招聘与甄选员工，进行人力资源的供需平衡。将合适的人配置在适合的岗位上，同时将人才信息纳入人力资源管理信息系统。

在育才方面，建立学习型组织，健全终身培训的体制。通过员工培训管理，使员工不断更新知识，积累不同的经验，帮助他们提高知识水平、增进技能，使他们在今后的企业经营活动中能适应企业发展的需要。对企业今后发展所需要的中坚力量，企业要进行培训，使之成为人力资本。

在用才方面，当企业的人力资源管理工作进行到一定的阶段，就必须对多层次员工的工作绩效进行评估考核，纠正他们工作中的失误，肯定他们工作中的成绩，并就员工下一阶段的工作达成上下级的共识，以便于员工形成下一轮的工作计划。在企业与员工互相匹配发展的过程中，要不断地相互沟通，解决冲突，消除两者共同发展的障碍，形成互为动力的综合发展途径。

在留才方面，对于企业来说，辛辛苦苦培育的员工不能留在企业里工作，将是一大损失。对员工的及时激励至关重要，其中包括薪酬方面的激励、福利方面的激励和精神等其他方面的激励。对绩效中表现出来的优秀员工，尤其要加大激励的力度。企业与员工之间需要长期相互了解，才能达成默契，使员工心甘情愿留在公司，为实现公司的目标而努力工作。

最后，根据人力资源系统的整个运作情况，企业要修正或者重新制订自身的人力资源发展战略和人力资源计划，为下一阶段的人力资源管理活动奠定基础。

第三节　人力资源管理的产生与发展

一、人力资源管理在西方的产生与发展

对人力资源管理在西方的产生与发展，不同的学者划分为不同的阶段。结合不同学者的划分方法，我们认为可以将人力资源管理在西方的产生与发展划分为六个阶段。

（一）萌芽阶段

人力资源管理的前身被称为人事管理，人事管理是伴随着18世纪后期工业革命的到来而产生的。工业革命有三大特征，即机器设备的发展，人与机器的联系，需要雇用大量人员的工厂的建立。这场革命导致了两个现象：一是劳动专业化的提高；二是工人生产能力的提高，工厂生产的产品剧增。劳动分工已成为这次革命的强有力的共同呼声。由于劳动分工思想的提出，个体劳动在工厂中消失，工人的协同劳动成为主体，对工人的管理问题就逐渐凸显出来。这一阶段，在工人的管理方面产生了各种朴素的管理思想，例如，在劳动分工的基础上对每个工人的工作职责进行界定；实行具有激励性的工资制度；推行员工福利制；对工人的工作业绩进行考核等。这些管理思想基本上以经验为主，并没有形成科学的理论，但是奠定了人力资源管理的雏形。

（二）初步建立阶段

即科学管理时代（20世纪初至1930年前后）。科学管理思想的出现宣告了管理时代的到来，管理从经验阶段步入科学阶段，这在管理思想发展史上有着划时代的意义。在泰勒提出科学管理思想一段时间后，企业中开始出现了人事部门，该部门负责企业员工的雇用、挑选和安置工作，这些都标志着人力资源管理的初步建立。

（三）反省阶段

即人际关系时代（20世纪30年代到第二次世界大战结束）。从1924年开始到1932年结束的"霍桑试验"引发了对科学管理思想的反思，将员工视为"经济人"的假设受到了现实的挑战。"霍桑试验"发现了人际关系在提高劳动生产率中的重要性，揭示了对人性的尊重、人的需要的满足、人与人的相互作用以及归属意识等对工作绩效的影响。人际关系理论开创了管理中重视人的因素的时代，是西方管理思想发展史上的一个里程碑。这一理论同时也开创了人力资源管理发展的新阶段，设置专门的培训主管、强调对员工的关心和理解以及增强员工和管理者之间的沟通等人事管理的新方法被很多企业采用，人事管理人员负责设计和实施这些方案，人事管理的职能得到了极大的丰富。

（四）发展阶段

即行为科学时代（20世纪50年代到70年代）。从50年代开始，人际关系的人事管理方法也逐渐受到了挑战，"愉快的工人是生产率高的工人"的假说并没有得到事实的证明，组织行为学的方法逐渐兴起。组织行为学是"一个研究领域，它探讨个体、群体以及结构对组织内部行为的影响，目的是应用这些知识改善组织绩效"，它的发展使人事管理对个体的研究与管理扩展到了对群体和组织的整体研究和管理，人力资源管理也从监督制裁到人性激发、从消极惩罚到积极激励、从专制领导到民主领导、从唯我独尊到意见沟通、从权力控制到感情投资，并努力寻求人与工作的配合。"人力资源管理"逐渐成为一个流行的名词。

（五）整合阶段

即权变管理时代（20世纪70年代到80年代）。在这一阶段，企业的经营环境发生了巨大的变化，各种不确定性因素增加，企业管理不仅要考虑到自身的因素，还要考虑到外部各种因素的影响。在这种背景下，权变管理理论应运而生，它强调管理的方法和技术要随企业内外环境的变化而变化，应当综合运用各种管理理论，而不只是某一种。在这种理论的影响下，人力资源管理也发生了深刻的变化，同样强调针对不同的情况采取不同的管理方式、实施不同的管理措施。80年代初期，美国和欧洲纷纷出现了人力资源开发和管理组织，人事部门改名为人力资源管理部门，企业从强调对物的管理转向强调对人的管理。

（六）战略阶段

即战略管理时代（20世纪80年代至今）。进入80年代以后，西方经济发展过程中一个突出的现象就是兼并，为了适应兼并发展的需要，企业必须制订出明确的发展战略，因而战略管理逐渐成为企业管理的重点，而人力资源管理对企业战略的实现有着重要的支撑作用，所以从战略的角度思考人力资源管理的问题，将其纳入企业战略的范畴已成为人力资源管理的主要特点和发展趋势。

二、人力资源管理在我国的产生与发展

（一）古代人事管理的思想

中国具有五千年文明史，在古代文化典籍之中蕴藏着丰富的人事管理的思想，对有关人才的重要性、如何选拔人才、如何用好人才等方面都有精辟的论述。

（1）有关人才的重要性，唐太宗的名言"为政之要，惟在得人"。

（2）有关如何选拔人才，汉朝的王符指出"德不称其任，其祸必酷，能不称其位，其殃必大"，强调人员的品行和能力必须与其职位相符，否则会带来严重的后果。

（3）有关如何用好人才，诸葛亮曾说"古之善将者，人如养己子，有难，则以身先之；有功，则以身后之；伤者，泣而抚之；死者，哀而葬之；饥者，舍食而食之；寒者，解衣而衣之；智者，礼而禄之；勇者，赏而劝之。将能如此，所向必捷矣"。这段话说明作为将军，如果能爱兵如子，以心换心，以情感人，满足每个士兵不同的需要，就能调动士兵的积极性，军队必将战无不胜。

（4）宋代政治家王安石指出"一人之身，才有长短，取其长则问其短"。

（二）我国近代人事管理概况

鸦片战争之后，中国演变为半殖民地半封建社会，这时的人事管理具有两个基本特点：一是带有浓厚的封建色彩，企业大多是家族性质的小型私人企业。许多企业实行包工制度，将工作发包给包工头，然后由包工头招收工人，组织生产，进行监督，发放工资。二是

学习引进西方资本主义国家的科学管理方法。一些规模较大的企业学习引进了泰罗科学管理的方法，开始对人员进行比较规范的管理，如天津东亚毛纺公司开始按照"雇用工人程序图"招工，同时取消学徒制，举办艺徒培训班，培训熟练技术工人，该公司还引进了时间动作研究，确定劳动定额，实行差别计件工资制；公司还制订了一套厂训、口号等，以提高企业的凝聚力。

（三）中华人民共和国成立以来人力资源管理的发展

新中国成立以来，我国人力资源管理的发展可分为两大阶段：改革开放前和改革开放后。

随着社会主义改造的完成，我国建立起了社会主义制度，同时也确定了计划经济的经济体制，企业是国家所有，企业员工是企业的主人。与经济体制相适应，我国实行了"统包统配"的就业制度，企业没有用人的自主权，不能自行招聘所需的人员；人员只进不出，没有形成正常的退出机制；同时在企业内部，对于工人的工作没有考核，大家干好干坏一个样，干多干少一个样；工资分配中存在着严重的平均主义，与工作业绩和工作岗位没有任何关系，人事管理还停留在简单的档案管理和资料统计阶段，与现代的人力资源管理相去甚远，同时人们对人力资源也没有任何概念。可以说，这个时期我国根本就没有真正意义上的人力资源管理。

党的十一届三中全会以来，特别是改革开放以后，随着我国经济体制改革的不断深入，国有企业的劳动人事工作也在不断进步。1979年，国务院颁发了《关于扩大国营工业企业经营自主权的若干规定》（以下简称《规定》），重新规定了企业人事管理的职责权限范围。《规定》指出：允许企业根据生产需要和精简高效的原则决定自己的机构设置和人员配备；企业有权根据国家下达的劳动指标招工，进行岗前培训；有权对成绩优异、贡献突出的员工给予奖励；有权对严重违反劳动纪律的员工给予处分，直至辞退。随着这些规定的落实，企业在用人方面有更大的空间，正常的进出渠道逐步形成；劳动人事管理制度逐渐完善，劳动定项管理、定员定编管理、技术职称评聘、岗位责任制等在企业中推广；工资管理规范化，打破了分配的平均主义，增强了工资的激励作用；推行了对工人的工作绩效考核。所有这些都表明，我国企业的人事管理工作发生了巨大的变化，已经初步具备了人力资源管理的某些功能和作用。可以说，国有企业人事管理改革为人力资源管理在我国的发展奠定了实践基础。

1988年9月，"国际劳工组织亚洲人力资源开发网、中国人力资源开发研究中心成立暨首届学术研究会"在贵阳召开，这标志着我国人力资源管理理论研究的开始。此后，人力资源开发丛书编委会、光明日报社等单位又举行了人力资源开发理论研讨会，对人力资源管理的基本概念、基本思想进行了探讨，人力资源管理在我国开始传播。1992年，中国人民大学劳动人事学院将下属的人事管理教研室改名为人力资源管理教研室，将人事管理专业调整为人力资源管理专业，并且在1993年招收了首届人力资源管理的本科生，这在我国人力资源管理发展过程中具有里程碑的意义,标志着我国人力资源管理的发展进入了专业化的阶段。1995年以后,随着MBA教育的推广,人力资源管理在社会上逐渐得到了普及。目前,全国已有300多所高校设置了人力资源管理专业,人力资源管理的培养也从本科生扩大到硕士研究生与博士研究生。所有这些,都为人力资源管理在我的发展进行了理论和人才准备。

现在,人力资源管理在我国得到了蓬勃的发展,人力资源管理的概念深入人心,企业对人力资源管理的重视达到了前所未有的程度。但是,我们也应清醒地认识到我国人力资源管理的发展和发达国家相比还有很大的差距,很多理论、技术和方法还只是借鉴西方,没有形成自己的体系;从业人员的专业化程度不高,没有接受过系统的教育和培训,影响了人力资源管理作用的发挥;企业的人力资源管理水平不高,人力资源管理的战略作用没有得到体现,等等。

目前,人力资源管理在我国的发展可以说是机遇与挑战并存,需要人力资源管理的理论工作者和实际工作者共同努力,积极探讨,以不断提高我国人力资源管理的理论和实践水平。

本章小结

1. 人力资源是指体能、技能、智能健全,能够以各种有益于社会的脑力劳动和体力劳动创造财富,从而推动经济社会发展的人的总和。由于人力资源是依附于人身上的劳动能力,和劳动者是密不可分的,因此可以用劳动者的数量和质量来反映人力资源的数量和质量。

2. 人力资源具有主观能动性、时效性、增值性、两重性、社会性特点。主观能动性是指人力资源的体力和智力的融合不仅具有主动性,而且还具有不断拓展的潜力。人力资源的时效性是指人力资源要在一定的时间段内开发,超过这一时期,可能就会荒废和退化。人力资源具有增值性。人力资源是人所具有的脑力和体力。在一定范围内,个体的体力、知识、经验和技能不会因使用而消失,反而会因不断使用而更有价值。人力资源既是投资的结果,又能创造财富,它具有既是生产者又是消费者的两重性。人所具有的体力和脑力明显受到时代和社会因素的影响,人力资源具有社会属性。

3. 人力资源管理是指为了达到组织的总体目标,运用现代科学的技术方法,对人力资源获取、开发、整合和调控的过程,通过对组织的人和事的管理,协调好人与事的关系,处理好人与人之间的矛盾,充分发挥人的潜能。它包括人力资源规划、人员招聘与培训、薪酬体系的制订及绩效考核等方面。

4. 企业的人力资源管理,是指企业对人力资源的一系列管理活动。这些活动主要包括企业人力资源规划、薪酬管理、人员招聘与配置、员工培训管理、绩效管理、劳动关系管理等,即企业运用现代管理方法,对人力资源的获取(选人)、开发(育人)、利用(用人）和保持（留人）等方面所进行的计划、组织、指挥、控制和协调等一系列活动，简单概括为"选、育、用、留"，最终达到实现企业和员工共同发展目标的一种管理行为。

5. 对人力资源管理在西方的产生与发展，不同的学者划分出了不同的阶段。结合不同学者的划分方法，我们认为可以将人力资源管理在西方的产生与发展划分为六个阶段，具体包括萌芽阶段、初步建立阶段、反省阶段、发展阶段、整合阶段和战略阶段。

本章习题

一、名词解释

1. 资源
2. 人力资源
3. 人力资源管理
4. 战略性人力资源管理

二、简答题

1. 人力资源的特点是什么？
2. 人力资源管理的功能是什么？
3. 人力资源管理的内容是什么？
4. 西方人力资源管理发展历史如何？

三、案例分析

王永所在的企业是一家合资的生产日用消费品的制造业企业，这几年公司业务发展迅速，平均每年都有10%以上的增长，虽然近两年国内市场竞争越来越激烈，但是由于公司在前几年培养了良好的企业文化及打下了扎实的管理基础，公司仍能继续保持平稳发展。公司这几年一直采用目标管理（MBO）这一管理工具，强调参与式的目标设置，并且强调所有目标都必须是明确的、可检验的和可衡量的。同时，公司在四年前成功运行了一套企业资源计划系统（ERP），这套计算机管理系统不仅使公司的物流、财流、信息流达到最优化，而且使公司组织结构扁平化，目标设定具体化，并对目标的绩效反馈有很大帮助。目标管理与ERP系统相辅相成，使公司具备了良好的管理基础，并形成了目前的企业文化。

王永于五年前进入此公司并在生产管理部门担任部门负责人，生产管理部共有四位员工，他们是进入公司一年的B先生、C小姐，进入公司三年的D先生与E小姐。在进入此部门两星期后，王永了解到B先生做事有条理，交给他做的事总能有计划地完成，但是B先生在工作中主动性不够。C小姐活泼开朗，经常在工作中提出一些新鲜点子，但是做事条理性欠缺。D先生从公司刚成立就已在此部门工作，经验丰富，而且工作积极主动。E小姐与D先生同为公司资深员工，工作经验丰富，且人缘很好，在公司各个部门都有好朋友。

第一章 人力资源管理概述

在四年前公司ERP系统成功上线后,经过业务流程重组,王永负责的生产管理部门主要包括以下工作职责:

(1)制作生产计划,主要根据公司市场部门提供的销售预测及公司财务部门的库存目标,结合工厂产能计划,制订年度、季度、月度的生产计划。

(2)制作产能计划,主要与工程部门、技术部门、生产部门一起核定生产产能计划,通常每年定期核查,平时如有变化就需及时更改。

(3)安排日常生产排程,主要将客户订单及生产计划变成生产指令下达给生产部门组织生产。

(4)制作采购计划,系统依据生产计划及动态客户订单数量产生基础MRP计划,经过人为整合为采购指令,下达给采购部门。

(5)制作分销资源计划,由于公司在全国各地有五个仓库向各地发货,所以需要向各仓库分配产品,安排运输,同时还要与各地经营部联络满足各地的订单需求与控制各地库存水平等。

王永利用业务流程重组的机会,将四位员工的工作职责进行了重新划分,经验丰富的D先生被安排负责制作生产计划与产能计划,同样经验丰富的E小姐负责制作分销资源计划,B先生负责安排日常生产排程,C小姐负责制作采购计划。由于部门内所有人在公司上ERP项目的时候都经过了系统的完整的培训,同时又都有一定的工作经验,所以大家很快熟悉了各自的工作。

由于完成本部门工作还需要与其他部门的配合,所有的工作都需要与人沟通才能完成,如要完成生产计划,不仅要与本部门生产排程、采购计划、分销计划充分沟通,还需要与市场部、财务部、研发部、技术部、工程部等部门进行有效的沟通。同样制作分销计划,不仅与本部门的生产排程进行沟通,还要与工厂仓库、运输公司、各经营部客户服务人员、市场部人员、各地仓库等进行沟通。所以王永在部门内一直强调沟通的重要性,并积极提倡协同配合,使大家都明了每个人的工作都需要部门内其他人员的帮助才能完成。而要做到这一点,大家都知道互相信任、互相帮助、开诚布公的重要性。

由于在生产管理部门内各成员的工作都相辅相成、互相依赖,大家都有了解别人工作的愿望,王永要求各成员将各自的具体工作写成流程形式,并包括各类细节,供部门内所有人员参考,还鼓励大家互相学习彼此的工作,而且规定每年必须轮换工作,由于大家的工作业绩都互相依赖,大家都努力学习他人的工作、他人的长处,同时努力帮助他人克服缺点,至今部门内所有人都具备单独完成各项工作的能力。

王永在部门中一直提倡创新,他本人就一直提出各种各样新的观点和想法来帮助大家更好地完成工作。D先生会帮助王永将他的观念落实,如制订操作程序等,B先生和C小姐也经常会对这些观念提些建议,E小姐小心谨慎,她会考虑新观点对各方面的影响。由于王永的倡导,部门内逐步树立了许多好的观念。如"鼓励提出不同意见""不能提出改进意见就不要反对别人的观点""不提出改进意见就完全按别人意见做"等。

经过几年的成长，生产管理部已成为一个工作绩效高、学习能力强、工作满意度高、内部凝聚力强的团队，部门内的成员都以在这个团队中工作为荣。

思考题：

1. 请分析王永是如何成功塑造高绩效的工作团队的。
2. 你能从王永的成功经验中得到什么启示？

第二章　人力资源规划

【导入案例】

判断企业人力资源规划问题的实质
——致盛企业诊所咨询师张峰林的年终工作经验交流会报告

在 2010 年的一个飘着雪花的日子里，银尊有限公司的人力资源部部长李明普敲响了我们诊所的门。看到他那愁眉苦脸的样子，我已经猜出了他的来意，因为我知道李明普刚刚走马上任，正在着手他的第一项工作——为该公司招聘其下属公司成功电脑软件公司的 IT 人才。

进军 IT 产业是银尊集团公司的又一大战略决策，在此之前已经过反复调研，并多次咨询了西电大学的教授与专家。由于成功电脑软件公司组建不久，尚未设立人力资源部，公司相关部门的工作都由总公司的职能部门的负责人全权负责。在人力资源管理方面的工作自然就落到了新任总公司人力资源部部长李明普的头上。李明普刚刚从交通大学获得 MBA 学位，学位论文做的是人力资源吸收方面的研究，接到负责组建公司新人力资源部门的任务后他踌躇满志，连续奋战几昼夜做出了人力资源规划草案。

按照李明普的计划，首先要加强人力资源部的力量，增加运行经费；其次，为了确保组建的新部门有足够强的战斗力和方便后续的工作，先要招聘一些人力资源管理人员充实部门。他按照组建新公司的战略规划设计了该部门的规模与人员需求，为了保证能够公正地招聘到公司需要的人才，他将自己连日来调研的当地以及总公司内部可以提供的人力资源列于草案中。他认为自己的工作做得很细致，对自己的草案很满意，想着老总也会给个满意的答复，但方案送到老总手里后并未马上得到首肯，而是被决定提到下周的高层管理会议上讨论。李明普百思不得其解，就来到我们诊所，希望得到指点。

对现代企业来说，适当的人员预测和规划是十分必要的。成功的事业来自成功的规划运筹，规划有助于预见未来，减少未来的不确定性，更好地帮助组织应付未来的各种变化，解决和处理复杂的问题。管理者通过规划，可以确定自己的目标，制订策略，做出正确的决策。有效的人力资源规划是通过对组织在不同时期内、不同内外环境下、不同的组织战略目标下人力资源状况供需的预测，确保组织所需的第一资源——人力资源，并对人力资源进行有效的开发与管理，保障组织战略目标的实现。

第一节 人力资源规划概述

一、人力资源规划的含义

人力资源规划，又称人力资源计划，是指在组织发展战略和经营规划的指导下，预测和分析员工的供需平衡，以满足组织在不同发展阶段对员工的需求，为组织的发展提供符合质量和数量要求的人力资源保证。简单来说，人力资源规划是对组织在某个时期内的员工供给与需求进行预测，并根据预测的结果采取相应的措施平衡人力资源的供需。

准确理解人力资源规划的含义应该把握以下要点：

（1）人力资源规划要以组织发展战略和经营规划为基础。因为人力资源管理只是组织经营管理系统的一部分，是为组织的经营发展提供人力资源支持的，如果没有组织战略规划，也就没有人力资源规划。

（2）人力资源规划包括两个主要内容：一是对组织在特定时期内的员工供给和需求进行预测，二是根据预测的结果采取相应的措施进行供需平衡。前者是基础，不进行预测，人力资源的平衡就不能实现；后者是目的，不平衡供需，预测就没有意义。

（3）人力资源供给与需求的预测应从数量和质量两个方面进行，组织对人力资源的需求数量只是一个方面，更重要的是质量方面。

二、人力资源规划的作用

人力资源规划是连接公司组织战略和人力资源管理具体措施的纽带，具有承上启下的作用。具体来讲，它有以下四项突出功能。

（一）它是公司组织战略目标实现的保障

人力资源规划是公司组织的战略目标在人力资源供需（包括数量、质量和结构）等方面的分解，它与公司组织在其他方面的规划，如生产计划、营销计划、财务计划等共同构成公司组织目标体系。公司组织发展所需要的人员，尤其是中高层管理人员和专业技术人员，对大多数公司组织来讲都是比较稀缺的资源，并非随时都能获得，必须提前做好规划，才能确保所需人员能够及时到岗。通过人力资源规划的制订，可及时发现公司组织人力资源需求并使这些需求及时得以满足，从而保障公司组织战略目标的实现。

（二）它是公司组织人力资源管理的基础

人力资源规划规定了公司组织在人力资源管理方面的具体行动方案，是公司组织人力资源管理的基础。人力资源规划的各项业务计划为工作分析提供依据，它是员工配置的基础，引导公司组织有针对性地进行人员储备，对公司组织急需的人才发出引进和培训预警，为员工职业发展道路的设计提供依据。此外，人力资源规划在人员的奖酬和激励、建立人力资源信息系统、协调不同的人事管理工作等方面都发挥着积极的作用。

（三）它有助于调动员工的积极性

在人力资源规划制订与实施的过程中，员工可以看到公司组织的发展远景和自己的发展前景，可以据此设计自己的职业生涯，确立职业发展方向，从而有助于调动员工的积极性。

（四）它是公司组织人工成本控制的手段

随着公司组织的不断成长和壮大，人工成本必定也不断变化。通过人力资源规划，预测和控制公司组织人员的变化，逐步调整公司组织人员的结构，使之尽可能合理化，就可以把人工成本控制在一个合理的水平上。

三、人力资源规划的内容

人力资源规划有狭义与广义之分。狭义的人力资源规划，是指组织从战略规划和发展目标出发，根据其内外部环境的变化，预测组织未来发展对人力资源的需求以及为满足这种需求提供人力资源的活动过程。简单地说，狭义的人力资源规划即指进行人力资源供需预测并使之平衡的过程，实质上它是组织各类人员的补充规划。广义的人力资源规划是组织所有各类人员资源规划的总称。

人力资源规划包含两个层次的内容：总体规划与各项业务计划。人力资源总体规划是有关计划期内人力资源开发利用的总目标、总政策、实施步骤和总预算的安排。人力资源规划所属的业务计划则包括人员补充计划、人员使用计划、提升与降职计划、教育培训计划、薪资计划、劳动关系计划、退休解聘计划等。这些业务计划是总体规划的具体化见表 2-1。

表 2-1 各种业务计划一览表

计划类型	目标	政策	步骤	预算
总规划	总目标；绩效、人力总体素质、职工满意度	基本政策；扩大、收缩、保持稳定	总步骤：（按年度排）如完善人力信息系统	总预算××万元
人员补充计划	类型、数量、层次对人力素质结构及绩效的改善	人员素质标准、人员来源范畴、起点待遇	拟定补充标准，广告吸引、考试、面试、笔试、录用、教育、上岗	招聘挑选费用
人员使用计划	部门编制、人力结构优化及绩效改善、人力资源职位匹配、职务轮换幅度	任职条件、职务轮换范围及时间	—	按使用岗位、差别及人员状况决定的工资、福利预算

续表

计划类型	目标	政策	步骤	预算
提升与降职计划	提升后备人员数量，提高人才结构及绩效目标	全面竞争，择优晋升，选拔标准，提升比例，未提升人员的安排	—	职务变动引起的工资变动
教育培训计划	素质绩效改善，培训类型，提供新方案，转变态度及作风	培训时间的保证，培训效果的保证（如待遇、考核、使用）	—	教育培训总投入、产出，脱产培训损失
薪资计划	人才流失减少，士气、水平提高，绩效改进	工资政策，激励政策，激励重点	—	增加工资奖金额预算
劳动关系计划	降低非期望离职率，干群关系改进，减少投诉和不满	参与管理，加强沟通	—	法律诉讼费
退休解聘计划	编制、劳务成本降低及生产率提高	退休政策及解聘程序	—	安置费、人员重置费

四、人力资源规划的类别

按照规划涉及的时间长短，人力资源可分为长期规划、中期规划和短期规划三种。

（1）长期规划指跨度为5~10年或以上的具有战略意义的规划，它为组织人力资源的发展和使用状况指明了方向、目标和基本政策。长期规划需要对内外环境的变化做出有效的预测，才能对组织的发展具有指导性的作用。长期规划比较抽象，可能随内外环境的变化而发生改变。人力资源规划与经营环境的关系见表2-2所示。

表2-2 人力资源规划与经营环境的关系

短期规划——不确定/不稳定	长期规划——确定/稳定
组织面对诸多竞争者	组织处于强有力的市场竞争地位
飞速变化的社会、经济环境	渐进的社会、政治环境
不稳定的产品/劳务需求	变化和技术革新
政治、法律环境经常变化	完善的管理信息系统
组织规模小	稳定的市场需求
管理混乱	规范且有条不紊的管理

（2）中期规划一般为1~5年的时间跨度，其目标、任务的明确与清晰程度介于长期和短期两种规划之间。

（3）短期规划的时间跨度一般为1年左右。与长期规划相比，短期规划对各项人事活动要求明确、任务具体、目标清晰。

规模较小的组织不适于拟订详细的人力资源规划，因为规模小，各种内外环境影响大，规划的准确性差，人力资源规划的指导作用也就难以体现。另外，小组织的规划成本较高。

也有学者将现代企业的人力资源管理规划大致分为三个层次：策略规划、制度规划和作业执行。这三个层次其实代表了人力资源管理的不同发展阶段，可以体现出从传统的人事管理到现代人力资源管理的过渡。

如果把人力资源管理粗分为人员甄选、绩效评估、员工发展、薪资福利四大方面的话，那么各层次的职能见表2-3。

表2-3 人力资源管理规划层次与职能的关系

	策略规划	制度规划	作业执行
人员甄选	确认企业长期经营所需的人员，建立HR预测工具	设计甄选工具，确认甄选工具的效果，拟定招聘计划	招聘工作管理、人员面试等
绩效评估	决定企业应强调何种绩效指标，及早确定具有潜力的员工	设计与薪资、员工发展相结合的评估制度，发展未来组织工作所需的评估工具	绩效考评的组织实施、数据的收集、汇总、分析、反馈
员工发展	规划企业未来发展主要骨干的计划，确认组织发展所需的人才类型，建立事业途径	设计企业发展系统，评估企业培训要求，设计培训课程及有关制度，配合组织发展	提供培训课程，执行工作教导，规划个人职业生涯
薪资福利	薪资与企业长期战略结合	薪资与企业长期战略结合	调薪、核薪、发薪及日常福利等

五、人力资源规划的原则

在制订人力资源规划时，要遵循以下三个基本原则。

（一）充分考虑内外部环境的变化

人力资源规划只有充分地考虑内外环境的变化，才能适应需要，真正地做到为组织目标服务。内部变化主要是指销售的变化、开发的变化，或者组织发展战略的变化，还有公司员工流动的变化等；外部变化指社会消费市场的变化、政府有关人力资源政策的变化、人才市场的供需矛盾的变化等。为了能够更好地适应这些变化，在人力资源规划中应该对可能出现的情况做出预测和风险分析，最好能有对付风险的应急策略。

（二）确保组织的人力资源保障

组织的人力资源保障问题是人力资源规划中应解决的核心问题。它包括人员的流入预测、人员的流出预测、人员的内部流动预测、社会人力资源需求和供给状况分析、人员流动的损益分析等，只有有效地保证组织的人力资源供给，才可能进行更深层次的人力资源开发与管理。

（三）组织和员工都得到长期利益

人力资源规划不仅是面向组织的规划，也是面向员工的规划。组织的发展和员工的发展是互相依托、互相促进的。如果只考虑组织的发展需要而忽视了员工的发展需要，则不利于组织发展目标的达成。优秀的人力资源规划一定是能够使组织和员工得到长期利益的规划，一定是能够使组织和员工共同发展的规划。

案例

苏澳玻璃公司的人力资源规划

近年来，苏澳公司常为人员空缺所困惑，特别是经理层次人员的空缺常使公司陷入被动的局面。苏澳公司最近进行了公司人力资源规划。首先由四名人力资源部的管理人员负责收集和分析目前公司对生产部、市场与销售部、财务部、人力资源部四个职能部门的管理人员和专业人员的需求情况以及劳动力市场的供给情况，并估计在预测年度各职能部门内部可能出现的关键职位空缺数量。

上述结果用来作为公司人力资源规划的基础，同时也作为直线管理人员制订行动方案的基础。但是这四个职能部门制订和实施行动方案的过程（如决定技术培训方案、实行工作轮换等）是比较复杂的，因为这一过程会涉及不同的部门，需要各部门的通力合作。例如，生产部经理为制订将本部门员工的工作轮换到市场与销售部的方案，则需要市场与销售部提供合适的职位，人力资源部做好相应的人事服务（如财务结算、资金调拨等）。职能部门制订和实施行动方案过程的复杂性也给人力资源部门进行人力资源规划增添了难度，这是因为有些因素（如职能部门间合作的可能性与程度）是不可预测的，它们将直接影响预测结果的准确性。

苏澳公司的四名人事管理人员克服种种困难，对经理层管理人员的职位空缺做出了较准确的预测，制订了详细的人力资源规划，使得该层次上的人员空缺减少了50%，并且保证了人选的质量，合格人员的漏选率大大降低，使人员配备过程得到了改进。人力资源规划还使得公司的招聘、培训、员工职业生涯计划与发展等各项业务得到改进，节约了人力成本。

第二节 人力资源需求预测

一、人力资源需求分析

人力资源需求预测是指对企业未来某一特定时期内所需人力资源的数量、质量及结构进行估计。企业的人力资源需求是一种战略需求，它最终取决于市场对企业产品和服务的需求。因此在进行人力资源需求预测之前，先要预测企业产品和服务的需求，然后再在一定的技术和管理条件下，将这一预测转换为满足产品服务需求所需的员工数量和质量预测。因此人力资源需求预测需要对下列因素进行分析。

产品和服务需求预测。产品和服务需求预测通常是从行业和企业两个层次对市场需求进行预测。从行业角度看，不同行业的产品侧重于满足消费者不同方面的需求，产品和服务需求受到消费者人数、消费者的偏好、收入水平、价格水平以及政治、经济、社会、技术等直接和间接、长期与短期因素的影响。因此行业需求既有长期的稳定趋势也有短期波动现象，市场对个别企业产品和服务的需求决定了它在整个行业中的市场份额，它取决于企业与竞争对手在产品质量、成本价格、品牌信誉、促销努力等多个方面的差距。

一般地，在生产技术和管理水平不变的条件下，企业产品和服务需求与人力资源需求呈正相关关系，当企业产品和服务需求增加时，企业内设置的职位和聘用的人数也会相应地增加。

企业的发展战略和经营规划。企业的发展战略和经营规划一方面取决于企业外部市场环境，尤其是企业产品和服务的需求状况；另一方面也取决于企业对外部市场环境的应对能力和独特的目标要求。企业的发展战略和经营规划直接决定了企业内部的职位设置情况以及人员需求数量与结构。当企业决定实行扩张战略时，未来的职位数和人员数肯定会有所增加，当企业对原有经营领域进行调整时，未来企业的职位结构和人员构成也会相应地进行调整。

生产技术和管理水平的变化。不同的生产技术和管理方式很大程度上决定了企业内部的生产流程和组织方式，进而决定了组织内职位设置的数量和结构。因此，企业的生产和管理技术发生重大变化，会引起组织内职位和人员情况的巨大变化。当企业采用效率更高的生产技术的时候，同样数量的市场需求可能只需要很少的人员，同时新的技术可能要求企业用能够掌握新技能的员工来替换原有员工。但是新的技术也可能会有一些新的职位要求，如设计、维修等，也会在一定程度上增加对某一类员工的需求。

影响企业人力资源需求的因素很多，而且不同的企业影响因素会有所不同，即使是同一种影响因素，对人力资源需求的实际影响也有所差异，因此人员需求预测应根据企业的具体情况，分析和筛选出对企业人力资源需求影响最为关键的因素，并确定这些因素对人力资源需求的实际影响，然后根据这些因素的变化对企业人力资源需求状况进行预测。

二、人力资源需求预测的方法

对人力资源需求进行预测的方法很多,但不外乎两大类:第一类是定性方法,包括主观判断法、微观集成法、工作研究法和德尔菲法等;第二类是定量方法,包括回归分析法、趋势预测法、生产函数法、比率预测法(见图2-1)。需要指出的是,在实际预测中,不可能只用一种方法,而应当将多种方法结合起来,预测的结果才会比较准确。

(一)定性预测方法

1. 主观判断法

这是一种最为简单的预测方法。它是由管理人员根据自己以往的经验对人力资源影响因素的未来变化趋势进行主观判断,进而对人力资源需求情况进行预测。在实际操作中,一般先由各个部门的负责人根据本部门未来一定时期内的工作量情况,预测本部门的人力资源需求,然后再汇总到企业最高层管理者进行平衡,以确定企业最终需求。这种方法完全凭借管理人员的经验,因此要求管理人员具有丰富的管理经验。而且,这种方法主要适用于规模较小或者经营环境稳定、人员流动不大的企业(见图2-1)。

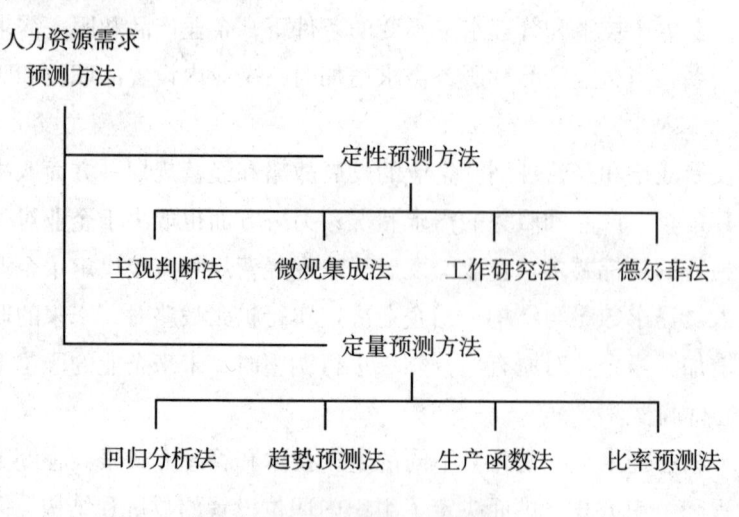

```
人力资源需求
  预测方法
      │
      ├──────────────── 定性预测方法
      │                      │
      │         ┌────────┬────────┬────────┐
      │      主观判断法  微观集成法  工作研究法  德尔菲法
      │
      └──────────────── 定量预测方法
                             │
                ┌────────┬────────┬────────┐
              回归分析法  趋势预测法  生产函数法  比率预测法
```

图2-1 人力资源需求预测方法

2. 微观集成法

微观集成法可以分为"自上而下"和"自下而上"两种方式。"自上而下"是指由组织的高层管理者先拟订组织的总体用人计划和目标,然后逐级下达到各具体职能部门,开展讨论和进行修改,再将有关意见汇总后反馈回高层管理者,由高层管理者据此对总的预测和计划做出修改后予以公布。"自下而上"是指组织中的各个部门根据本部门的发展需要预测未来某种人员的需求量,然后再由人力资源部门进行横向和纵向汇总,最后根据企业经营战略形成总的预测方案。

3．工作研究法

工作研究法是在分析和确定组织未来任务和组织流程的基础上首先确定组织的职位设置情况，然后根据职位职责计算每个职位工作量及相应的人员数量。工作研究法的关键是工作量的计算和分解，因而必须制订明确的岗位用人标准以及职位说明书。

4．德尔菲法

德尔菲法是邀请某一领域的一些专家或有经验的管理人员对某一问题进行预测，经过多轮反馈并最终达成一致意见的结构化方法，因此又称专家评估法。例如，在估计将来公司对劳动力的需求时，公司可以选择在计划、人事、市场、生产和销售部门任职的经理作为专家，对某重大技术性问题预测，经过多轮反馈最终达成一致意见。

德尔菲法有三个特点：

（1）采取匿名形式进行咨询，使参与预测咨询的专家互不通气，避免受到其他专家的影响。

（2）分几轮反复发函咨询，每一轮的统计结果都寄回专家作为反馈，供下一轮咨询、参考。

（3）对调查咨询结果进行一定的统计处理，使之有使用价值。一般说来，经过四轮咨询，专家们的意见可以趋于一致。专家人数一般以10~15人为宜。在预测过程中，人力资源部门应该为专家提供充分的信息，包括已经收集到的资料和相关统计分析结果，目的是使专家们能够做出比较准确的预测。另外，所提出的问题应该尽可能简单，以保证所有专家能够从相同的角度理解员工分类和其他相关的概念。在必要时，可以不问人力资源需求的总体绝对数量，而问变动的百分比或某些专业人员的预计变动数量。专家的预测结果也不要求精确，但要求专家说明对所做预测的肯定程度。

在实施德尔菲法时应注意：

（1）专家组的人数应根据问题重要性和复杂性确定，人数越多，片面性越小。

（2）专家发表意见时，采取匿名方式，即所谓"背靠背"方式，以避免从众行为，因此需要一个协调者在专家之间进行信息传递、归纳和反馈。

（3）要给专家提供充分的资料和信息，使他们能够进行判断和预测。

（4）问卷设计应当清晰明白，保证专家从同一个角度理解问题，避免造成误解和歧义。

（二）**定量预测方法**

1．回归分析法

由于人力资源需求总是受到某些因素影响，回归分析法就是要找出与人力资源需求关系密切的因素，并依据过去的数据资料确定它们的数量关系，建立回归方程，然后再根据这些因素的变化预测未来人力资源需求。

$$Y = a_0 + a_1 X_1 + a_2 X_2 + \cdots + a_{n-1} X_{n-1} + a_n X_n + \varepsilon \tag{2-1}$$

式中：Y 是因变量；X 是自变量；a 为回归参数；n 为自变量个数，如果 $n=1$，则为一元回归方程，如果 $n>1$ 则为多元回归方程；为随机扰动项。

代入 Y 和 X 的观测值，运用最小二乘法，得到预测值以及预测方程。

$$Y=α_0+α_1X_1+α_2X_2+\cdots+α_{n-1}X_{n-1}+α_nX_n+ε \qquad (2\text{-}1)$$

根据上式可以预测未来人力资源需求。

例：医院住院处 200 个床位时需 25 名护士，300 个床位时需 35 名护士，问当 350 个床位时需多少名护士？

解：设 $Y(护士)=A+BX(床位)$

$25=A+200B$；$35=A+300B$

联立解此二元一次方程组

得：$A=5$　$B=0.1$

当 350 个床位时，将 $A=5$，$B=0.1$ 代入 $Y=A+BX$ 得

$Y=5+0.1×350=40$

2. 比率预测法

比率预测法是基于对员工个人生产效率的分析来进行的一种预测方法，进行预测时，首先要计算出人均生产效率，然后再根据企业业务量来预测出人力资源的需求，即：

$$所需人力资源 = \frac{未来业务量}{目前人均生产效率（1+生产效率的变化率）}$$

使用这种方法进行预测时，需要对未来业务量、人均生产效率及其变化做出准确的估计，这样对人力资源的预测才会比较符合实际。

第三节　人力资源供给预测

一、人力资源供给分析

对企业来说，人力资源供给本质上是生产过程中的劳动投入，它取决于企业劳动力总人数、单位劳动力的劳动时间以及标准劳动力的折算系数。由于国家法律的限制，劳动者的劳动时间基本上是恒定的。标准劳动力的折算系数取决于劳动者的能力和实际生产效率，能力和实际生产效率越高，则折算系数越大。因此人力资源的供给预测就是对在未来某一特定时期内能够提供给企业的人力资源数量、质量以及结构进行估计。对于多数实行长期雇用的企业来说，人力资源的供给包括外部供给和内部供给两个来源。与此相对应，人力资源供给预测也应当从这两个方面入手。

（一）外部供给分析

外部供给是指企业可以从外部劳动力市场获得的人力资源。外部劳动力市场主要是针对那些没有技能的体力劳动或不需多少技能的服务工作、钟点工、短工和季节工等组织中的次要部门的雇用情况，此外最主要的就是具有长期雇用潜力的新员工。具有长期雇用潜力的新员工只有经过一系列的培训，并取得企业信任之后才能进入内部劳动力市

场。在此之前,他们与其他外部劳动力一样,标准劳动力的折算系数都比较低。因此外部供给分析主要是对劳动者供给数量进行分析。

在外部劳动力市场,雇佣关系是短期的,没有晋升的承诺,工资也完全受劳动市场的调节。一般来说,多数企业对外部劳动力市场无法控制,除非它是劳动力市场的垄断需求者。因此对外部供给的分析主要是对影响供给的因素进行分析,进而对外部供给的有效性和变化趋势做出预测。

外部劳动力市场供给主体和分析单位是家庭。影响家庭人力资源供给决策的因素不仅包括市场工资水平,而且包括家庭对闲暇的偏好。这些因素的共同作用形成总的劳动力供给态势,当劳动供给大于或等于劳动需求时,多数企业外部劳动力需求会得以满足。当然对于某个具体企业而言,家庭对生产行业和企业的偏好也会影响企业所面临的实际供给状况。因此企业所处的行业是否具有吸引力以及企业本身是否比竞争者更有吸引力,可能对企业的人力资源供给状况具有更直接的影响。其他影响供给的因素有总体经济状况、地方劳动力市场状况和人们的就业意识等。

(二)内部供给分析

内部供给是指企业从内部劳动力市场可以获得的人力资源。经济中主要部门的劳动者,如拥有技能的蓝领工人、大部分管理和专业技术人员等,其雇用和工资并不直接受外部劳动力市场的影响,而是由企业按照内部的规定和惯例来决定,从而形成一个与外部劳动力市场(一般意义上的劳动力市场)相对隔离的内部劳动力市场,其主要特征表现为:长期雇用、从外部劳动力市场进入企业的人口很少,按工作而非个人的生产率支付工资以及内部晋升等。

进入内部劳动力市场的劳动者,其标准劳动力的折算系数基本大于1,并且随着培训以及劳动者劳动经验的积累和基本技能的增加,其标准劳动力的折算系数还有可能会进一步增加。在新员工数量受到严格限制的条件下,企业内部劳动力市场的劳动者人数将随着劳动力的自然减员(如退休、生育)和离职而降低,但是人力资源供给却可能会由于劳动者能力和素质的提升而增加。因此与外部供给分析不同,内部供给分析不仅要考虑劳动者供给人数的变化,更要研究劳动者能力和素质的变化。

1. 内部劳动力市场劳动者人数分析

内部劳动力市场劳动者人数取决于长期雇用潜力的新员工人数以及现有内部劳动力市场劳动者人数。在新员工数量受到严格限制的条件下,内部劳动力市场人数供给状况主要取决于现有内部劳动力市场劳动者人数的自然变化和流动状况。

内部劳动力市场劳动者人数的自然变化取决于员工的性别、年龄和身体状况结构。例如,企业现有58岁男性员工30人,那么两年后内部劳动力市场的供给就会减少30人。内部劳动力市场劳动者的流动状况包括人员流出和内部流动两个方面。企业人员流出的原因很多,如辞职、辞退等,企业人员流出的数量形成了内部劳动力市场减少的数量。企业人员内部流动主要影响企业内具体的部门和职位的人员供给状况。影响企业人员内部流动的因素主要是企业的绩效考核制度和结果以及企业内部晋升和轮换制度等。

因此，内部劳动力市场劳动者人数分析应当关注员工的性别、年龄和身体状况结构，企业人员离职倾向、企业绩效考核制度和结果，企业内辞退、晋升和轮换制度等因素的变化和影响。

2. 内部劳动力市场劳动者素质分析

在内部劳动力市场劳动者人数保持不变的条件下，人员素质的变化会影响内部劳动力市场的供给状况。人员素质的变化体现在两个方面：高素质员工的比例变化以及员工整体素质的变化。无论是高素质员工数量的增加还是员工整体素质的提升，最终都会引发企业生产效率的提高，从而相对增加企业内部劳动力市场人力资源的供给。影响员工素质的因素很多，工资水平增加、激励工资（包括绩效工资、奖金、利润和股权分享计划）的实施以及企业各类培训投入的增加都可能会有助于提升员工的素质。因此在进行内部劳动力市场劳动者素质分析时，必须对这些因素的变化和影响给予高度的关注。

二、人力资源供给预测

人力资源需求预测为管理者提供了估计所需员工数量和类型的手段，但只知道人员需求是不够的。某家大型制造公司下属的一个新工厂准备开工，经过分析，专家曾认为其新产品的需求是长期的、大量的。于是，资金、技术等全部到位，可是一年过后，工厂还没有办法开工。这是因为管理者忽略了一个关键的问题：他们只研究了人力资源需求，却没有研究人力资源供给。当地劳动力市场上并没有开办新厂所需的足够的工人。因此，在工厂开工之前，企业不得不花费大量的时间和金钱对新招聘的工人进行培训。可见，人力资源供给预测与需求预测同样重要。人力资源供给预测是指为了满足企业在未来一段时间内的人力资源需求，对将来某个时期企业从其内部和外部可以获得的人力资源的数量和质量进行预测，它包括外部人力资源供给预测和内部人力资源供给预测。

（一）外部人力资源供给预测

1. 影响因素

行业性因素、地区性因素和全国性因素是影响外部人力资源供给预测的三个因素。

（1）行业性因素包括：公司组织所处行业的发展前景，行业内竞争对手的数量、实力及其在吸引人才方面的方法，公司组织在行业中所处的地位和竞争实力等。

（2）地区性因素包括：公司组织所在地及其周边地区的人口密度、就业水平、就业观念、教育水平，公司组织所在地对人们的吸引力，当地的住房、交通、生活条件等。

（3）全国性因素包括：对今后几年内国家经济发展情况的预测，全国对各类人员的需求程度，各类学校的毕业生规模和结构，教育制度的改革对人力供给的影响，国家就业政策、法规的影响等。

2. 预测方法

（1）直接收集有关信息：公司组织可以通过对自己所关心的人力资源状况进行相关调查，获得第一手材料。

（2）查阅相关的资料：国家或者某一地区的统计部门、劳动部门都会定期发布一些统计数据，公司组织可以通过这些现有的资料获得所需要的信息。另外，还应及时关注国家和地区的政策法规的出台和修改。

当今互联网的迅速发展使得相关信息资料的获得变得更加容易。

3. 对应聘和雇用人员的分析

对公司组织已经雇用或是前来公司组织应聘的人员进行调查和分析，也可以得到对人力资源供给情况的估计。

（二）内部人力资源供给预测

1. 影响因素

公司组织自身的人力资源策略和相应的管理措施是一个重要的影响因素。不同的公司组织对人才的期望是不尽相同的，有的公司组织采取鼓励人才合理流动的策略，将较多的精力放在吸引外部的成熟人才上，期望不断为公司组织带来新鲜的血液；有的公司组织则希望人才能够长期稳定在公司组织中，用优厚的待遇、较多的培训机会和充足的发展空间来确保公司组织有稳定的人才。

除此之外，影响公司组织外部人力资源供给的上述因素同样也会对公司组织内部的人力资源供给产生影响。如果公司组织外部的就业机会多、条件优厚，则员工外流的可能性将会大大增加，公司组织内部人力资源供给就会显得比较紧张，公司组织不得不花费更大的成本和精力以保证人力资源的供给。

2. 预测方法

（1）员工档案法。从员工进入公司组织开始，人力资源部门就应该为其建立内容全面的人员档案，以便公司组织对现有的员工哪些能够被提升或调配随时做出判断。员工的个人档案中应该记录的内容包括：①员工的基本资料：姓名、性别、年龄等个人信息。②员工的经历：教育经历、工作经历、培训经历等。③员工在公司组织中的经历。④员工在公司组织中职位、薪酬的变化，工作绩效评估的结果，所接受培训的内容和效果。⑤员工的能力：对员工的各项关键能力和专业技术能力测试和判断的结果，取得的奖励和成就等。⑥员工的素质测评结果：对员工各项能力的测评。⑦员工的职业生涯规划：员工的职业发展目标和计划、职业兴趣等。

（2）人员接替法。不少公司组织的管理人员都是从内部员工中提拔的，因此确定一些关键管理职位可能的接班人，这些接班人的潜力如何、能否胜任。表2-4就是公司组织常用的一种人员接替表。

表2-4 人员接替表

\multicolumn{5}{c	}{职位名称：总经理}
姓名	晋升顺序	现职	绩效	晋升潜力
林伊	1		H	N
姚洱	2		H	S
陈珊	3		M	L
李靓靓	4		L	R

注：晋升潜力：N——即可晋升，S——需短期培训，L——需长期培训，R——需要被他人替代。绩效：H——优秀，M——良好，L——偏低。

（3）马尔可夫法。这是一种统计预测方法，其基本思想：找出过去人事变动的规律，以此来推测未来的人事变动趋势。以某大学的人员流动为例，用马尔可夫法预测一段时间后学校的人员供给情况。表2-5是在对过去人员变动数据收集分析的基础上计算出人员流动的概率，列出人员流动概率矩阵表。所收集数据的时间周期越长，这一百分比的准确性就越高。将初期人员数乘以人员流动概率，得出人员流动矩阵表，如表2-6所示。将期末人员数纵向相加，就可以得出组织内部未来人员供给的净值。

表2-5 人员流动概率矩阵表

	教授	副教授	讲师	助教	离职
教授	0.80				0.20
副教授	0.10	0.70			0.20
讲师		0.05	0.80	0.05	0.10
助教			0.15	0.65	0.20

表2-6 人员流动矩阵表

	初期人员数量	教授	副教授	讲师	助教	离职
教授	40	32				8
副教授	80	8	56			16
讲师	120		6	96	6	12
助教	160			24	104	32
期末人员供给量		40	62	120	110	68

马尔可夫法已经被一些大公司如IBM等应用。在内部人力资源供给预测的实际应用中，一般采取多种预测方法，得出几种预测结果，然后进行综合分析，得到比较合理的结果。

第四节 人力资源供需综合平衡

在预测了人力资源的需求与供给之后，人力资源规划必须对人力资源的供求关系进行综合平衡。人力资源供给与需求预测的结果一般会出现以下三种可能：人力资源供大于求，人力资源供小于求，人力资源供求总量平衡，结构不平衡。针对这三种不同的情况，公司组织应分别采取以下措施。

一、人力资源供大于求时

（1）撤销、合并臃肿的机构，减少冗员，这在一定程度上可以提高人力资源的利用率。

（2）辞退那些劳动态度差、技术水平低、劳动纪律观念不强的员工。

（3）鼓励提前退休或内退，对那些接近退休年龄而未达到退休年龄者制订一些优惠措施，鼓励提前退休。

（4）加强培训工作，使员工掌握多种技能，增强他们的择业能力，鼓励员工自谋职业。同时，通过培训也可为组织的发展储备人力资本。

（5）减少员工的工作时间，降低员工的工资水平。如可采用多个员工分担以前只需一个或少数几个人就可完成的工作，按完成工作量计发工资。这是西方公司组织在经济萧条时经常采用的一种解决临时性人力资源过剩的有效方法。

二、组织人力资源供不应求时

（1）内部调剂，可将某些符合条件，而又相对富余的人员调往空缺职位。也可通过培训与晋升的方法补充空缺职位。

（2）外部招聘，对组织内部无法满足的某些职位的人员需要，有计划地由外部招聘。

（3）如果短缺现象不严重，且本组织员工又愿意延长工作时间，则可根据《中华人民共和国劳动法》（以下简称《劳动法》）有关规定，制定延长工时并适当增加报酬的计划。

（4）制定聘用非全日制临时工计划，如返聘已退休者，或聘用小时工等。

（5）工作再设计，主要是通过工作扩大化，使员工做更多的工作，这样做的结果，不仅能降低员工的单调感和厌烦情绪，而且也提高了人力资源的利用率。

总之，以上措施虽是解决组织人力资源短缺的有效途径，但是最有效的方法是通过激励及培训提高员工的业务技能，改进工艺设计，以此调动员工的积极性，提高劳动生产率，减少对人力资源的需求。

三、人力资源总量平衡、结构不平衡

当公司组织中人力资源在总量上是平衡的，但因人员结构不合理，造成某些职位空缺或人员不足时，公司组织应根据具体情况制定针对性较强的业务计划，如晋升计划、培训计划等，改变结构不平衡的状况。

应当指出的是，公司组织在制定平衡人力资源供求的措施时，不可能某种单一情况

出现，很可能是不同部门、不同层次的不同情况同时出现。所以，应具体情况具体分析，制订出相应的人力资源规划，使各部门人力资源在数量、质量、层次、结构等各方面达到协调与平衡。

第五节　人力资源规划步骤

一般来说，人力资源规划的制定过程包括四个步骤：准备阶段、预测阶段、实施阶段与评估阶段，如图2-2所示。

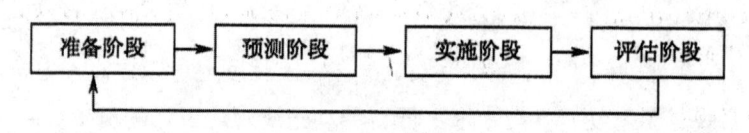

图2-2　人力资源规划制定步骤

一、准备阶段

信息资料是制订人力资源规划的依据，要想制订出有效的人力资源规划，就必须获得丰富的相关信息。

（一）外部环境信息

外部环境信息主要包括两类：一类是宏观经营环境的信息，如经济、政治、文化、教育以及法律环境等。由于人力资源规划与组织的生产经营活动密切相关，所以这些影响组织生产经营的因素会对人力资源的供给与需求产生作用。另一类是直接影响人力资源供给与需求的信息，如外部劳动力市场的政策、结构、供求状况，劳动力择业的期望与倾向，政府的职业培训政策、教育政策以及竞争对手的人力资源管理政策等。

（二）内部环境信息

这类信息也包括两个方面：一是组织环境信息，如组织发展战略、经营计划、生产技术以及产品结构等；二是管理环境信息，如组织结构、管理风格、组织文化、管理结构、管理层次与跨度及人力资源管理政策等。这些因素都影响着组织人力资源的供给与需求。

（三）现有人力资源信息

现有人力资源信息即对组织内部现有人力资源的数量、质量、结构和潜力等进行调查，包括员工的自然情况、录用资料、教育资料、工作经历、工作能力、工作业绩记录和态度记录等方面的信息。公司组织人力资源的状况直接关系到人力资源的供需状况，对于人力资源规划的制订有直接影响，只有及时准确地掌握组织现有人力资源的状况，人力资源规划才有效。

二、预测阶段

预测阶段的主要任务是在充分掌握信息的前提下选择使用有效的预测方法，对组织在未来某一时期的人力资源供给与需求做出预测。人力资源的供需达到平衡，是人力资源规划的最终目的，进行需求与供给的预测就是为了实现这一目的。在人力资源规划过程中，这是最为关键的一部分，也是难度最大的一个阶段，它直接决定了人力资源的规划是否能够成功。人力资源管理人员只有准确地预测出人力资源的需求与供给，才能采取有效的平衡措施。

三、实施阶段

在需求与供给的基础上，人力资源管理人员根据两者的平衡结果，制订人力资源的总体规划和业务规划，并制订出实施平衡需要的措施，使组织对人力资源的需求得到满足。需要说明的是，人力资源管理人员在制订相关措施时，应当使人力资源的总体规划和业务规划与组织的其他规划相互协调。

四、评估阶段

对人力资源规划实施效果进行评估是整个规划过程的最后一个阶段，由于预测不可能做到完全准确，人力资源规划也需要进行修订。在实施过程中，人力资源规划要随时根据变化调整需求与供给的预测结果，同时调整平衡供需的措施，也要对预测的结果及制订的措施进行评估，对预测的准确性和措施的有效性做出评价，为以后的规划提供借鉴和帮助。

第六节 人力资源管理信息系统

一、人力资源管理信息系统概述

人才之争是市场竞争的核心内容之一，为了稳定军心并不断吸纳优秀人才，企业必须采用现代化的人才管理方法。因此，先进的人力资源管理系统越来越引人注目。通过建立透明、相容、一致和全面的人力资源信息系统，将与人相关的信息统一地管理起来，就能为"公平、公正、合理"原则的实现以及企业在运作和劳资纠纷诸方面的风险规避等提供一套科学的保障体系。

（一）人力资源管理信息系统的概念

人力资源管理信息系统（Human Resource Management System，简称 HRMS），是以信息技术和人力资源管理思想相结合，依靠信息技术对企业人力资源进行优化配置的一种管理方式。从某种意义上讲，人力资源管理信息系统更像是一种观念、一种思想——一种在信息技术和软件系统支持下得以体现的管理思想。拥有这种思想和观念的人是人力资源管理信息系统的神经中枢，"以人为本"的管理思想在人力资源管理信息化过程中将得到精辟的阐释。

人力资源管理信息系统是 20 世纪 70 年代末产生的一个概念，是组织进行有关人力资源信息收集、保存、分析和报告的过程。它为收集、汇总和分析与人力资源管理有关的信息提供了一种方法。在小型组织中，人工档案管理和索引形式的人力资源管理信息系统比较有效。规模很大的组织很难用人工的方式管理其人事资料，需要采用计算机信息系统，以记录工作经验代码、产品知识、行业工作经验、训练课程、外语能力、调职意愿、前程抱负和绩效评估结果等。20世纪80年代中期，80%左右的美国大公司开始建立与使用人力资源管理信息系统，目前我国也有越来越多的企业开始建立这样的系统。

（二）HRMS发展简介

20世纪80年代后期，随着计算机的引入，我国开始HRMS的研发和应用。较早的应用就是采用计算机处理人事档案、工资，基于DBASE、数据库的简单管理，多为企业自行开发。目前我国的人力资源管理系统已经逐步与世界接轨，国内外的HRMS产品已经纷纷活跃在中国市场。纵观全世界HRMS的发展，大致可以分为五个阶段：

1. 第一代HRMS

20世纪60年代末期，HRMS诞生。伴随着计算机的发明和计算机应用技术进入实用阶段，大型企业为解决手工计算薪资既费时费力又非常容易出差错这个矛盾，研制出最初的HRMS。第一代HRMS功能非常简单，只不过是一种自动计算薪资的工具，但是它的出现为人力资源的管理展示了美好的前景。

2. 第二代HRMS

20世纪70年代末，HRMS功能逐步增强。随着计算机技术的飞速发展，计算机的快速普及，计算机系统工具和数据库技术的发展，为HRMS的阶段性发展提供了可能。第二代HRMS解决了第一代系统的主要缺陷，增加了较多的管理功能，诸如对非财务的人力资源信息和薪资的历史信息给予了考虑，然而却未能系统地考虑人力资源的需求和理念。

3. 第三代HRMS

20世纪80年代末，先进的人力资源管理理念进入HRMS。随着经济全球化的浪潮，市场竞争加剧，人才成为企业最重要的资产之一，促使HRMS引进先进的人力资源管理理念。第三代HRMS从人力资源管理的角度出发，成为企业加强人力管理的重要工具，将与人力资源相关的数据统一管理，形成了集成的信息源。HRMS得到了飞速的发展，但是相比财务信息化的发展，人力资源信息化程度已经明显落后。

4. 第四代HRMS

20世纪90年代末，HRMS发生革命性变革。90年代末，随着企业管理理念和管理水平的大幅度提高，社会对HRMS有了更高的需求；同时个人电脑的全面普及，数据库技术、客户/服务器技术，特别是Internet/Intranet技术的发展，促使HRMS发革命性变革。第四代HRMS已经开始运用网络技术，实现信息的实时共享。但第四代HRMS对网络的应用还很有限，功能还不够强大。

5. 第五代HRMS

21世纪初，HRMS飞速发展，智能化和电子化HRMS出现。进入21世纪，伴随信息化的普及及互联网的快速发展，企业需要思想、技术更为先进的HRMS。第五代HRMS，也即IHRMS（智能化HRMS）和eHRMS（e化HRMS），紧密联系企业人力资源管理实际，同时充分利用信息网络，从根本上改变了员工与企业的沟通方式。第五代HRMS能够为企业提供人性化的管理模式，为企业提供大量的决策信息。中国的HRMS正在逐步向IHRMS和eHRMS迈进。

（三）HRMS的分类

进入21世纪，国内外与人力资源管理有关的系统和程序发展都非常迅速，众多HRMS如雨后春笋般涌现。这些HRMS尽管各有特点，但根据其功能情况，大致可以分为四类：

1. 具有某种单一功能的HRMS

具有某种单一功能的HRMS产品，如薪资和福利计算系统、培训管理系统、考勤管理系统、人才测评软件和招聘管理软件等。

2. 传统的HRMS

传统的HRMS产品，涵盖人力资源管理的各种功能。从科学的人力资源管理角度出发，从企业的人力资源规划开始，一般包括招聘、岗位描述、培训、技能、绩效评估、个人信息、薪资和福利等。将这些信息储存到集中的数据库中，从而实现对企业员工信息的统一管理。

3. ERP——蕴含HRMS

一般ERP产品中都有人力资源管理系统。ERP在人力资源系统加入以后，使得其功能真正扩展到了全方位企业管理的范畴。人力资源的功能范围，也从单一的工资核算、人事管理，发展到可为企业的决策提供帮助的全方位的解决方案，并同ERP中的财务和生产系统组成高效的、具有高度集成性的企业资源系统。

4. 新型的HRMS — IHRMS和EHRMS

Internet/Intranet不仅冲击了传统的市场、供应、销售和服务等领域，也给人力资源管理带来了新的挑战和机遇。IHRMS和EHRMS，不仅使企业的人力资源管理自动化，实现了与财务流、物流、供应链、客户关系管理等系统的关联和一体化，而且整合了企业内外人力资源信息和资源与企业的人力资本经营相匹配，使人力资源从业者真正成为企业的战略性经营伙伴。

（四）HRMS系统功能及功能结构

1. HRMS系统功能

近几年来，国内外与人力资源管理有关的系统和程序的发展都非常迅速，众多软件如雨后春笋般地涌现。这些软件尽管各有特点，但从功能上来分析，大致可分为如下五种：

（1）人力资源管理模块。人力资源管理系统从科学的人力资源管理角度出发，从人力资源规划开始，记录招聘、岗位描述、培训、技能、绩效评估、个人信息、薪资和福利、各种假期、到离职等与员工个人相关的信息，并以易访问和可检取的方式储存到集中的数据库中，将企业内员工的信息统一地管理起来。完整地记载员工从面试开始及整个周期的薪资、福利、岗位变迁、绩效等历史信息。该模块可管理较全面的人力资源和薪资数据，具有灵活的报表生成功能和分析功能，使得人力资源管理人员可以从烦琐的日常工作中解脱出来。同时，综合性的报表也可供企业决策人员参考，如生成按岗位的平均历史薪资图表，员工配备情况的分析图表，个人绩效与学历、技能、工作经验、接受过的培训等关系的分析等。

（2）薪资和福利模块。该模块通常可用于管理企业薪资和福利计算的全过程，其中包括企业的薪资和福利政策的设定、自动计算个人所得税、自动计算社会保险等代扣代缴项目。通常这些程序还可以根据公司的政策设置并计算由于年假、事假、病假、婚假、丧假等带薪假期以及迟到、早退、旷工等形成的对薪资和福利的扣减；能够设定企业的成本中心并按成本中心将薪资和总账连接起来，直接生成总账凭证；还能存储完整的历史信息供查询和生成报表。这类系统也可处理部分简单的人事信息。

（3）培训管理模块。培训管理系统一般通过培训需求调查、预算控制、结果评估和反馈以及培训结果记载等手段，实现培训管理的科学化，并且和人力资源信息有机地联系起来，为企业人力资源的配备和员工的升迁提供科学的依据。

（4）考勤管理模块。为了有效地记载员工的出勤情况，很多企业购置了打卡机、考勤机等设备。考勤管理程序一般都与这些设备相接，根据事先编排的班次信息，过滤掉错误数据，生成较为清晰的员工出勤报告，并可转入薪资和福利程序中，使考勤数据与薪资计算直接挂钩。其生成的文档还可作为历史信息保存，用于分析、统计和查询。

（5）eHR。eHR是一种基于Internet/Intranet的人力资源管理系统。eHR强调员工的自助服务，如果员工的个人信息发生了变化，员工本人就可以去更新自己的信息，经过一定的批准程序即可生效。同样，对于培训、假期申请、报销等日常的行政事务也可做类似处理。这样不仅减轻了人力资源管理人员用于数据采集、确认和更新的工作量，也较好地保证了数据的质量和数据的速度。而且由于Internet不受时间和地理位置的限制，即使经理远在国外也可以及时地处理其员工的各种申请，不会因为人不在公司而影响工作。同时，公司的各种政策、制度、通知和培训资料也可通过这种渠道来发布，这有效地改善了沟通途径。eHR对公司的硬件环境、员工的素质和公司的管理水平都提出了较高的要求，这是eHR在现阶段发展的一个最主要的制约因素。

2.HRMS系统的功能结构

一套典型的HRMS系统从功能结构上应分为三个层面：基础数据层、业务处理层和决策支持层。

（1）基础数据层。基础数据层包含变动很小的静态数据。它主要有两大类：一类是员工个人属性数据，如姓名、性别、学历等；另一类是企业数据，如企业组织结构、职位设置、工资级别、管理制度等。基础数据在人力资源系统初始化的时候要用到，是整个的基础。

（2）业务处理层。业务处理层是指对应于人力资源管理具体业务流程的系统功能。这些功能将在日常管理工作中不断产生与积累新数据，如新员工数据、薪资数据、绩效考核数据、培训数据、考勤休假数据等。这些数据将成为企业掌握人力资源状况、提高人力资源管理水平以及提供决策支持的主要数据来源。

（3）决策支持层。决策支持层建立在基础数据与大量业务数据组成的人力资源数据库基础之上，通过对数据的统计和分析，能快速获得所需信息，如工资状况、员工考核情况等。这不仅能提高人力资源的管理效率，而且便于企业高层从总体上把握人力资源情况。

（五）HRMS 系统的构成

人力资源管理信息系统是对企业人力资源进行全面管理的人和计算机相结合的系统。它综合运用各种信息技术，同时与现代化的管理理念和管理手段相结合，辅助管理者进行人力资源决策和管理。它不仅是一个技术系统，更重要的是一个管理系统。人、技术支持和组织管理理念是该系统的三个核心构成要素。

1. 人

人即企业中具有专业计算机知识的人力资源管理人员。这部分人是人力资源管理信息系统的根本，他们不仅要懂网络信息知识，能熟练地操作计算机，而且还必须了解本企业人力资源的结构并具有一定的管理能力。任何先进的技术和管理理念离开了能驾驭它们的人的参与和执行，其效用都将大打折扣。

2. 技术支持

人力资源管理信息系统从收集数据到数据加工、储存、传送、使用和维护都离不开信息技术的支持，如果缺乏有效的技术支持，系统的工作效率将难以保证，管理理念的贯彻也将失去落脚点。人力资源管理信息系统通过全面运用计算机技术、网络通信技术、数据库技术以及运筹学、统计学、模型论和各种最优化技术，实测企业的人力资源现状并建立起企业人力资源管理专家系统，为企业提供有关人力资源问题的高质量解决方案。

3. 管理理念

技术为管理服务，人力资源管理信息系统要发挥其作用仅靠技术还不行，必须与先进的管理理念结合起来。人力资源管理的实质是将知识资源视为企业最重要的战略资源，而人力资源管理信息系统本身就渗透着知识管理的思想，其关注的是如何利用员工数据信息获得最大的效益。这一管理思想应贯穿于人力资源管理信息化过程的始终。

（六）HRMS 的特点

与那种将员工的信息输入计算机，再用 Excel 或 Word 打印出漂亮的报表的简单做法相比，人力资源管理信息系统有着明显特点。

首先，HRMS 是整合的、集中的信息源。我们可以先看看企业里现有有关人力资源方面的信息是如何保存和查找的。企业可能会用自编程序、FoxBase 或 Excel 来计算员工的工资，而员工的养老金信息、合同信息、个人信息等可能被存放于多个 Word 或 Excel 文件中或打印出来放在文件柜里。这种分散的信息源，在信息的采集、整理和更新时会产生许多重复的工作，造成人工浪费，其保存和查找也是一个相当困难的过程。由于这些信息都是分散保留的，因此当上级需要一份报表时，要将这些分散的信息匹配在一起，其工作量可想而知的。而要使所有的信息得到及时的更新从而保持相容的状态则几乎是不可能的。人力资源管理信息系统可以用集中的数据库将与人力资源管理相关的信息全面、有机地联系起来，有效地减少了信息更新和查找中的重复劳动，保证了信息的相容性，从而大大地提高了工作效率，还能使原来不可能提供的分析报告成了可能。

其次，HRMS 是易访问、易查询的信息库。在没有采用和实施人力资源管理信息系统之前，企业管理人员要统计数字时，往往依赖于某个人或某些人来获取。首先是找到人力资源部的相关人员，由他们从不同的计算机文件、打印件或档案柜中查找相关的信息，再汇总后提交。这一过程往往会因为花费的时间较长或某个人不在办公室而不能及时完成。在采用和实施人力资源管理信息系统之后，就能将依赖人的过程改为依赖计算机系统的过程。企业管理人员只要获取了相应的权限，就可以随时进入系统，直接查阅相应的信息。

最后，HRMS 有利于体现公平性原则。不少企业不同程度上存在着人才流失现象，对此，除了抱怨外部环境以外，往往拿不出较为有效的办法。人才流失除了因为薪资因素之外，还有很多其他因素，如工作环境、领导公平与否、培训机会和个人前途等。现在不少人利用业余时间学习了很多课程，得到了证书，有了一技之长。但是，按以往的情形，除了有机会在领导面前显示外，很难得到相应的岗位和报酬。同时，在掌握了充分的技能之后，该员工也不会安心现在的岗位，结果是远走高飞。

二、人力资源管理信息系统的实施

（一）HRMS 实施阶段

企业在实施 HRMS 之前，首先要对自身进行客观而充分的评估，然后确定将要实施的 HRMS 的范围与边界，从自身实际情况出发，尽可能做到量体裁衣。人力资源信息化的实施过程应循序渐进，分步实施，先打基础，后谈应用。

1. 评估与定位

企业在实施 HRMS 之前，首先要对自身做一个客观而充分的评估，了解企业人力资源管理当前所处的阶段、实施 HRMS 的预算以及是否需要引入管理咨询等，然后才能确定将要实施的 HRMS 的范围与边界。由易到难，企业实施 HRMS 可分成以下三个阶段：

（1）提高人力资源的工作效率阶段。其工作重点是行政事务管理、组织机构管理和薪酬福利管理。这几部分工作占用管理者大量时间，手工操作不仅效率低，且容易出错。

因此，人力资源信息化首要解决的是如何提高工作效率。

（2）规范人力资源的业务流程阶段。重点是招聘管理、绩效管理、培训管理。人力资源信息化能将相关的工作职能完全覆盖并划分清楚，且能将经过优化后的流程体现在系统中。

（3）战略性人力资源开发阶段。这是 HRMS 管理的最高阶段，工作重点是员工发展、职业生涯规划、人力资源成本评估、人力资源战略决策。由此看来，不能只是要求 HRMS 简单地满足企业当前的人力资源管理需求，而要充分考虑 HRMS 是否能为人力资源管理层次的提升带来帮助。

能否顺利承担上述三个阶段的工作，要从企业的实际情况出发，不能盲目地贪大求全，追求时髦，要尽可能做到量体裁衣。只有将自己准确定位，才能寻找合适的解决方案。

2. 选择供应商

在了解自己的需求之后，就要选择一家合适的 HRMS 解决方案供应商。需要特别指出的是，HRMS 解决方案的实施过程绝对不是简单的产品买卖，而应该视为一个完整的项目。

3. 项目实施

项目的实施过程将分为三个阶段：

（1）实施前阶段。与供应商配合进行需求分析与系统设计阶段。在这个阶段，对人力资源管理者来讲，是一个难得的整理与完善人力资源管理运作体系的过程，有利于工作规范化、系统化。对供应商来讲，事先将客户的需求理顺，对整个项目的顺利实施也起着决定性作用。因此，用户与供应商都应认真对待这一阶段的工作，而不应急于看到系统运行的效果。对系统进行定制化改造期间，用户应与供应商之间保持频繁的沟通，及时对需求进行确认，尽量避免不停地提出零散需求，否则容易导致项目管理的失控。

（2）实施完成后阶段。供应商在完成所有功能的开发之后，提交给用户的还只是一个系统框架，并不能马上运行，用户还需要在供应商的帮助下进行系统初始化与数据转换工作，使企业基础数据与员工基础数据在尽可能短的时间内迁移到系统中来。系统框架加上企业/员工基础数据，就构成了完整的 HRMS 的基础设施平台，相关的人力资源业务管理职能与流程就可以在这个平台上执行了。

（3）培训阶段。由于一套完整的人力资源管理系统覆盖的内容十分丰富，为尽快熟悉系统的操作，用户在正式运行系统前应接受供应商关于系统使用的培训以及相关技能的培训。

4、系统使用

需要指出的是，HRMS 实施成败的关键在于管理者是否真正用它。只有在供应商与用户的共同努力下，才能为企业打造出适用、完善、专业的解决方案，才能为人力资源管理者所用。

（二）HRMS 实施的特点及注意事项

要想通过人力资源管理系统提高企业的管理水平，只是选取一个好的或比较好的、适合本企业特点的人力资源管理软件还是远远不够的。人力资源管理软件通常只是一个通用的系统框架，它提供诸如报表生成、查询等辅助工具来协助使用者工作。作为一种通用的系统，它适用于多种行业和企业的需要，能够处理各种各样包括规范的和不规范的、普通和特殊的、相对简单的和错综复杂的情景。因此，在实施中根据企业的实际情况和企业所在地的政策法规，给这个骨架里进行"添血添肉"的工作就非常重要。毫不夸张地说，人力资源管理系统项目成功与否的关键就在于这种被称为实施过程"添血添肉"的工作。

由于人力资源管理系统管理的是所有与人相关的数据，信息量大，变化频繁，内部关联性较弱，数据的采集、确认、更新和检查都比较困难，而且其管理的信息与员工的切身利益密切相关，特别是工资计算不能有任何错误，因此，实施工作尤为烦琐和困难，其难度和工作量远远大于一般人的预计。根据实施经验，为了最大限度地提高企业的人力资源管理水平，成功地实施人力资源管理系统，需要特别注意以下七点。

1. 主要领导的理解和全力支持

人力资源管理系统的实施不只是人事部门或计算机部门的事。为了保证数据的完整、准确和及时，企业内各个部门和全体员工需要积极配合。同时，采用人力资源管理软件，需要在充分回顾企业政策的基础上，根据先进的人力资源管理理念，从程序到操作进行全面改进。所有这些工作，如没有企业决策层的参与是很难实现的。

2. 有效的培训

要想使人力资源管理系统真正地发挥应有的效用，必须通过培训转变人们特别是中高层领导的思维方式和行为方式。要让他们学会并习惯于通过系统进行科学的管理，而不是决策凭感觉，分析凭经验。培训不仅要使中高层领导明白采用人力资源管理系统的好处，更重要的是使他们了解系统的功能和系统的运行方式，学习软件系统中蕴含的先进理念，主动积极地反思现行体系，探讨改进的方案。

3. 改进企业的相关制度和信息结构

由于历史的原因和条件的局限，很多企业现行的相关制度、人事相关信息的组成和报表不尽合理和科学。企业可以将实施人力资源管理系统作为一个非常好的契机回顾本企业不合理、不科学或不符合国家相关法律和规章的地方，重新合理地组织人事相关信息和报表减少实行的潜在风险。

4. 明确项目的实施目标

在项目实施的初期，应该明确：整个项目的实施计划和目标、需要采集的数据、需要保留历史信息、现有数据如何规范化以及项目实施的时间和进度安排，等等。

5. 组织精悍的项目实施小组

项目实施小组人员的组成应包括企业管理人员，人事、薪资、计算机专业人员，他们将负责整个项目的组织协调、进度控制、数据分析和数据有效性的检查，提供相关建议，培训其他人员，建立系统和检查各部门的运行程序。项目实施小组应明确每个小组成员的工作职责。他们也将是该企业运行人力资源管理系统的主要骨干和技术支持。

6. 测试软件功能

实施小组在明确实施目标和进度后，还有一项重要的任务是根据实施目标全面测试软件系统，争取在三个月内将软件系统 95% 的错误解决掉。由于人力资源管理系统需处理的信息关系非常复杂，各企业的需求也不尽相同，再加上软件的商品化程度远不如已经运行多年的成熟软件产品，存在的错误较多。如果不在项目实施的初期解决这些问题，随着问题的不断暴露，不仅会浪费大量的人力，更严重的是会使人失去信心，严重影响工作的进展。

7. 建立科学的程序性文件

人事相关信息的特点是信息量大、变化频繁、采集和确认困难而且无内联关系。采用计算机系统来管理人事信息要求数据的采集、更新能够完整、准确和及时。这两者之间的矛盾会因为新系统的投入运行而变得越来越突出。新系统在运行后无疑会迫使一部分员工改变已经熟悉了的工作方法和习惯，学习包括计算机知识在内的新知识、新方法、新程序，一部分人的利益也许会受到影响。所以，除加强培训外，建立必要科学的程序性文件，做到有章可循，减少和杜绝各种特例情形，才能为人力资源管理系统的实施和正常运行提供有效的保证。

（三）HRMS 实施的几个误区

1. 缺乏长远的战略眼光

有些企业领导人在人力资源管理中缺乏长远的战略眼光，认识不到采用和实施资源管理系统的重要性。他们或者只顾眼前利益，认为人力资源管理系统是一种"锦上添花"的项目，没有紧迫感；或者对人力资源管理系统缺乏认识，自以为自己已采用了人力资源管理系统，殊不知他们实质上只是采用了带有部分人事数据的简单薪资处理软件（这类系统大部分甚至还未达 20 世纪 70 年代末的水平）。还有些企业在选取人力资源管理系统时，只考虑满足当前的需求，而且考虑价格因素多于系统功能。这样选取的系统会后患无穷，不仅现在缺乏指导价值，将来随着企业的发展和管理水平的提高，也会阻碍企业的进步，届时要想改换其他的系统会更痛苦。

2. 认为人力资源管理信息系统是一个拿来即用的软件

由于缺乏对系统实施工作重要性的认识，将人力资源管理系统混同于一个普通的软件，没有统一的规划和项目组织，边用边开发，使系统的实施处于一种混乱的状态。其结果不仅会使整个系统的开发缺乏坚实基础，造成数据的重复、不相容和不全面，同时也会造成相关人员和部门在数据采集和确认中进行重复劳动,增加了工作量。如果数据更新不及时或不能有效地更新数据,还会前功尽弃,严重挫伤实施人员的工作积极性。而数据采集得不够全面,在领导需要某些分析报告时不能及时提供,也会让领导对项目的成效和实施人员的工作产生怀疑,对整个项目产生不利的影响。

3. 不顾实力自己开发人力资源管理信息系统

有些企业出于种种考虑,不顾自己的实力,组织一些人自己开发所谓的人力资源管理软件。要想使自己开发的软件投入实际运行,便于人力资源部门人员的使用并在以后能根据实际需要不断更新,其用于维护、文档编写、调试和排错等等方面所花费的人力、物力、财力姑且不论(肯定会远远超过购买商品化软件所需的成本),问题还在于如何将现代人力资源管理的理念和计算机技术有效地集合起来,从长远、系统和发展的眼光来进行全面的系统分析和设计并不是一件轻而易举的事。基础如果打得不好,会给将来的工作留下祸根,而且很有可能导致整个项目的失败。

4. 盲目依靠销售商的实施顾问

现在几乎所有人力资源管理软件的销售商都提供实施顾问。诚然,由他们提供必要的培训和咨询是有益的,但过分依赖他们是不可取的。除了费用和相应时间方面的因素之外,企业的相关设置不可能一成不变,而销售商的实施顾问不可能长时间地熟悉某个企业人力资源管理系统的详细设置。企业应该立足于自己,建立包括计算机人员和人力资源管理人员在内的项目核心小组,只有他们才是企业可以依靠的对象。

(四)HRMS 实施的配套支持

人力资源管理信息系统建设离不开一定的环境和条件,这里所指的环境是有关企业内外部各种因素的综合,这些因素对信息系统建设有着相当大的影响,在一定程度上甚至决定着信息系统建设的成败。因此,在进行系统规划和实施时除了要认真分析系统本身的内在特性外,还需对一些系统相关因素加以综合考察,为系统提供完善的配套支持。

1. 增强全员信息化管理意识

人力资源管理信息系统覆盖企业所有部门,与企业全体员工利益密切相关。因此,增强企业员工信息化管理意识对企业和员工个人都很有必要:对企业而言,它有助于为企业人力资源管理信息系统建设提供良好的文化氛围;对员工个人而言,信息化管理意识的增强必然导致其竞争意识和个人技能的提高。企业要经常地对全体员工进行信息管理思维的观念塑造,通过导入竞争机制,引导员工自觉自愿地进行信息化"洗脑""充电"。

2. 培养复合型的信息系统管理人才

企业要把加强员工培训作为推进企业管理信息系统的一项基础工作摆上日程,有针对性地设计培训方案,在培训内容上做到管理理念与技术应用并重,增强培训的实效性,造就一支具有较高水平的信息技术应用能力和现代化管理能力的人才队伍。

3. 保证信息系统建设的资金来源

人力资源管理信息系统是一个系统庞大、周期长、投资高的工程，足够的资金投入是企业顺利实施信息系统建设的前提条件，企业应根据自身的经济实力，积极拓宽融资渠道，有计划、分步骤地进行信息系统建设。

4. 建立良好的对外协作关系

选择具有高水平和持续发展能力的软件供应商作为企业的技术合作伙伴，有利于借助其专业知识解决信息系统建设的相关技术问题，防止信息系统建设停留在低水平、低效率水平甚至出现投资浪费、半途而废的现象。此外，充分利用专业管理咨询机构等社会中介力量做好企业管理诊断工作，找出企业实施信息系统过程中的薄弱环节，并制订有效的改进办法与策略，这也是企业人力资源管理信息系统建设不可忽略的重要举措。

三、人力资源管理信息系统开发方案

随着计算机普及速度的加快和信息技术的发展，无论是从投资方面来讲，还是从技术应用角度来讲，在人力资源管理工作中普及管理信息系统的条件已经具备。企业选择什么样的人力资源管理信息系统解决方案对企业的信息化建设和人力资源管理水平有重要影响。

（一）人力资源管理信息系统开发方案

1. 软件公司专业开发方案

聘请专业化的软件公司针对本企业人力资源管理工作的需求，开发人力资源管理信息系统。

（1）优点是信息系统开发过程标准、规范，系统功能齐全，开发速度较快，性能可靠，系统支持与维护容易。在企业人力资源主管部门内部各个业务单元以及下级单位之间，由于使用统一的管理信息系统，可以很好地做到信息共享，减少重复劳动，提高信息的利用率。而且，信息的准确性高、一致性好。

（2）不足之处是：一次性投资较大，需要严格有效的组织和制度保障，新老系统交替需要一定的时间适应，这其中包括人员和设备两方面的能力适应，才能保证人力资源管理工作的顺利进行。尤其是相关人员必须进行相应的技术培训，它是新系统应用成败的关键。系统的功能扩展灵活性差，一般需要软件开发公司的后续支持。

2. 企业分散式自主开发方案

在实际工作中由于业务需要，企业人力资源管理人员根据自己掌握的信息技术边开发边使用，建立起信息系统。

（1）优点是：因具备应用软件的开发条件，根据工作需要由具备软件开发能力的人力资源管理人员通过实用程序的开发和应用，可以提高信息的重复使用率和工作效率，减轻自身劳动，所以人员开发系统的积极性、主动性较高。边开发边使用，开发与应用同步见效快。自主开发使用，不需要专门培训，即便是推广应用，由于程序功能的针对性很强，而且功能单一，也不需要专门集中培训。一般不需要另外投资，对系统的实施过程的组织要求不高。

（2）缺点是：信息系统不够完善，需要不断地补充数据。数据的规范性不好，不同程序之间容易造成信息数据格式不一致，形成信息孤岛。信息的共享性差，业务部门之间存在较多的重复性劳动，维护起来比较困难。

3. 企业集中式自主开发方案

由企业人力资源主管部门制订人力资源信息管理系统开发的技术标准、规范，各个业务部门和不同的管理层在统一的技术标准和技术规范之下分步实施。

（1）优点是：统一的技术标准能够做到信息的格式统一，提高信息的共享性，能够有效地避免信息孤岛的产生，减少部门之间的重复劳动，提高工作效率；统一规划能够提高系统的开放性，有利于系统结构的稳定和接口的统一，使系统性能达到优化；应用程序开发比较规范、便于维护，避免了一次性集中投资；人力资源管理人员能够随着系统的开发和应用逐步学习和适应，避免了新旧系统交替对使用人员的集中培训要求；功能模块开发应用同步进行，见效快，更容易调动管理人员应用系统的积极性；系统功能扩展灵活，能够很好地适应人力资源管理的各种不同需求。

（2）不足是：开发周期长，对专业人员进行系统规划的要求较高。

在上述三种人力资源管理信息系统开发方案中，软件公司专业开发方案和企业分散式自主开发方案是企业采用较多的。软件公司专业开发方案成本高，软件的更新升级对软件公司的依赖性强以及人力资源管理工作对管理信息系统的需求灵活多变等，因而应用效果不好或者弃之不用。在这种状况下，因为人力资源管理工作的迫切需要，就会走向第二种开发方式——企业分散式自主开发。企业分散式自主开发方案由于兼容性差，信息共享困难，重复劳动大量存在，因而影响了管理信息系统功能的发挥和工作效率的提高。我们认为，在现阶段走企业集中式自主开发的道路，是一种可行的优化方案，只要加强对管理信息系统开发工作的领导和组织协调，就可以避免前两种方案的缺点和不足，并且其特点是非常适用于人力资源管理工作的性质和企业的实际情况，具有很好的适用性和灵活性。

在大中型企业或企业集团中开发建设人力资源管理信息系统是一项技术性很强的工作，而非技术原因导致应用失败的实例也为数不少。人力资源管理工作本身对于管理信息系统的需求是不言而喻的，而在人力资源管理信息系统开发和应用方面还存在不少问题需要解决。企业在决定实施人力资源管理信息系统开发时，需要特别注意以下几点。

（1）提供强有力的组织保证，加强对系统开发工作的支持和领导。人力资源管理信息系统的开发和应用是一项复杂的系统性工作，牵涉面广，业务内容复杂。没有强有力的组织保证，优质、高效地实现人力资源管理信息化是难以想象的。领导的重视与支持是搞好人力资源管理信息系统开发的前提，这一点非常重要。

（2）高度重视系统规划与系统设计，同时要考虑企业其他子系统互相衔接的问题。企业管理信息系统是一个庞大的工程，包含生产管理、物流管理、财务管理、人力资源管理等，人力资源管理信息系统只是其中一个子系统。搞好系统规划和设计工作，同时要兼顾与其他子系统的互相衔接，这是保证系统正常运行和开发成功的关键。

（3）技术方案的决策要具有前瞻性，要选择好的开发平台，制订技术规范，有利于系统之间的衔接和信息交流，有利于未来信息系统的技术升级。

（4）加强人力资源管理信息系统的技术培训，充分发挥管理信息系统的性能作用，从而更好地为人力资源管理工作提供有效的服务。

信息系统的开发是一项复杂的系统工程，人力资源管理工作有其自身的特殊性，需求灵活多变，管理对象的个人信息也处于不断变化之中，所以人力资源信息管理不像其他分支的信息管理，具有复杂性和多变性。开发人力资源管理信息系统，不仅是技术实现问题，它还牵涉到组织、管理、协调、操作人员素质、应用技术培训等，所以，除了在技术方面要考虑可靠性、数据安全性、数据保密性、系统可维护性等问题外，在管理信息系统的立项、系统分析、系统设计、系统开发、系统实施和系统支持等各个阶段，要统筹考虑、精心组织。这样才能保证人力资源管理信息系统的开发和使用顺利进行，并取得圆满成功。

（二）人力资源管理信息系统开发过程中应采取的措施

为了确保人力资源管理信息系统开发的成功，必须采取三大措施：

第一，统一思想，提高认识，确保一次开发成功。人力资源管理信息系统的开发是一项系统工程，具有非常复杂的内部关联性，往往"牵一发而动全身"，若在系统初建时没有打好基础，将后患无穷，甚至前功尽弃，功亏一篑。同时，采用和实施这样一个系统会给企业的管理政策和制度、工作流程、工作习惯和工作任务带来变革，其实施过程中的数据采集也会涉及企业里的所有部门和全体员工，要花费大量的人力、财力和时间。对于这样一个涉及面广的项目，若企业内部中高层领导的认识不能统一，如果系统实施失败，对企业的领导层和整个项目相关人员的信心和干劲都将是一个致命的打击。即使系统实施完成，但系统设置不合理等因素留下的隐患也会给将来的使用和修改留下很多麻烦。因此，在企业决定应用和实施人力资源管理信息系统之初，就应该统一思想，特别是中高层领导干部应统一认识，全力以赴，力争一次合格。同时，人力资源管理信息系统要想成功实施，七分靠管理，三分靠技术。系统的规划和实施过程的实质是管理工程、软件工程、网络工程的综合集成，在系统的建设过程中必然涉及企业现行的人事管理机制的改革和创新，必然涉及部门利益和个人利益的调整。因此，公司上下都应该认识到这一点，各部门都应树立大局意识，把握好各自的定位。

第二，加大投入，重视对相关人员的培训，建立和完善系统实时维护制度，确保系统能够正常、稳定运行。人力资源管理信息系统涉及面广、信息量大，在系统建设的初期，需要采集、核对大量的数据。因此，首先，应加大人力、物力、财力的投入，选配专人成立工作小组，确保资金到位，保证项目所需设备的配备，确保项目运转正常。其次，应加强对相关人员的培训，培训对象和内容分两部分实施：一是企业的高层、中层和基层的管理者，对他们的培训主要是提高对人力资源信息系统的认识，了解其所能发挥的积极作用以及简单的应用功能的操作；二是对人力资源管理信息系统工作小组成员的培训，主要是专业知识和系统设计思想等方面的培训。再次，要建立和完善系统的实时维护制度。人力资源管理信息系统是一个动态的信息系统，其信息内容每天都在发生变化，如果没有一个实时的日常维护制度，系统设计得再好，也一无用处。因此，在系统建设的一开始就应该同步考虑系统的实时维护制度，对采集的数据应边输入边维护，确保人力资源管理信息系统的数据准确可靠，能够同步反映企业人力资源的现状。

第三，分模块设计开发，推广应用同步实施，确保信息系统紧贴企业实际，达到预期效果。在人力资源管理信息系统设计开发过程中，既要考虑系统的标准化和通用性，以及将来与国际接轨问题，又要考虑企业的个性特征，系统应紧贴企业实际，切实解决企业中存在的问题。因此，采取分模块设计、开发与推广应用同步实施的做法不失为一个好措施。一方面能够缩短从设计开发到实际应用整个过程的时间。传统的方法是设计全部完成后再进行试运行，根据出现的问题再调整系统，最后正式运行系统。而通过分模块设计后，可以设计出一个模块就试运行该模块，并根据出现的问题及时修改该模块，待最后一个模块设计完，整个系统的试运行和调整也差不多结束了，可以尽快地投入实际应用。另一方面，有利于及时地发现问题。传统方法不利于问题的发现，即使发现了需修改的工作量也将很大。而分模块设计是边设计边运行，能够更细致地考察每一个模块，对模块的功能以及可能出现的问题都可以进行深入的分析，有利于及时地发现问题，使人力资源管理信息系统更加紧贴公司实际。

四、人力资源管理信息系统分析与设计

（一）人力资源管理信息系统分析与设计概述

人力资源管理信息系统的开发一般采用结构化系统分析与设计的方法。该方法是20世纪70年代形成的一种优秀的系统开发方法。它要求信息系统的开发工作按照规定的步骤，使用一定的图表工具，在结构化和模块化的基础上进行。结构化思想是把系统功能当作两个大模块，根据系统分析与设计的不同要求，进行模块的分解和组合工作。这种方法将贯穿于系统分析、系统设计和程序设计的各个过程。与传统的开发方法相比，该方法有如下特点：

（1）面向用户，所有工作尽量吸收用户单位的管理人员和业务人员参加，始终与用户结合，一切从用户利益考虑。

（2）加强了调查研究和系统分析。

（3）逻辑设计和物理设计分别进行。

（4）使用模块化和结构化方法。

（5）严格按照阶段进行。

（6）工作文件标准化和文献化。

使用结构化系统分析与设计的方法开发信息系统可以分为五个主要阶段。各个阶段的划分和主要任务如下：

（1）调查研究阶段：现行系统研究调查，提出新系统目标，进行可行性研究。

（2）系统分析（逻辑设计）阶段：设计新系统逻辑模型。

（3）系统设计（物理设计）阶段：代码设计、模块设计、输入/输出设计、文件/数据库设计、处理过程设计。

（4）系统实施阶段：程序设计、人员培训、系统分调和总调。

（5）系统维护和评价阶段：系统维护、系统评价。

（二）系统设计（逻辑设计）

此阶段主要完成对人力资源系统各层数据流图（Data Flow Diagram，DFD）的绘制工作。各层 DFD 图构成了新系统的逻辑模型。在绘制 DFD 图时采用了自顶向下、逐步分解的方法。确定 DFD 图的关键是确定系统的输入、输出、处理和外部实体。顶层 DFD 图的模式如图 2-3 所示。

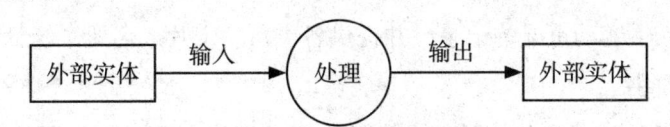

图 2-3　DFD 图模式

其中对图 2-3 中的"处理"可不断进行细分，由此可产生一层 DFD 图、二层 DFD 图，直到满意为止。如图 2-4 所示。

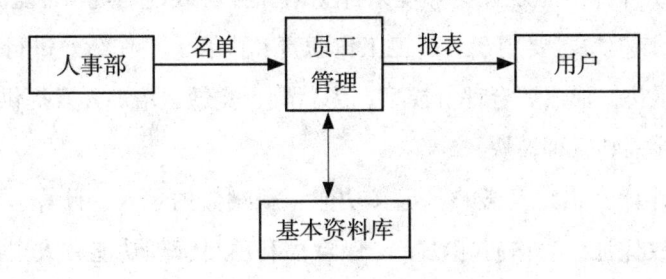

图 2-4　员工管理系统顶层 DFD

人力资源管理信息系统的主要功能模块，按照其功能分为以下几类：

1.组织机构管理模块

该模块主要用于管理组织内各级公司以及下属部门，处理公司及部门的新建、合并业务，为公司提供信息维护、统计分析功能，输出组织机构图。

2. 职位管理模块

职位评价是用科学的评价手段，对各个职位相对价值的大小加以评定并得出各个职位的薪点，而职位分类则在对各个职位的职责做了界定和职位评价得到了各个职位的薪点的基础上，对所有职位进行职系、职组的分类及职级、职等的划分。该模块包括职位分析、职位控制两部分，通过职位分析，对岗位要素进行定量化，建立综合分析模型，评价岗位设置的必要性和重要性程度，形成岗位规范和职位说明书，管理各职位的任职情况、超编情况、空缺情况，并按部门提供职位表和空缺职位表。

3. 人员招聘管理模块

本模块可根据人力资源计划以及职位信息，对编制招聘计划、发布招聘信息、采集应聘信息、甄选、面试、录用全过程进行自动化管理。运用人员素质测评系统软件，对应聘人才的品德素质、身心素质、能力素质等进行测评，并建立人才数据库，记录人才的背景、生平资料、工作经历、专业技能、主要业绩、目前状况以及相关的素质测评数据。通过 Internet 网络，从网络人才市场直接获得基本人才信息，存入本企业人力资源信息系统备用。

4. 人员基本信息管理模块

包括职员基本人事信息和人事变动信息两部分，主要用于职工基本信息的录入、修改、查询、统计以及人事变动情况的记录，并提供各类员工卡片、名册、统计报表。

5. 绩效评估模块

影响和决定绩效的因素包括员工自身的主观性因素和员工工作所处的客观环境因素两类，前者主要是指员工的活力（工作状态或工作积极性与主动性）、素质、技能和创造能力；后者则是指组织为员工工作提供的内部客观环境条件（含物质性和非物质性的各种条件）以及组织外部的客观社会环境条件（诸如社会政治与经济状态、社会风气、市场竞争强度等）。该模块主要用于对员工工作职责和内容、工作绩效进行管理和评价，对绩效要素进行定量化，形成综合评价模型，为薪酬、奖惩、培训开发提供依据。

6. 薪酬与保险福利管理模块

薪酬项目、计算公式和表格的自定义功能，薪酬数据录入、计算、汇总、转换、输出功能、薪酬发放凭证、表格打印功能、保险福利项目管理功能、人工成本统计分析功能等。

7. 教育培训管理模块

企业内部面向全员的在线式培训管理模块，培训数据库根据岗位类别及等级分类构建。

8. 劳动合同管理模块

对劳动合同进行综合管理，包括合同期满人员系统提示和通知功能，自动生成和打印劳动合同文本功能，合同执行情况跟踪管理功能，存储和查询劳动合同的历史记录功能。

9. 员工管理第一层 DFD

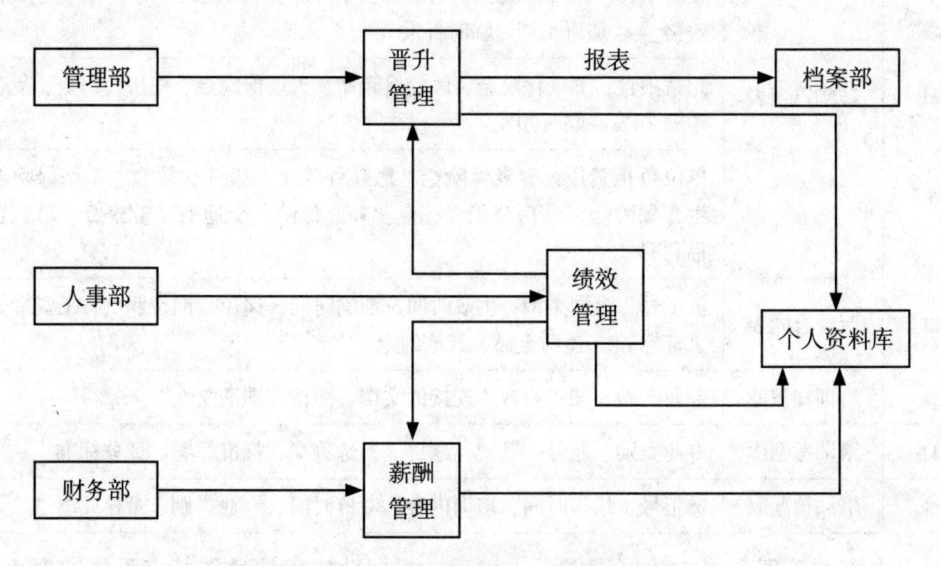

图 2-5　员工管理第一层 DFD

人力资源管理信息系统数据库存储的数据集及信息集，如表 2-7 所示。

表 2-7　人力资源管理系统数据表

表名	中文名	主要信息
jgsz	机构设置表	机构码、机构名称、办公地点、联系电话
zwsz	职位设置表	职位码、职位名称、职位类型、职位等级、上一级岗位、下一级岗位、主要业务 关系岗位、最低任职资格、岗位工作内容、职位考核标准、岗位权限
zwzb	职位指标表	指标编码、一级指标、二级指标、指标权重
jbrs	基本人事信息表	员工号、姓名、机构码、职位码、联系方式、社会关系、自然状况、知识状况、能力状况、阅历经验、心理状况、工作状况
jxhy	绩效合约表	员工号、职位码、工作内容描述、工作资源配置、工作完成期限、绩效标准、自我绩效评价、直接上司评价
jxpg	绩效评估表	员工号、职位码、评估指标分、评定等级、主要优点、主要不足
jxzb	绩效指标表	指标编码、一级指标、二级指标、指标权重

续表

表名	中文名	主要信息
xcgl	薪酬管理表	雏本信息：员工号、机构码、薪酬方案码、发薪银行、账号、发薪时间
		发薪项目：基本工资、职别工资、年龄工资、职称工资、津贴、补贴、绩效奖金、加班工资、临时补发
		扣薪项自：养老保险金、医疗保险命、失业保险金、住房公积金、税金、考勤扣发、临时扣发
		单位负担费用：养老保险金、医疗保险金、失业保险金、工伤保险金、生育保险金、住房公积金、企业补充保险、交通费、差旅费、培训费、福利费
ldht	劳动合同表	员工号、合同类型、生效时间、期满时间、岗位、岗位职责、工资形式、工资标准、违约金额、其他约定
pxzs	培训知识库	专业类型、知识内容（连接的文档、图像、图表）
pxkt	培训考题库	专业类别、题号、题型、题目、备选答案、标准答案、评分标准
pxqk	培训情况表	员工号、培训时间、培训内容、考核时间、专业类别、考核成绩

对人力资源管理系统的数据库做了规划后，根据数据表信息的特点设置数据表字段的名称、类型、长度，如表2-8所示。

表2-8 绩效评估表（jxpg）字段

字段序号	含义	字段名	字段类型	字段长度
1	员工号	ygh	C	6
2	职位码	zwm	C	6
3	评估指标分	pgzb	c	10
4	评炬等级	pddj	c	20
5	主要优点	zyyd	c	50
6	主要缺点	zyqd	c	50

（三）系统模式的应用

根据新模式开发出来的人力资源管理信息系统已经应用在企业人力资源的战略规划、工作分析和岗位测评、对各类职员进行绩效评估、人力资源开发管理等部分功能模块上，还可以应用在人力资源招聘、人员素质测评、薪酬设计、人力资源投入产出情况分析以及为企业经营等管理和服务上。采用SSA&D开发整个系统，使开发过程简明。随着社会信息化发展，人力资源管理信息系统会得到更广泛的应用。

本章小结

1.人力资源规划是人力资源管理的重要组成部分,它是组织根据其发展战略的要求,对实现组织目标所需要的人力资源进行预测,对组织现有的人力资源进行分析与统筹,对可能的人力资源进出途径进行系统安排的过程。

2.人力资源存量分析就是对组织现有人力资源的调查和审核,从而测算出组织在现在及未来某一时期内本身可能提供的各种人力资源的实际情况,以此作为制定人力资源规划的第一手材料。它可分为人力资源数量分析与人员类别分析两个方面。

3.人力资源需求预测是以组织的战略目标、发展规划和工作任务为出发点,综合考虑各种因素的影响,对组织未来人力资源需求的数量、质量和时间等进行估计的活动。

4.人力资源供给预测是为满足组织在未来某个时期内对员工的需求,而对组织从其内部和外部所能得到的员工数量和质量进行预测。

本章习题

一、名词解释

1.人力资源规划

2.德尔菲法

3.人力资源供给预测

4.人力资源需求预测

5.微观集成法

二、简答题

1.我国企业如何实现人力资源供给与需求的平衡?

2.企业人力资源供给时需要考虑哪些因素?

3.出现劳动力匮乏的时候应如何面对?

4.如何进行科学、合理的人力资源规划?

三、案例分析

小王的人力资源规划

2014年底,某名牌大学人力资源管理专业硕士生小王应聘到一家工艺品生产企业任人力资源部经理助理。上班伊始,人力资源部经理老张就交给小王一项任务,由他具体负责编制企业来年的人力资源规划。

小王立即着手调查,并了解到如下一些资讯:

(1)企业现有生产与维修工人236人,行政和文秘职员32人,基层与中层管理干部25人,设计人员6人,营销人员128人。

(2)统计数据显示,近3年来员工的平均离职率为8%,但不同类别员工的离职率并不一样,设计人员、生产与维修工人离职率较低,只有3%;行政和文秘职员离职率为9%；营销人员离职率高达15%。

（3）由于设计人员针对客户需求新开发出一条产品线，企业拟在明年扩编：营销人员增加5%，生产与维修工人新增8%~9%，基层与中层管理干部新增3%。

（4）考虑到公司的产品在欧洲市场的销路逐渐打开，因此，根据WTO的有关规定及出于风险规避的考虑，企业需要调整招聘时的性别规定，并适当增加企业中女性员工的比例。目前，企业只有10位女性员工，而且都集中在行政和文秘岗位上。

小王只有1个月的时间拟订规划，其中包括各类干部和职工的人数、从外界招收的各类人员的人数以及招聘政策调整计划。此外，企业拟在未来5年内开拓北美市场，小王还得提出一项应变计划。

思考题：

1. 小王在编制人力资源规划时要考虑哪些情况和因素？
2. 他该制定一项什么样的招工方案？
3. 在预测企业人力资源需求时，他能采用哪些技术？

第三章 工作分析

【导入案例】

一个机床操作工不小心将大量液体洒在了机床周围的地板上,车间主任叫他将液体清扫干净,操作工拒绝,理由是工作说明书中没有包括清扫的工作。车间主任来不及查看工作说明书原文,便找来一个服务工清扫。但服务工同样拒绝,理由和操作工一样。车间主任威胁说要将她解雇,服务工才勉强同意了,但清扫完后就进行了投诉。有关人员看到投诉之后,查阅了三类人员的工作说明书:机床操作工、服务工和勤杂工。操作工的工作说明书上明确规定"操作工有责任保持车床的清洁,使之处于可操作的状态",但没有提到清扫地板;服务工的工作说明书规定"服务工有责任以各种方式协助操作工工作,如领取原材料和工具等,随叫随到,提供实时服务",但也没有包括清扫工作;勤杂工的工作说明书中确实包含了各种清扫工作,但她的工作时间是从晚上下班后开始的。

第一节 工作分析概述

一、工作分析的思想渊源

"工作分析"一词在管理学领域最早见于20世纪初。1916年,泰勒把工作分析列为科学管理四大原则的第一原则。工作分析的思想与活动,最早起源于社会的分工。最早论述分工问题的是中国古代政治家管仲。公元前700年,管仲提出四民分业定居论,主张将国人划分为士、农、工、商四大行业,并按专业分别聚居在固定的区域。荀况把分工称作"曲辨",特别强调分工的整体功能。"力不若牛,走不若马。"自给自足的小农经济生产模式与封建主义统治是限制工作分析思想与活动在中国发展的社会根源。工作分析的思想和活动产生的社会基础是社会分工的高度发展。

尽管中国人很早便提出了社会分工的思想,但是商业经济没有得到应有的发展,社会分工水平低下,行业种类缺乏,限制了工作分析思想和活动在中国的发展。封建等级制度却使得中国的人才选拔制度获得了长足发展。隋唐时代的分科考试科举制度也影响了西欧和美国。社会制度是制约中国工作分析研究和发展的重要因素。

古代希腊对社会分工的探讨,代表人物有柏拉图和色诺芬。柏拉图在《理想国》中要求工人专门化,做力所能及的工作,特定的工人从事特定的工作。社会分工方法可以大大提高社会生产率。色诺芬比柏拉图更详细地研究了分工,不仅研究整个社会的分工,而且研究单个工厂中的分工。

现代人力资源管理工作必将促进工作分析在我国的发展。现代人力资源管理的目标以开发为导向，以让每个员工在组织内得到充分、自由与全面发展为宗旨，通过实现岗位流动，使人获得全面的发展和能力的开发。传统人事管理的特点是以"事"为中心，只见"事"，不见"人"，强调"事"的单一方面的静态的控制和管理，其管理形式和目的是"控制人"，忽视人员流动，一配定终身。而工作分析是保证人员自由、充分、全面发展的基础和前提。

二、工作分析的相关术语

（一）工作要素

工作要素是指工作中不能继续分解的最小动作单位，例如从粉笔盒中取出粉笔、盖上瓶盖、书写板书、开启机床、酒店的行李员将行李搬运到行李推车上等均是工作要素。

（二）任务

为达到某一明确的目的所进行的一系列活动，任务可以由一个或多个工作要素组成，如工人加工产品、打字员打字都是一项任务。

（三）职责

为实现一定的组织职能或完成组织要求的工作使命，在特定岗位上需要完成的一个或一系列任务。例如人力资源经理要实现招聘的职责就需要完成一系列的工作任务，包括制订招聘计划、招募、甄选、录用和招聘评估等。

（四）职位

职位即岗位，在完成一项或多项责任的组织中的一个任职者所对应的位置就是一个职位，比如高校人力资源管理教师。职位是组织要求个体完成的一项或多项责任以及为此赋予个体的权力的总和。职位是以"事"为中心确定的，强调的是人所担任的岗位，而不是担任这个岗位的人。

（五）职务（工作）

职务是按规定担任的工作或为实现某一目的而从事的明确的工作行为，由组织中主要责任相似的一组职位组成的，也称工作，在组织规模大小不同的组织中，根据不同的工作性质，一种职务可以有一个职位，也可以有多个职位。例如，人力资源管理人员的职务中可能有从事各种不同人事工作的人，但他们的主要工作责任是相似的，因此可以归于同样的职务。

（六）职业

"职业"是一个更为广泛的概念，它由不同时间内、不同组织中的相似工作组成。职业的概念有着较大的时间跨度，处在不同时期，从事相似工作活动的人都可以被认为是同样的职业，比如教师、医生、律师等。

（七）职权

职权是指依法赋予的完成特定任务所需要的权利。职权与职责紧密相关，特定的职责要赋予特定的职权，甚至于特定的职责等同于特定的职权。例如，工商质量检查员对商品质量的检查，既是工商质量检查员的职责，又是他的职权。

三、工作分析的含义及内容

（一）工作分析的含义

工作分析是运用科学的方法，收集与工作相关的信息的过程，主要包括对各类工作岗位的性质、任务、职责权限、岗位关系、劳动条件和环境以及员工承担本岗位任务应具备的资格条件等方面的信息所进行的系统研究，并制订出工作说明书等岗位人事规范的过程。工作分析的最终产出表现为工作描述和工作规范，即工作说明书。

（二）工作分析的时机

工作分析的时机主要有：

（1）公司新成立。

（2）产生了新的工作。

（3）企业首次进行工作分析。

（4）现有的工作内容由于引进新技术、新设备、新方法和新工艺等发生变化。

（5）现有的绩效普遍不佳。

（三）工作分析的主要内容

工作分析要解决以下五个问题：

WHAT，工作内容是什么？

WHO，谁适合这个工作？

WHEN，什么时候做这个工作？

WHERE，在什么地点做这个工作？

WHY，为什么要做这个工作，工作的目的是什么？

HOW，如何开展工作？

我们称这为"5W1H"。通过工作分析，我们要确定工作岗位的工作职责、任职资格要求、工作环境、工作时间、工作地点、工作目标、工作程序和绩效标准等与工作有关的信息。每一个工作岗位都有它的名称、工作条件、工作地点、工作范围、工作对象以及所使用的工作资料。

因此，工作分析包括了以下三个方面的内容：

（1）在完成岗位调查取得相关信息的基础上，首先要对岗位存在的时间和空间范围做出科学的界定，然后再对岗位内在活动的内容进行系统的分析，即以岗位的名称、性质、任务、权责、程序、工作对象、工作资料以及本岗位与相关岗位之间的联系和制约方式等因素逐一进行比较、分析和描述，并做出必要的总结和概括。

（2）在界定了岗位的工作范围和内容以后，应根据岗位自身的特点，明确岗位对员工的素质要求，提出本岗位员工所应具备的，诸如知识水平、工作经验、道德标准、心理品质、身体状况等方面的资格和条件。

（3）将上述岗位分析的研究成果，按照一定的程序和标准，以文字和图表的形式加以表述，最终制订出工作说明书、工作规范等人事文件。

四、工作分析的原则

（一）目的原则

工作分析是为了明确工作职责，那么分析的重点在于工作范围、工作职能、工作任务的划分；如果工作分析的目的在于选聘人才，那么工作分析的重点在于任职资格界定；如果工作分析的目的在于决定薪酬的标准，那么重点又在于对工作责任、工作量、工作环境、工作条件的界定等。

（二）职位原则

工作分析的出发点是从职位出发，分析职位的内容、性质、关系、环境以及人员胜任特征，即完成这个职位工作的从业人员需具备什么样的资格与条件，而不是分析在岗的人员如何。否则，会产生社会赞许行为与防御心理等不利于工作分析的问题。

（三）参与原则

工作分析的过程中，要求全体员工从上到下全员全面参与，这样才能得到详细的有用信息。

（四）经济原则

工作分析是一项费时、费力、费钱的事情，它涉及企业组织的各个方面。根据工作分析的目的，采用经济合理的方法。

（五）系统原则

在对某一工作进行分析时，要注意该工作与其他工作的关系以及该工作在整个组织中所处的位置，从总体上把握该工作的特征及对人员的要求。

（六）动态原则

要根据战略意图、环境的变化、业务的调整，经常性地对工作分析的结果进行调整。工作分析是一项常规性的工作，他需要定期地予以修订和更新。

（七）应用原则

应用原则是指工作分析的结果——工作描述与工作规范，即工作说明书要用于公司管理的相关方面。不能像有的企业一样，制作了精美的工作说明书却束之高阁，不用于人力资源管理工作的工作说明书再精美也没有用。

五、工作分析的作用

工作分析是人力资源管理的基础，是招聘、培训、绩效管理、薪酬管理和员工关系管理的前提。通过工作分析，可以优化整合资源，为组织带来效益。工作分析是人力资源管理的基石。依据工作分析的结果可以划分部门和岗位，科学地定编、定岗、定员。具体而言，工作分析具有以下作用：

（1）工作分析为招聘、选拔、任用合格的员工奠定了基础。通过工作分析，掌握了工作任务的静态与动态特点，能够系统地提出对有关人员的文化知识、专业技能、生理心理品质等方面的具体要求，并对本岗位的用人标准做出具体而详尽的规定。这就使企业人力资源管理部门在选人用人方面有了客观的依据，经过员工素质测评和业绩评估，为企业单位招聘和配置符合岗位数量和质量要求的合格人才，使人力资源管理"人尽其才、事得其人、人事相宜"的目标得以实现。

（2）工作分析为员工的考评、晋升提供了依据。员工的评估、考核和晋升，如果缺乏科学的依据，将会挫伤员工的积极性，使企业单位的各项工作受到严重的影响。根据工作分析的结果，人力资源管理部门可制订出各类人员的考评指标和标准以及晋升的具体条件，提高员工绩效考评和晋升的科学性。

（3）工作分析是企业改进工作设计，优化劳动环境的必要条件。通过工作分析，可以揭示生产和工作中的薄弱环节，反映工作设计和岗位配置中不合理的部分，发现劳动环境中危害员工生理卫生和劳动安全、加重员工的劳动强度和工作负荷、造成过度的紧张疲劳等方面不合理的因素，有利于改善工作设计，优化劳动环境和工作条件，使员工在安全、健康、舒适的环境中工作，最大限度地调动员工的工作兴趣，充分激发劳动者的积极性和主动性。

（4）工作分析是制订有效的人力资源规划、进行各类人才供给和需求预测的重要前提。每个企业对于岗位的配备和人员安排都要制订人力资源规划，并且要根据计划期内总的任务量、工作岗位变动的情况和发展趋势，进行中长期的人才供给与需求预测。工作分析所形成的工作说明书，为企业有效地进行人才预测、编制企业人力资源中长期规划和年度计划提供了重要的前提。

（5）工作分析是岗位评价的基础，而岗位评价又是建立健全企业单位薪酬制度的重要步骤。因此，可以说，工作分析为企业单位建立对外具有竞争力、对内具有公平性、对员工具有激励性的薪酬制度提供了条件。

此外，工作分析还能使员工通过工作说明书、工作规范等人事文件，充分了解本岗位在整个组织中的地位和作用，明确自己工作的性质、任务、职责、权限和晋升路线，以及今后职业发展的方向和愿景，更有利于员工"量体裁衣"，结合自身的条件设计职业生涯规划，愉快地投身于本职工作中。总之，工作分析无论对我国宏观社会和经济发展还是对微观企业的人力资源管理都具有极为重要的作用。

第二节 工作分析的方法

工作分析的方法主要是指工作信息收集的方法。工作分析的内容取决于工作分析的目的用途，不同的组织所进行的工作分析的侧重点会有所不同。因此需要在工作分析的内容确定之后，选择适当的分析方法去收集工作相关的有用信息。

搜集工作分析信息的工作通常由实际承担工作的人员、工作承担人员的直接主管以及一名人力资源管理专家来共同进行。通常的做法是：首先由人力资源管理专家（人力资源管理者、工作分析专家或咨询人员等）观察和分析正在被进行中的工作，然后编写出一份工作说明书。员工及其直接主管也要参与此项工作。例如，可能会要求主管人员填写问卷，在问卷中列举出其下属的主要工作活动。最后，由承担工作的员工及其主管来审查和修改工作分析人员所编写出的反映他们工作活动和职责的那些结论性描述。这样，工作分析活动就需要由人力资源管理专家、组织的主管人员和普通雇员通过共同努力与合作来完成。

我们，可以运用多种技术来搜集工作任务、职责和活动等方面的信息资料。接下来讲述最为重要的几种工作信息搜集技术。一般来说收集信息的基本方法包括工作实践法、工作日志法、观察法、访谈法、问卷调查法和关键事件法。每一种方法都有它的优缺点，因此要根据工作分析的目的和内容，本着经济适用的原则选择一种或几种方法结合使用。

一、工作实践法

工作实践法又称参与法，是指工作分析人员参与某一职位或从事所研究的工作，从而细致深入，全面体验，了解和分析工作特征及要求。例如为了了解工人的工作状况，佛罗里达州州长鲍伯·格雷尼姆在竞选期间的100天里，做了100种不同的工作。工作实践法的优点是可了解岗位的实际工作情况以及岗位对智力、体力、学历、经验、技能等方面的要求，能获得有关工作的第一手资料。适用于短期内可以掌握的岗位工作。缺点是不适用于需要进行大量训练或危险的工作。

二、工作日志法

这是一种让从事工作的员工以工作日记或工作笔记的形式将其日常工作中从事的每一项活动按照时间顺序记录下来，以此收集岗位分析所需信息的分析方法。它可以向你提供一个非常完整的工作图景，在以连续同一员工及其主管进行面谈作为辅助手段的情况下，这种工作信息搜集方法的效果会更好。当然，员工可能会夸大某些活动，同时也会对某些活动低调处理。然而，无论如何，详细地按时间顺序记录的流水账会减少这种不良后果。工作日志法的优点是信息可靠性高；所需费用少，适于确定有关工作职责、工作内容、工作关系、劳动强度等方面的信息。缺点是使用范围小，只适用于工作循环周期短，工作状态稳定的工作。整理信息工作量大，常会因为工作忙而耽误记录，可能会产生信息失真。

三、观察法

（一）含义

观察法是指工作分析人员到现场观察员工的实际工作情况，借用人的感觉器官、观察仪器或计算机辅助系统进行实地观察、描述员工的实际工作活动过程，并用文字、图表和流程图等形式记录、分析和表现有关数据的方法。在对主要由身体活动构成的工作进行工作分析时，直接观察是一种特别有用的方法。像门卫、流水线上的作业工人和会计所做的工作，就是一些可以运用观察法的很好例子。主要研究工作的外显特征，如工作负荷、工作环境、工作关系等方面，也可以用来证实其他渠道所提供的信息，初步了解工作的基本情况等。然而，当工作中包含了许多难以测量的脑力活动的时候（如律师、设计工程师等的工作），观察法就不准确了。此外，当员工从事的是一些偶然发生却非常重要的工作活动时（如偶尔从事急救工作的护士），观察法也会失效。

（二）分类

（1）从观察方法来划分，目前常用的观察方法有流程图法、运动研究法、工作样本分析法。

（2）从观察者是否兼具工作者双重身份来划分，有参与性观察与非参与性观察两种形式，即作为参与式观察者或旁观者。前者是指观察者本人兼具工作者和观察者的双重身份，这时观察者的身份通常是保密的；后者是指观察者不兼具工作者和观察者的双重身份，而只有观察者一个身份。工作分析中通常用非参与性观察。

（三）运用

在运用常用的非参与性观察法时，应注意：

（1）观察员的工作应相对稳定，即在一定时间内，其工作内容、程序、对工作人员的要求没有明显的变化。

（2）适用于大量标准化的、周期较短的以体力活动为主的工作，不适用于脑力活动为主的工作。

（3）要注意工作行为本身的代表性。

（4）观察人员尽可能不要引起被观察者的注意和干扰他们的工作。

（5）观察前要有详细的观察提纲和行为标准。

观察法特别适用于分析那些在一段时间内，工作内容、工作程序、对工作人员的要求不会发生明显变化的职务，是搜集非语言行为资料的初步方法。它在收集非语言行为资料方面明显优于问卷调查法，观察人员通过直接观察工作所获得的资料比通过工作人员自己描述工作更能深入和全面地了解工作信息。此外，它还能观察自然环境或工作场合中工人做什么及如何做等情况。

但是，分析人员难以控制可能影响职务活动的外部变量，造成观察的结果不准确。观察法的适用对象有局限，它容易观察以体力为主的工作特征，对以智力活动为主的工作特点难以观察。而且观察的结果难以用数量表示，大部分以文字形式表示，不利于统计分析。此外，观察的样本数通常较少，观察研究的样本比问卷的样本少，而且观察所需要的时间较长，因此影响所收集信息资料的全面性和时效性。

直接观察法通常是与访谈法结合使用。两者结合的一种方式是：首先对员工在一个完整的工作周期中所完成的工作进行观察，并把所观察到的工作活动都记录下来（这里的工作周期是指完成工作所需要的时间，对于一位流水线上的工人来说它可能是一分钟，而对于从事复杂工作的员工来说，则可能是一个小时、一天或更长的时间）。然后，在所积累的信息已经足够多的时候同员工面谈。由于员工在被观察过程中往往会受到鼓舞，因而此时他们就会很愿意就一些你所不懂的要点做解释，并说明一些你还没有观察到的工作活动情况。

观察法和访谈法结合的另一种方式是：在员工工作时，一边对其进行观察，一边进行访谈，两者同时进行。不过，在通常情况下，最好是等到观察结束后再去进行访谈，因为这样可以使你有充分的机会在不受影响的情况下去观察员工的工作。这反过来也减少了员工因变得焦急而不按常规操作的可能。

（四）优点和缺点

观察法的优点是有助于了解岗位工作条件、环境、工具、设备等方面的比较客观的信息，能澄清某些疑问，能直观得到岗位所要求的个人资格的印象。

观察法的缺点是分析者的旁观可能给工人造成压力，影响其正常的工作程序和工作方法；不易观察到一些突发事件，不适用于工作周期长的岗位。

四、访谈法

（一）含义

访谈法是岗位分析最常用的方法之一，由分析人员分别访问工作人员本人或其主管人员，获取与工作有关的信息。这种方法能提供标准与非标准的工作信息，也能提供身体和精神方面的信息。在访谈过程中，访谈者应掌握谈话的主动权，但不能强迫访谈对象说话。访谈者的行为和态度应当诚恳，表现出对访谈对象的真正关心。访谈者应当引导谈话内容，取得所需信息。

（二）方式

在搜集工作分析信息的时候，可以使用以下三种访谈方式：

（1）对每个员工进行个人访谈。

（2）对做同种工作的员工群体进行群体访谈。

（3）对完全了解被分析工作的主管人员进行主管人员访谈。

群体访谈通常用于大量员工做相同或相近工作的情况，因为它可以以一种迅速而且代价相对较小的方式了解到工作的内容和职责等方面的情况。在进行群体访谈时，应注意遵守一项基本原则：这些工作承担者的上级主管人员要在场。如果他们当时不在场的话，你在事后也应该单独去跟这些主管人员谈谈，听听他们对于被分析工作中所包含的任务和职责持有何种看法。

无论采用何种访谈方式，最为重要的一点是被访谈者本人必须十分清楚访谈的目的是什么，因为这一类的访谈常常被误解为组织有目的地"对雇员的效率进行评价"。如果被访谈者对访谈是这样理解的话，他们往往不愿意对他们自己或他们下属的工作进行较为准确的描述。

（三）优点和缺点

访谈法的优点是可为工作岗位分析、绩效考核方案提供信息，能收集企业员工各种需求以及满意度，可以暴露出企业管理中存在的各种隐性问题，使员工感到受重视，同时是一种较好的沟通方法。缺点是员工在面谈中有故意夸大其工作任务作用和重要性的可能，比较费时间，会占用访谈对象的正常工作时间。

（四）注意事项

（1）事先征得样本员工直接主管的同意。

（2）在无人打扰的环境中进行面谈。

（3）向样本员工讲解工作分析意义，介绍面谈大体内容。

（4）以轻松的话题开始，消除样本员工的紧张情绪。

（5）学会倾听的技巧。

（6）鼓励样本员工真实、客观地回答问题。

（7）按照面谈提纲的顺序，由浅至深地提问。

（8）注意把握面谈的内容，防止样本员工离题太远。

（9）适时做好谈话记录。

五、关键事件法

关键事件法是要求调查人员、本岗位员工或与本岗位有关的员工将劳动过程中的关键事件详细加以记录，在大量收集信息之后对岗位的特征和要求进行分析研究的方法。所谓关键事件是指在工作过程中，给岗位工作任务造成显著影响（如成功与失败、盈利与亏损等）的事件。主要原则是认定员工与工作有关的行为，并选择其中最重要、最关键的部分来评定其结果。关键事件的描述内容包括：

（1）导致该事件发生的背景和原因。

（2）员工特别有效的或特别无效的行为。

（3）关键行为的后果。

（4）员工个人能否控制或支配上述后果。

将上述各项详细记录以后可以对数据做出分类并归纳总结出该岗位的主要特征和具体要求。

采用关键事件法时，应注意：第一，标准的期限不宜过长；第二，关键事件的数量应足够能说明问题，事件数目不能太多；第三，正反两面的事情都要兼顾，不得偏颇。

关键事件法的优点是能获得有关工作任务的静态信息和动态特点，所研究行为可被观察和衡量到，可以确定行为的任何可能的利益和作用，获得的资料适用于大多数工作的分析。缺点是收集、归纳事例并加以分类要耗费大量时间，可能会遗漏一些不显著的工作行为，难以对工作进行完整的把握。

六、问卷调查法

获取工作信息的另外一种比较好的方法是让员工通过填写问卷来描述其工作中所包括的任务和职责。问卷法是岗位分析中最常用的方法之一，指采用调查问卷来获取工作分析的信息，从而实现工作分析的目的。

在采用这种方法的情况下，首先需要考虑如何安排问卷的结构以及提些什么样的问题。从理论上讲，有两种比较极端的做法：在一种极端情况下，设计出一张结构极其完备的问卷，发给每一个员工的问卷上罗列出上百种备选的特定任务或工作（如"更换并切割电线"），要求员工做的只是回答他或她是否要做这些工作。如果是，那么再注明在每项工作任务上通常需要花多长的时间。在另一种极端情况下，完全将问卷设计成开放式的，只简单地要求雇员回答诸如"描述你的主要工作任务"之类的问题。在实际中，最好的问卷通常都是介于这两种极端情况之间的，既有结构性的问题也有开放式的问题。无论是结构性的问卷，还是非结构性的问卷，都有其优缺点。总的来说，其优缺点主要表现在：一方面，问卷法是一种快速高效地从一大群雇员中获取信息的方法，比如说，与和几百个员工进行访谈的做法相比，问卷法当然要省事得多。另一方面，设计问卷并进行统计分析是一个耗费时间的工作（关键是要确保员工能够真正明白每一个问题的意思）。因此，是否采用问卷法取决于以下两方面因素的对比：问卷法的潜在使用成本以及你如果采用访谈法所能够节约的时间和费用。

（一）调查项目与内容

1. 基本资料

①姓名、性别、年龄；②职称、部门、学历；③现任职务；④直接上级和直接下级；⑤薪资等级与收入；⑥任职时间。

2. 工作时间

①正常工作时间；②休息时间；③加班时间；④出差情况；⑤工作时间的忙闲情况。

3. 工作内容

①工作目标；②工作概述；③工作程序；④工作事项。

4. 工作责任

①风险控制责任；②成本控制责任；③协调责任；④指导监督责任；⑤组织人事责任；⑥工作结果责任；⑦决策责任。

5.任职者所需的知识技能

①最低学历要求；②知识面；③熟练期；④工作的复杂性；⑤工作经验；⑥文字水平；⑦逻辑思维能力；⑧综合能力。

6.工作的劳动强度

①工作压力；②精力集中程度；③体力要求；④创新与开拓；⑤工作紧张程度。

7.工作环境：

①工作时间特征；②职业病；③工作环境的舒适度；④工作环境的危险性。

（二）步骤

（1）事先需征得样本员工直接主管的同意，尽量得到直接主管的支持。

（2）为样本员工提供安静的场所和充裕的时间。

（3）向样本员工讲解工作分析的意义，说明填写问卷调查表的注意事项。

（4）鼓励样本员工真实客观地填写调查表，不要对表中的任何内容产生顾虑。

（5）分析人员随时解答样本员工填写问卷时提出的问题。

（6）样本员工填写完毕后，查看是否有漏填、误填现象。

（7）如果对样本员工的填写有疑问，立即向样本员工进行提问。

（8）问卷填写准确无误后，完成信息收集任务，向样本员工致谢。

（三）优点和缺点

问卷调查法的优点是：

（1）经济实用，能在较短时间内获取相关信息。

（2）简便易行，内容有针对性。

（3）员工容易作答，比较主动，有充分的思考时间。

（4）设计简洁、容易回答、清晰规范的调查问卷有利于事后对结果的处理和分析。

（5）可为员工提供一种意见和建议渠道。

缺点是：

（1）填表人必须受到培训，否则对问题的不同理解能导致调查结果的偏差。

（2）不是每个人都能完整和准确地描述他们的工作任务。

总之，工作实践法、观察法、工作日志法、访谈法、问卷调查法和关键事件法都是最为常用的搜集工作信息的方法，它们都能提供关于工作承担者在做什么的比较真实的信息。此外，企业一般都保存各类岗位现职人员的资料记录以及岗位责任的说明，这些资料对工作分析非常有用。例如组织中现有的岗位职责、工作记录、招聘广告、员工简历等。在实践中，可以根据自己的目的来选用其中的一种，也可以将它们结合起来使用。例如面谈法对于编写工作说明书来说就比较适合，而问卷调查法则更适合于为确定报酬而进行的工作价值比较。

第三节 工作分析的实施

一、工作分析流程

（一）准备阶段

准备阶段的具体任务是成立工作分析小组，了解情况，建立联系，设计岗位调查方案，规定调查的范围、对象和方法。

1.根据工作分析的总目标、总任务，对企业各类岗位的现状进行初步了解，掌握各种基本数据和资料。

（1）确定工作分析需要的信息类型。工作分析需要的信息类型其实质就是上述所讲的规范的职务描述应包括的内容或要素，即工作活动、工作程序、物理环境、社会环境和个人条件。其中，第四个方面的内容由工作描述中的聘用条件变为个人条件，两者稍有不同，个人条件的具体内容包括与工作有关的知识、技能、教育训练、工作经验、个人态度、能力倾向、身体特征、人格和兴趣等。在确定工作分析所需要的信息类型时，应根据工作分析的目标来确定需要什么样的信息以及重点应放在哪一方面的信息内容上。

（2）工作分析的信息形式。工作分析的信息形式分为定量和定性或介于两者之间三种形式。典型的定性形式是用词语表示工作分析的结果，一般性地描述工作内容、工作条件、社会关系和个性要求等内容。定量信息是使用数量单位表示测量的结果，如工作中的氧气消耗量、单位时间内的产量、单位时间内的差错次数、工作小组的规模、能力测量的标准和对工作的评定分等。

（3）工作分析（信息收集）的方法。实质上就是收集工作分析所需的信息资料的方法，如前面所介绍的实践法、观察法、访谈法、问卷调查法、工作日志法和关键事件法等。

（4）确定由谁来收集信息。收集信息的人员可以是组织内部或外部的咨询员、工作分析专家、管理者和工作的承担者。若组织规模很大而且不同区域有独立的报酬管理，工作分析则由这些部门的分析人员完成。信息收集人员所需的仪器设备，可以是照相机、生理记录仪等。另外，企业要选择有分析能力、写作技巧、善于沟通和熟悉业务的人员担任分析员的角色，并对他们做工作分析的专业培训。

2.设计岗位调查方案

（1）明确岗位调查的目的。岗位调查的任务是根据岗位研究的目的，收集有关反映岗位工作任务的实际资料。因此，在岗位调查的方案中要明确调查目的。有了明确的目的，才能正确确定调查的范围、对象和内容，选定调查方式，弄清应当收集哪些数据资料，到哪儿去收集岗位信息，用什么方法去收集岗位信息。

（2）确定调查的对象和单位。调查对象是指被调查的现象总体，它是由许多性质相同的调查单位所组成的一个整体。所谓调查单位，是指构成总体的每一个单位。如果将企业劳动组织中的生产岗位作为调查对象，那么，每个操作岗位就是构成总体的调查单位。在调查中如果采用全面的调查方式，必须对每个岗位（岗位即调查单位）一一进行调查，如果采用抽样调查的方式，应从总体中随机抽取一定数目的样本进行调查。能不能正确地确定调查对象和调查单位，直接关系到调查结果的完整性和准确性。

（3）确定调查项目。在上述两项工作完成的基础上应确定调查项目，这些项目所包含的各种基本情况和指标，就是需要对总体单位进行调查的具体内容。

（4）确定调查表格和填写说明。调查项目中提出的问题和答案，一般是通过调查表的形式表现的。为了保证这些问题得到统一的理解和准确的回答，便于汇总整理，必须根据调查项目，制订统一的调查问卷和填写说明。

（5）确定调查的时间、地点和方法。确定调查时间应包括：明确规定调查的期限，指出从什么时间开始到什么时间结束；明确调查的日期、时点。在调查方案中还要指出调查地点，调查地点是指登记资料、收集数据的地点。最后，在调查方案中，还应当根据调查目的和内容，决定采用什么方式进行调查。调查方式方法的确定，要从实际出发，在保证质量的前提下，力求节省人力、物力和时间，能采用抽样调查、重点调查方式，就不必进行全面调查。

3. 为了搞好工作分析，还应做好员工的思想工作，说明该工作分析的目的和意义，建立友好合作的关系，使有关员工对岗位分析有良好的心理准备。

4. 根据工作分析的任务、程序，分解成若干工作单元和环节，以便逐项完成。

5. 组织有关人员先行一步，学习并掌握调查的内容，熟悉具体的实施步骤和调查方法。必要时可先对若干个重点岗位进行初步调查分析，以便取得岗位调查的经验。

（二）调查阶段

调查阶段是收集信息的实质性过程，运用访谈、问卷、观察、实践等方法收集与工作有关的信息，广泛、深入地收集有关岗位的各种数据资料并进行全面的调查分析。例如，岗位的识别信息，岗位任务、责任、权限，岗位劳动负荷、疲劳与紧张状况，任职资格要求，生理心理方面的要求，劳动条件与环境，工作过程，工作性质，难易程度等内容。这一阶段的主要任务是根据调查方案，对岗位进行认真细致的调查研究。此外，应对各项调查事项的重要程度、发生频率（数）详细记录。这种调查分析一般集中针对工作和人员两个方面展开。

关于工作的调查分析要围绕着工作本身来进行。对某项职务应承担的工作的各个构成因素进行调查分析，确定和描述该岗位的工作性质、内容、任务和环境条件。同时还要研究一个岗位的具体工作活动，考察与这个岗位有关的所有方面，明确此岗位工作本身的特点。

关于人员的调查分析（针对人员进行的）要研究每一岗位的任职者所应该具有的基本

任职条件，它是在工作描述的基础上，分析研究和确定担任该项职务的人员应具备的工作能力、知识结构、经验、生理特征和心理特征等方面的信息，它解决的问题是什么样的人可以从事这项工作。与此同时，可以根据调查信息，针对具体的岗位构建胜任特征模型。

（三）分析阶段

本阶段是岗位分析的关键环节，它首先要对岗位调查的结果进行深入细致的分析，最后采用文字图表等形式做出全面的归纳和总结。具体工作如下：

（1）仔细审核、整理获得的各种信息。

（2）创造性地分析、发现有关工作和工作人员的关键要素。

（3）归纳、总结出工作分析必需的材料和要素。

（四）描述阶段

工作分析并不是简单地收集和积累某些信息，而是要对岗位的特征和要求做出全面深入的考察，充分揭示岗位主要的任务结构和关键的影响因素，并在系统分析和归纳总结的基础上，撰写出工作描述和工作规范（工作说明书）等人力资源管理的规章制度。此阶段的任务就是根据工作分析信息编制"工作描述"与"工作规范"，即工作说明书。具体工作如下：

（1）根据工作分析的信息草拟工作说明书。

（2）将草拟的工作说明书与实际工作对比。

（3）根据对比结果决定是否修正和如何修正，是否需要进行再次调查研究。

（4）若需要，则重复2~3步工作，尤其是特别重要的岗位，可能要对工作说明书进行多次修订。

（5）形成最终的工作说明书。

（五）运用阶段

本阶段是岗位分析的关键环节，将工作说明书运用于人力资源管理工作中，并收集运用的反馈信息，以不断完善工作说明书。

（六）总结阶段

对工作分析的工作本身进行总结评估，并将工作说明书归档保存（可运用现今的信息技术加以动态的保存），为今后的工作分析提供借鉴和信息基础。

二、起草和修改工作说明书的具体步骤

（1）进行系统全面的岗位调查，并起草工作说明书初稿。

（2）人力资源部组织工作分析专家，包括各部门经理、主管及相关管理人员，分别召开有关工作说明书的专题研讨会，对工作说明书的修订提出具体意见。从报告书的总体结构到每个项目所包括的内容，从本部室岗位设置的合理性，到每个岗位具体职责权限的划分以及对员工的规格要求等，都要进行细致认真的讨论，并逐字逐句地对工作说

明书进行修改。

一般来说，为了保证工作说明书的科学性、可靠性和可行性，工作说明书需由草拟稿、第一稿、第二稿到送审稿增删多次，才能形成工作说明书审批稿，最终交由企业的总经理或负责人审查批准，并颁布执行。

三、工作分析的结果

（一）工作描述

工作描述具体说明了工作的物质特点和环境特点，回答"这一工作是做什么的？"它是对某一特定工作的内容、任务、职责、工作关系、工作条件及环境等进行描述。主要解决工作内容与特征、工作责任与权利、工作目的与结果、工作标准与要求、工作时间与地点、工作岗位与条件、工作流程与规范等问题。工作描述没有统一的标准，但通常包括以下几个方面：

1. 基本情况

如工作名称，指组织对从事一定工作活动所规定的工作名称或工作代码，以便于对各种工作进行识别、登记、分类以及确定组织内外的各种工作关系。工作名称应当简明扼要，力求做到能识别工作的责任以及在组织中所属的地位或部门，如一级生产统计员、财务公司总经理就是比较好的工作名称，而统计员、部门经理则不够明确。此外，应对岗位定员情况进行分析。以明确该岗位的定员、定编，为未来人力资源管理工作提供数量依据。

2. 工作内容（工作职责）

它是工作描述的主体部分，必须详细描述、列出关键的工作内容。包括以下几个：

（1）所要完成的工作任务与承担的责任。

（2）执行任务时所需要的条件，如使用的原材料和机器设备。

（3）工作流程与规范。

（4）与其他人的正式工作关系。

（5）接受监督以及进行监督的性质和内容等。

3. 工作环境

包括物理环境和社会环境两个方面。首先，工作描述要完整地描述个人工作的物理环境，包括工作地点的温度、光线、湿度、噪声、安全条件等。此外，还包括工作的地理位置，可能发生意外事件的危险性等。

其次，工作分析要分析社会环境，这是工作描述的新趋势，包括以下几个：

（1）工作群体中的人数及相互关系。

（2）工作群体中每个人的个人资料，如年龄、性别、品格等。

（3）完成工作所要求的人际交往的数量和程度。

（4）与各部门之间的关系。

（5）工作点内外的公益服务、文化设施、社会习俗等。

4.职业阶梯

即该岗位在组织中的位置，对组织的贡献，上下级关系如何，晋升路线和条件等。让新员工一看到自己的工作说明书就对自己的未来职业发展有一个全面的了解，更好地激励新员工努力工作。

5.工作权限

该岗位的工作人员的相关权限，比如对资源的分配权、人员调配权等。当员工拿到自己的工作说明书，就清楚自己的工作权限有哪些，防止越权。

6.工作时间

分析该岗位的工作时间，比如每周工作时间，每天工作时间，特别是有没有倒班情况等。员工可以结合自身的情况，安排好工作和生活。

7.工作绩效标准

通过分析岗位的职责，围绕工作内容设定工作目标和工作标准。明确地规定工作中哪些行为是组织允许的，哪些行为是组织所不允许的，这样员工就能随时了解自己的工作效果。绩效标准明确地说明了工作要做到什么程度才是符合标准的，员工可以对照自己的工作表现，进行自我检测。

此外，还可以有聘用条件，主要描述工作人员在正式组织中有关工作安置等情况。它包括工作时数、工资结构及支付方法、福利待遇、该工作在组织中的位置、晋升的机会、工作的季节性、进修机会等。

工作描述的要求是：

1.清楚

工作描述清楚明了，让人一看就清楚工作的相关信息，对于指导工作有一定的帮助。

2.具体

工作描述越具体越好，要有很强的针对性，应针对每个岗位分别进行工作描述。

3.简洁

短而准确。工作说明书作为指导工作、招聘、培训、绩效管理和薪酬管理的依据，应做到简洁，用语精确到位。

4.指明权力范围

本岗位的权力范围。工作权限越明确，工作中的纠纷越少。

5.最后的检查

"如果一个新员工阅读了这个工作描述，他能否理解要做的工作？"

（二）工作规范

1. 工作规范的概念

工作规范是对组织中各类岗位某一专项事务或对某类员工劳动行为、素质要求等所做的统一规定。素质要求也即任职资格要求，"什么样的人适合此工作？"它说明担任某项职务的人员必须具备的生理要求和心理要求。通常包括以下几方面：

（1）一般要求：包括年龄、性别、学历、工作经验等。

（2）生理要求：包括健康状况、力量与体力、运动的灵活性、感觉器官的灵敏度。

（3）心理要求：包括观察能力、集中能力、记忆能力、理解能力、学习能力、解决问题能力、创造性、数学计算能力、语言表达能力、决策能力、交际能力、性格、气质、兴趣、爱好、领导能力等。

2. 工作规范的主要内容

工作规范包括的内容多，覆盖的范围大，大致涉及以下几个方面。

（1）岗位劳动规则。即企业依法制订的要求员工在劳动过程中必须遵守的各种行为规范，包括以下几个规则：

①时间规则。对作息时间、考勤办法、请假程序等方面所做的规定。

②组织规则。企业单位对各个职能、业务部门以及各层级组织机构的权责关系、指挥命令系统、所受监督和所施监督、保守组织秘密等内容所做的规定。

③岗位规则，也称岗位劳动规范，它是对岗位职责、劳动任务、劳动手段和工作对象的特点、操作程序、职业道德等所提出的各种具体要求。包括岗位名称、技术要求、上岗标准等各项具体内容。

④协作规则。企业单位对各个工种、工序和岗位之间的关系，上下级之间的配合等方面所做的规定。

⑤行为规则。对员工的行为举止、工作用语、着装、礼貌礼节等所做的规定。这些规则的制订和贯彻执行，有利于维护企业正常的生产秩序，监督劳动者严格按照统一的规则和要求履行自己的义务，按时保质保量地完成工作任务。

（2）定员定额标准。即对企业劳动定员定额的制订、贯彻执行、统计分析以及修订等各个环节所做的统一规定。包括编制订员标准、各类岗位人员标准、时间定额标准和产量定额标准等。

（3）岗位培训规范。即根据岗位的性质、特点和任务要求，对本岗位员工职业技能培训与开发所做的具体规定。

（4）岗位人员规范。即在岗位系统分析的基础上，对某类岗位员工任职资格以及知识水平、工作经验、文化程度、专业技能、心理品质、胜任能力等方面素质要求所做的统一规定。

3. 工作规范的结构模式

按工作规范的具体内容，工作规范有以下几种基本形式：

（1）管理岗位知识能力规范。对各类岗位的知识、能力和工作经验要求所做的统一规定，一般包括以下内容：

①知识要求。胜任本岗位工作应具有的知识结构和知识水平。

②能力要求。胜任本岗位工作应具备的各种能力素质。

③经历要求。指能胜任本岗位工作，一般应具有的一定年限的实际工作经验，从事低一级岗位的工作经历，以及与之相关的工作经历。

（2）管理岗位培训规范。它主要包括以下几项内容：

①指导性培训计划。即对本岗位人员进行培训的总体性计划。主要内容有培训目的、培训对象、培训时间、培训项目、课程的设置与课时分配、培训方式、考核方法等。

②参考性培训大纲和推荐教材。在培训大纲中应明确各门课程的教学目的、内容和要求以及教学方式方法。推荐教材要符合培训大纲的要求，讲求针对性和实用性。

（3）生产岗位技能业务能力规范。它是我国传统的国有企业所使用的一种劳动规范，主要包括以下三项内容：

①应知。胜任本岗位工作所应具备的专业理论知识。如所使用机器设备的工作原理、性能、构造，加工材料的特点和技术操作规程等。

②应会。胜任本岗位工作所应具备的技术能力。如使用某一设备的技能，使用某种工具、仪器仪表的能力等。

③工作实例。根据"应知""应会"的要求，列出本岗位的典型工作项目，以便判定员工的实际工作经验，以及"应知""应会"的程度。

（4）生产岗位操作规范。也称生产岗位工作规范，主要包括以下几项内容：

①岗位的职责和主要任务。

②岗位各项任务的数量和质量要求以及完成期限。

③完成各项任务的程序和操作方法。

④与相关岗位的协调配合程度。

⑤其他种类的工作规范。如管理岗位考核规范、生产岗位考核规范等。

（三）工作说明书

1. 工作说明书的概念

工作说明书是组织对各类岗位的性质和特征（识别信息）、工作任务、职责权限、岗位关系、劳动条件和环境以及本岗位人员任职的资格条件等事项所做的统一规定。

2. 工作说明书分类

由于工作说明书所说明的对象不同，可以具体区分为以下三类：

（1）岗位工作说明书，即以岗位为对象所编写的工作说明书。

（2）部门工作说明书，即以某一部门或单位为对象编写的工作说明书。

（3）公司工作说明书，以公司为对象编写的工作说明书。

后两种工作说明书也可以归为一类，统称为部门工作说明书，只是说明的范围有所不同。本教程所讲的工作说明书均为岗位工作说明书。

3. 工作说明书的内容（表3-1）

（1）基本资料。主要包括岗位名称、岗位等级、岗位编码、定员标准、直接上下级和分析日期等方面的识别信息。

（2）岗位职责。主要包括职责概述和职责范围。

（3）监督与岗位关系。说明本岗位与其他岗位之间在横向与纵向上的联系。

（4）工作内容和要求。它是岗位职责的具体化，对本岗位所要从事的主要工作事项做出的说明。

（5）工作权限。为了确保工作的正常开展，必须赋予每个岗位不同的权限，但权限必须与工作责任相协调相一致。

（6）劳动条件和环境。它是指在一定时空范围内工作所涉及的各种物质条件。

（7）工作时间。工作时间长度的规定和工作轮班的设计两个方面的内容。

（8）资历。由工作经验和学历条件两个方面构成。

（9）身体条件。结合岗位的性质、任务对员工的身体条件做出规定，包括体格和体力两项具体的要求。

（10）心理品质要求。岗位心理品质及能力等方面的要求，应紧密结合本岗位的性质和特点深入进行分析，并做出具体的规定。

（11）专业知识和技能要求。

（12）绩效考评。从品质、行为和绩效等多个方面对员工进行全面的考核和评价。

表3-1 工作说明书的主要内容

工作说明书
基本资料
①职务名称；②职位编号；③所属部门；④直接上级职位；⑤工资等级；⑥定员人数；⑦组织关系
工作描述
1.工作概要；2.工作职责；3.工作权限；4.工作难点；5.注意事项；6.工作地点；7.工作时间（工作时间特征）；8.工作环境（工作场所、工作环境的危险性、职业病；工作的均衡性、工作环境的舒服程度）；9.考核标准；10.工作人员运用设备和信息说明
工作规范
1.任职资格说明： ①最低学历；所需培训的时间和科目；从事本职工作和其他相关工作的年限和经验 ②一般能力：兴趣爱好、个性特征、性别、年龄特征 ③体能要求：工作姿势，对视觉、听觉、嗅觉有何特殊要求，精神紧张程度，体力消耗大小 2.工作行为要求

下面以人事行政部经理、薪资专员和人事文员的工作说明书为例说明。

人事行政部经理工作说明书

职位名称：人事行政部经理　　　职位编号：JD-HR-01
所属部门：人事行政部　　　　　工资级别：9~15级
直接上级：总经理　　　　　　　职位定员：1人
组织关系：

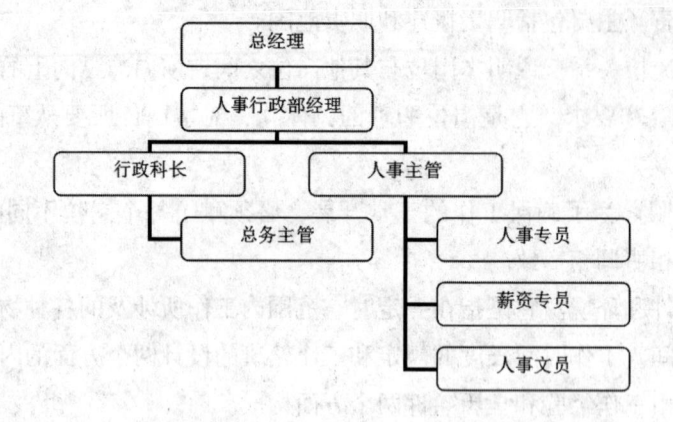

```
                    总经理
                      │
                 人事行政部经理
                      │
            ┌─────────┴─────────┐
         行政科长              人事主管
            │                    │
         总务主管            ┌───┼────┐
                          人事专员
                          薪资专员
                          人事文员
```

主要职责

1. 制订规范的招聘程序并监督其运行情况。

2. 人员甄选、测评体系的建立和管理技术人才的招聘。

3. 编制职业发展生涯规划。

4. 薪酬管理方案设计、实施及跟踪评估。

5. 员工奖罚细则的制订和组织实施。

6. 绩效考评体系的设计、组织实施和评估。

7. 行政事务的统筹管理。

8. 企业文化建设、企业文化的理念传播。

9. 为其他部门提供人力资源管理专业咨询和服务。

主要责任

1. 负有提升全员素质的责任。

2. 负有对内、外传播企业文化和经营理念的责任。

3. 负有对人力资源开发管理体系不断持续改善的责任。

4. 负有控制管理成本，改善员工关系的责任。

5. 负有对全公司的安全、环境、卫生等工作的直接责任。

工作权限

1. 人员任免提议权。

2. 培训经费审核权。

3. 招聘广告（信息）的发布权。

4. 管理规章制订和修改权。

5. 员工奖惩提议权。

6. 人力成本控制权。

工作难点

1. 更好地为员工服务。

2. 有效地开发和利用人力资源,为企业的发展储备人才。

3. 有效地进行人力资源规划,为企业经营战略提供有力保障。

考核要点

1. 员工对本部工作的满意度。

2. 工作计划的可靠性。

3. 工作报告的完整性。

4. 工作的主动性。

任职资格

学历要求:本科,人力资源管理、工商管理或相关专业。

工作经验:5年以上人力资源管理和行政管理经验。

语言能力:普通话和广东话流利,有良好的语言表达能力;英语四级以上。

技能要求:掌握现代人力资源管理原理;熟练 WPS、PPT、EXCEL 操作,持有人力资源管理师一级证书。

制作日期: 年 月 日

制作人:××

薪资专员工作说明书

职位名称:薪资专员　　　　　　　职位编号:JD-HR-05

所属部门:人事行政部　　　　　　工资级别:5~9级

直接上级:人事主管　　　　　　　职位定员:1人

组织关系:

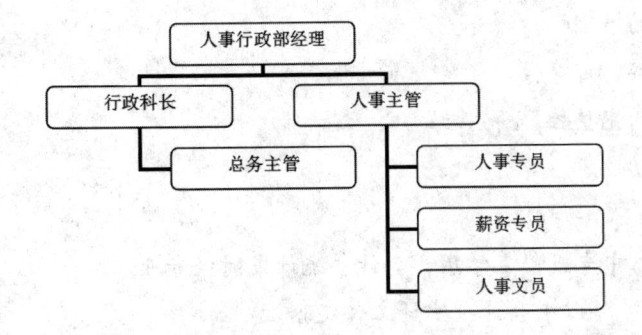

```
            人事行政部经理
           ┌──────┴──────┐
         行政科长        人事主管
           │         ┌─────┼─────┐
         总务主管   人事专员
                    薪资专员
                    人事文员
```

主要职责

1. 负责全公司员工的考勤统计和管理。

2.负责薪资的计算、统计、分析及报表的打印。

3.负责薪资发放并与银行办理转账过户手续。

4.负责员工对薪资、福利制度各种疑问的解释。

5.社会保险（如养老、工伤、失业、生育、医疗等）手续的办理。

6.福利的计算、统筹和分析。

7.负责员工薪资级别调整的通知。

8.负责工资定额的分配、调整。

9.本部门考勤的记录及汇总。

10.员工进出厂手续办理。

11.员工就业证（卡）办理、劳动合同签订。

12.上级领导临时交代的事务。

主要责任

1.负有人力成本控制及工资保密责任。

2.员工关于薪酬疑问的解释责任。

3.负有确保考勤资料真实、可靠的责任。

4.负有工资、福利统筹可行、可靠的责任。

工作权限

1.对工资、福利的解释权。

2.考勤查核权。

3.工资总量监控权。

4.工资定额分配执行权。

工作难点

1.合理的薪酬、福利统筹。

2.出勤率统筹、分析。

考核要点

1.工资计算的准确性。

2.考勤的真实、可靠性。

3.工作报告的完整性。

4.工作的主动性。

任职资格

1.学历要求：中专或以上学历，会计、统计或财经专业。

2.工作经验：1年以上会计、统计工作经验。

3.语言能力：有一定的书面和口头表达能力，普通话流利。

4.技能要求：熟练Excel、PPT和WPS操作，持有人力资源管理二级证书。

制作日期： 年 月 日

制作人：××

人事文员工作说明书

职位名称：人事文员　　　　　**职位编号**：JD-HR-07

所属部门：人事行政部　　　　**工资级别**：3~6级

直接上级：人事主管　　　　　**职位定员**：1人

组织关系：

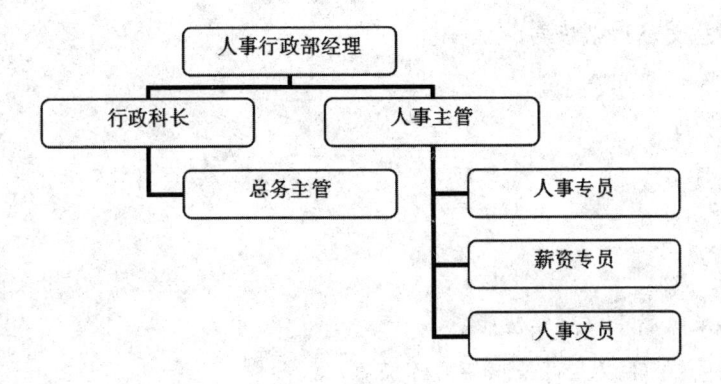

```
              人事行政部经理
             ┌──────┴──────┐
          行政科长        人事主管
             │           ├── 人事专员
           总务主管       ├── 薪资专员
                        └── 人事文员
```

主要职责

1. 公司文件资料的发放、登记和管理。
2. 《管理与质量》内刊的打印、印刷、发行。
3. 报刊、邮件的分发。
4. 图书和工具用书的购置及借阅管理。
5. 工会员工储金的出纳管理工作。
6. 工伤医疗费、员工定额医药费的报销、登记管理和费用控制。
7. 协助举办公司文体活动。
8. 出售员工饭票。
9. 各种会议的通知、接待和服务工作。
10. 员工制服发放、更换、统计工作。
11. 办公用品采购计划的编制、采购、收发、费用统计、监控。
12. 文件资料速印、复印、登记和统计等工作。
13. 上级领导临时交代的事项。

主要责任

1. 负有图书、工具用书妥善管理的责任。
2. 负有及时分发报刊、邮件的责任。
3. 负有妥善保管员工储金的责任。

4.负有及时打印、发行内刊的责任。

5.负有对办公费用的控制责任。

工作权限

1.员工医药费报销审核权。

2.图书、工具书及文件管制权。

3.储金的管制权。

4.办公文具用品采购控制建议权。

工作难点

1.科学管理文档图书资料。

2.有效地控制费用。

考核要点

1.工作态度。

2.工作效率。

任职资格

1.学历要求：高中以上学历。

2.工作经验：1年以上同等职务工作经验。

3.语言能力：有一定的书面、口头表达能力，普通话标准。

4.技能要求：熟练Excel、PPT和WPS操作，持有助理人力资源管理三级证书。

制作日期：　　年　　月　　日

制作人：××

（五）工作规范与工作说明书的区别

工作规范与工作说明书两者既相互联系，又存在着一定区别。

（1）从其涉及的内容来看，工作说明书是以岗位的"事"和"物"为中心，对岗位的内涵进行系统、深入的分析，并以文字和图表的形式加以归纳和总结，成为企业劳动人事管理规章制度的重要组成部分，为企业进行岗位设计和岗位评价和人力资源管理各项基础工作提供了必要的前提和依据。而工作规范所覆盖的范围、所涉及的内容要比工作说明书广泛得多，只是其中有些内容如岗位人员规范，与工作说明书的内容有所交叉。

（2）工作说明书与工作规范所突出的主题不同。例如，岗位人员规范是在岗位分析的基础上，解决"什么样的员工才能胜任本岗位工作"的问题，以便为企业员工的招收、培训、考核、选拔、任用提供依据。而工作说明书则通过岗位系统分析，不但要分析"什么样的员工才能胜任本岗位工作"。还要正确回答"该岗位是一个什么样的岗位，这一岗位做什么，在什么地点和环境条件下做，如何做"。总之，要对岗位进行系统、全面、深入的剖析。因此，从这个意义上说，工作规范是工作说明书的一个重要组成部分。

（3）从具体的结构形式来看，工作说明书一般不受标准化原则的限制，其内容可繁可简，精细程度深浅不一，结构形式呈现多样化。企业在撰写工作说明书时，可从本单位的实际情况出发，不拘一格地设计出具有自己特色的文本来。而工作规范一般是由企业职能部门按企业标准化原则统一制订并发布执行的。

第四节 工作设计

企业可通过对工作的内容、功能和相互关系等进行设计，发挥工作内在的激励作用，调动员工的工作积极性，降低成本，提高生产率。为了发挥工作的内在激励作用，企业可通过以下几种方式来进行工作设计。

一、工作轮换

工作轮换可以避免常规化的工作易使人单调乏味的缺陷。工作轮换有纵向和横向两种类型，纵向轮换指的是升职或降职，而工作设计中通常采取的工作轮换是水平方向上岗位的多样变化，即横向的工作轮换。工作轮换可以先制订培训规划，让员工在一段时间内在一个岗位上工作然后再换到另一岗位工作，以此为手段对员工进行培训。也可以在当前的工作使人产生厌倦和单调感、不再具有挑战性时，让其从事另一项工作。工作轮换拓宽了员工的工作领域，增加了工作体验，提高了满意感。工作轮换的不足之处在于需要增加培训成本，而且因人员的熟练程度不足还会导致短期内生产效率的下降，或者因缺乏经验而导致错误的决策。如果轮换的范围广，容易出现责任分散的风险，即员工轮换到新岗位后，对在原来岗位出现的工作问题逃避责任。员工非自愿地进行工作轮换也会对其积极性有负面影响。

二、工作扩大化

工作扩大化是通过增加员工工作的种类，扩大职务范围，使其同时承担几项工作，或者做周期更长的工作循环，来减少对工作的厌烦，增加对工作的兴趣。随着工作任务的增加和多样性的提高，个体在工作时表现出更多的变化。例如，美国鞋业公司在其下属的一半以上工厂里，创造一种标准工作替换产品线，在这些工作范围内，工人们要承担两道或三道工序，代替传统生产线上仅承担一道工序的任务，其结果是生产效率提高了，质量问题也得到解决。

三、工作丰富化

工作丰富化是让员工对自己的工作施加更大的控制，使其有机会参与工作的计划和设计，得到信息反馈，评价和改进自己的工作，增强责任感和成就感，对工作本身产生兴趣。工作丰富化与工作扩大化是有区别的。工作扩大化是扩大工作的水平范围，增加的工作在类型上是相同或相似的，要求的工作能力和技术也是大致相同的。而工作丰富化是从纵向上扩大工作范围，即扩大工作的垂直负荷，要求员工完成更复杂的任务，有更大的自主性，负更大的责任，因而对其能力和技术也就提出了更高的要求。工作丰富化允许员工以更大的自主权、独立性和责任感去从事一项完整的活动，提高了员工的积极性和满意感。

四、工作时间选择

工作设计是一种极为有效的内在激励，但工作设计的科学性和专业性较强，对管理水平的要求较高。工作时间的选择可采取压缩工作周、弹性工作制、通过互联网在家工作等方式。

（一）压缩工作周

可由5个8小时的工作日组成的工作周压缩为每周4个10小时的工作日，虽然工作日被压缩了一天，但每周总的工作时数不变。它没有给员工增加多少选择工作时间的自由，只是对工作时间的安排提供了一种新的选择。

（二）弹性工作制

弹性工作制是要求员工每周工作一定的时数，但在限定范围内可以自由地变更工作时间的一种时间安排方案。按照弹性工作制，一天的工作时间由共同工作时间（通常5~6小时）和弹性工作时间组成。在共同工作时间里，所有的员工都要求在岗位上，而在弹性时间里，员工可对自己具体的工作时间自行安排。弹性工作制使员工将工作活动调整到状态最佳的时间进行，同时更好地将工作与工作以外的活动安排协调起来，提高了员工的积极性和工作效率，降低了缺勤率。弹性工作制的不足之处在于增加了管理的难度，使管理人员计划和控制工作更为麻烦，花费也更大。

（三）通过互联网在家工作

利用互联网在家工作减少了上下班交通上的时间耗费和心理压力，提高了处理家庭事务的灵活性。员工对自己的时间拥有充分的支配权，可将工作安排在最具效率的时间段内进行，不仅提高了工作满意感和积极性，还有利于创造性的发挥。但是在家工作也带来了新的问题，这种安排方案使员工处于互相隔离的状态，缺少了正常办公所提供的日常社会交往。而对管理者来说，他只接触到员工的工作结果，对工作过程无法控制，管理的难度和风险增加了。但就总体而言，通过互联网在家工作这一具有时代特征的工作方式，在条件许可的情况下，还是受到了人们的普遍欢迎，在欧美等发达国家最常见的在家进行的工作有进出口、书籍和杂志出版、电脑编程、会计、各种设计和广告等。

第五节 岗位胜任特征模型构建

一、胜任特征的概念及内涵

胜任特征，是指确保劳动者能顺利完成任务或达到目标，并能区分绩优者和绩劣者的潜在的深层次的各种特质。胜任是指对某项工作的卓越要求而不是基本要求。胜任特征是潜在的深层次的特征，必须是可以衡量和比较的，可以是单个特征指标，也可以是一组特征指标。

胜任特征的定义有以下几层含义：

首先，胜任特征含有对个体或组织的基本要求。作为个体，应该具备完成工作岗位任务要求的能力，而作为组织，应该具备使组织目标得以顺利实现的能力。

其次，胜任特征能够判别绩效优异与绩效平平，区分出表现较好和较差的个体或组织，即具有可衡量性和可比较性。

最后，胜任特征是潜在的、深层次的，不是指年龄、性别、面容、知识等外显因素。该定义符合对个体和组织胜任特征定义的要求，可用于自然人、法人团体等，并指明胜任特征是对个体或组织的卓越要求。

二、岗位胜任特征的分类

（一）按运用情境的不同分类

胜任特征可分为技术胜任特征、人际胜任特征和概念胜任特征。技术胜任特征包括方法、程序、使用工具和操纵设备的能力等。人际胜任特征包括人类行为和人际过程、同情和社会敏感性、交流能力和合作能力等。概念胜任特征包括分析能力、创造力、解决问题的有效性、发现机遇和潜在问题的能力。

（二）按主体的不同分类

胜任特征可分为个人胜任特征、组织胜任特征和国家胜任特征。其中个人胜任特征是微观层面的，组织胜任特征和国家胜任特征是宏观层面的。个人胜任特征是指单个自然人身上所具有的，能够令个人取得成功的潜在特征。组织胜任特征是指一个团体组织综合显示的，令其在某个行业中取得长期收益，保持行业内外竞争优势的潜在的核心特征。国家胜任特征是指一个国家综合显示的，令其在国际上保持竞争优势的核心特征，如资源、领导、文化、人才等。

（三）按内涵的大小分类

胜任特征可分为六种类型，即元胜任特征、行业通用胜任特征、组织内部胜任特征、标准技术胜任特征、行业技术胜任特征和特殊技术胜任特征。冯明博士在《对工作情景中人的胜任力研究》一文中，对胜任特征做出了如下描述：

1. 元胜任特征

属于低任务具体性、非公司具体性和非行业具体性的胜任特征。它可用于完成大量不同的任务，包含广泛的知识、技能和态度。例如读写能力、学习能力、分析能力、创造力、外语和文化知识、感知和操作环境信号与事件的能力、容纳和掌握不确定性的能力、与他人沟通和合作的能力、谈判能力和适应变化的能力等。

2. 行业通用胜任特征

属于低任务具体性、低公司具体性和高行业具体性的胜任特征。它包括产业结构及其目前发展的知识，分析竞争对手战略运作方面的能力。在行业中的关键人物、网络和联盟方面的知识以及在行业中同其他公司形成合作和联盟的能力等。

3. 组织内部胜任特征

属于低任务具体性、高公司具体性和高行业具体性的胜任特征。这种类型的胜任特征包括组织文化知识（如亚文化、象征符号、历史、规范、伦理标准等），公司内部的沟通渠道和非正式网络，组织中的政治动态性和公司的战略及目标等。

4. 标准技术胜任特征

属于高任务具体性、低公司具体性和低行业具体性的胜任特征。它是一类范围很广的具有操作定向的胜任特征，主要包括打字和速记技能、普通预算和会计原理及方法方面的知识、计算机编程技能、标准计算机软件知识、应用在不同行业中的手艺和职业技能等。

5. 行业技术胜任特征

属于高任务具体性、非公司具体性和高行业具体性的胜任特征。它在行业内可跨公司流动使用，并且仅可用来完成一项或少量有限的工作任务。这种类型的胜任特征可以描述为如下技能：建造自动机械和航空器、拼装计算机硬件、理发和酒吧服务等。

6. 特殊技术胜任特征

属于高任务具体性、高公司具体性和高行业具体性的胜任特征。它仅在一个公司内完成一项或非常少的工作任务，包括与独特技术和日常操作相关的知识和技能，如在移动宽带工作的维护人员拥有使用特殊工具进行光纤入户安装和维护工作的技能等。

三、胜任特征模型的概念及内涵

胜任特征模型是指采用科学的研究方法，以显著区分某类人群中绩效优异与一般员工为基础来寻求鉴别性岗位胜任特征，经过反复比较分析，最终确立起来的与绩效高度相关的胜任特征结构模式。

胜任特征模型的定义有以下几层含义：

（1）它反映了胜任特征的内涵，即胜任特征是区别绩效优异者和绩效平平者的标志，是建立在卓越标准基础之上的结构模式。

（2）胜任特征模型是在区别了员工绩效优异组和一般组的基础上，经过深入的调查研究和统计分析而建立起来的。建立胜任特征模型可采用"T检验、回归分析"等分析方法。

（3）胜任特征模型是一组结构化了的胜任特征指标，可以通过数学表达式或方程式表现出来，方程中的各个因子是那些与绩效高度相关的胜任特征要素的有机集合。

四、岗位胜任特征模型分类

根据用途的不同和建模方法的不同，胜任特征模型有多种不同的分类方法。现将几种常见的分类方法介绍如下：

（一）按结构形式的不同分类

胜任特征模型可以分为指标集合式模型和结构方程式模型。指标集合式模型是指胜任特征模型由一些经过研究和筛选的胜任特征指标组合而成，这些胜任特征可能是概念相对单一的能力指标，也可能是包含多种能力指标的综合因素。指标集合式模型包含两类：一类是带权重的集合方式，即指标之间有重要程度的区分。另一类则是不带权重的集合方式，即假设指标之间在重要程度上没有差异，共同影响岗位的胜任情况或绩效。

结构方程式模型多是通过回归分析等数学统计手段建立起来的关于胜任特征与绩效之间的因果关系的模型。结构方程式模型中的因子也同指标集合式模型中的因子一样，既可以是概念相对单一的能力指标，也可以是包含多种能力指标的综合因素。

（二）按建立思路的不同分类

胜任特征模型可以分为层级式模型、簇型模型、盒型模型和锚型模型。

1. 层级式模型

该模型是先收集数据，找出某个岗位或职业的关键胜任特征，然后对每个胜任特征进行行为描述，根据其相对重要程度进行排序，确定每个胜任特征的排名和重要性。这种模型对于识别某个胜任水平的工作要求或角色要求来说是很有效的，还有助于人与工作更好地匹配。

2. 簇型模型

在确定了某个岗位或职业的胜任特征维度后，对每个大的胜任特征维度用多方面的行为进行描述，比如"创新性"是一个大的胜任特征维度，其行为描述可能包括"寻找新的工作方式""尝试新的程序、流程、技术""总是尽量寻找以更少的资源获得有效的工作成果，完成工作任务""冒险"等。这种模型中不列出各个胜任特征的相对重要程度，比较适合于掌握某项工作或某个职业群体的信息。也就是说，它关注的是一个职业群体的胜任特征，推广性较好。

3. 盒型模型

针对某个胜任特征，左侧注明该胜任特征的内涵，右侧则写出相应的关于出色绩效行为的描述。盒型胜任特征模型主要用于绩效管理。

4. 锚型模型

分别对每个胜任特征维度给出一个基本定义，同时对每个胜任特征的不同水平层次给出相应的行为锚。即明确描述相应的行为标准。这种模型的操作类似建立编码字典，但是与编码字典不同的是，它产生于最后一个环节，实用性强，适用于具体的工作模块，如培训和发展需求评价等。

以上几种胜任特征模型各不相同，有些内容相对笼统，有些则很具体。一般来说，一方面建立的模型越具体，所花的时间和费用就越多，模型的通用性就越弱，并且可能阻碍其他创新方式和途径的出现和发展。另一方面，胜任特征模型中的行为描述越具体，管理者就越能清晰地确定和表述绩效目标，进行精确而有效的绩效管理。采用何种类型的模型，模型中的行为描述的具体程度如何确定，取决于预定模型的用途、建模成本预算、掌握信息量的大小以及组织的其他实际情况等因素。确定某个职业或岗位的胜任特征模型的类型和内容后可用不同的图示来表示。用什么格式来表述则取决于收集数据和信息的方法，组织的需要和要求以及模型构建者的个人偏好等。

五、研究岗位胜任特征的意义和作用

（一）人员规划

对于人员规划，岗位胜任特征的研究意义主要体现在工作分析上。传统的工作分析较为注重工作的组成要素，而基于胜任特征的工作分析则侧重于研究与工作绩效优异员工的突出表现相关联的特征及行为，结合这些特征和行为来定义相应工作岗位的职责内容，它具有更强的工作绩效预测性，能够更有效地为选拔、培训员工以及为员工的职业生涯规划、奖励、薪酬设计提供参考标准。

（二）人员招聘

对于人员招聘，岗位胜任特征尤为重要。

其一，岗位胜任特征的出现，改变了传统的招聘选拔模式，扭转了过于注重人员知识和技能等外显特征的情况，使得人才的核心特质和动机逐步成为招聘选拔的重点。

其二，岗位胜任特征的引用解决了测评小组或面试官择人导向不一，甚至与企业文化相冲突的问题，同时保证了甄选出的人才符合组织和岗位的要求，并能有效地进行高绩效水平的工作。

其三，基于岗位胜任特征模型的人员招聘机制建立在企业发展愿景、企业价值观和工作分析评价的基础之上，注重人员、岗位和组织三者之间的动态匹配，所招聘到的员工是能胜任该岗位工作的人员。员工与企业之间所确立的关系，是兼顾劳动契约和心理契约的双重契约关系的。

（三）培训开发

岗位胜任特征模型的建立为促进企业人才培训开发体系的构建和完善提供了重要依据，它将使企业培训工作更具系统性、科学性和实用性。具体意义如下：

（1）岗位胜任特征改变了以往知识、技能培训一统天下的格局，使得员工潜能、品质和个性特征的培养也跻身于培训行列，各大公司开始注重诸如"员工生存训练""能力拓展训练"这样的特殊培训，说明一些企业领导已经在有意或无意地将胜任特征培训纳入员工培训体系。

（2）基于胜任特征分析，针对岗位要求并结合现有人员的素质状况，为员工量身制定培训计划，可帮助员工弥补自身的"短板"，有的放矢地突出培训重点，省去培训需求分析的烦琐步骤及不合理的培训开支，提高培训效率。取得更好的培训效果，进一步挖掘员工的潜能，为企业创造更多的效益。

（3）胜任特征研究有利于员工职业生涯的发展。

①胜任特征研究使得企业管理者可以比较清晰地了解每个员工的特质，并根据每个员工特质的不同对其进行定位培养。

②胜任特征研究使得员工可以根据自身特质与岗位胜任特征的匹配程度，对自己的职业生涯做出规划。因此，胜任特征研究加深了企业与员工之间的理解促进了企业和员工的双赢。

（四）绩效管理

（1）胜任特征模型的建立为确立绩效考评指标体系提供了必要的前提，从理论上看，绩效是多种要素交互作用的结果，绩效具有多因性、多维性和动态性。从实践上看，监测员工个人或组织的绩效，需要从潜力、过程和结果三个方面进行系统的考核评价，这样才能真实地反映出企业营销经理，乃至他们所领导团队的实际绩效状况和水平。以企业营销经理为例，目前大多数企业所采用的营销绩效考评指标体系，基本上是以业务性、财务性控制指标为主，虽然它在反映企业下属单位综合业绩方面发挥了较为重要的作用，但是它也存在着一些明显的不足。简单地说，它可以通过某种人为的方式（如货款的拆借、费用的转移等）对关键性绩效考评指标（KPI）进行一些必要的调整，以应对总部的年度考核。胜任特征模型的建立可以对企业从起点（潜质与潜力）到过程（业务活动过程的态度、行为和工作表现），乃至最终成果进行全方位的监控，以促进企业营销绩效的全面提高。

（2）胜任特征模型的建立为完善绩效考评管理体系提供了可靠的保障，由于岗位胜任特征模型是对某个岗位绩效优异者及其成功行为事件所做出的系统总结和高度概括，它从更深的层面上挖掘了员工获得事业成功的奥妙，它揭示了员工顺利有效地完成本岗位工作所应当具备的素质和能力要求。可以说，岗位胜任特征模型是增强企业核心竞争力，保持员工绩效不断增长的动力源。为了保持企业员工旺盛的斗志和持续增长的工作业绩，需要员工根据胜任特征模型进行对照和比较，找到自己的长处和不足，并制定出切实可行的中长期职业生涯规划和短期提升自身素质的培训需求计划。同时，企业应当从实际出发，根据岗位胜任特征模型的要求，制定切实可行的人才培训开发规划，为员工职业发展和综合素质的提高搭建一个平台，开辟一条通向美好前景的阳光大道。

总之，无论是对员工个人还是对企业，岗位胜任特征模型都是一面镜子或是一把尺子，可以进行相互检测，不但要在日常的管理工作中完善员工绩效考评指标和标准，还要在总体上注重长期培训开发战略规划的制定，指导各个层级的员工从企业发展的要求出发，结合自身优势和特点制定职业生涯规划，进一步健全和完善企业绩效考评管理体系，从而为员工创造自我增值的机会，促进企业员工与企业的共同发展。

岗位胜任特征研究对人力资源管理各个功能模块的改进具有重大意义，但在现阶段，企业人力资源管理部门很少将岗位胜任特征运用到实际工作中去。为了改变这一局面，我们呼吁学界和企业界将更多的目光投向岗位胜任特征模型的应用。相信在不久的未来，以岗位胜任特征为基础的人力资源管理新模式将会让更多的企业受益。

六、构建岗位胜任特征模型的基本程序

（一）定义绩效标准

绩效标准一般采用工作分析和专家小组讨论的办法来确定，即运用工作分析的各种工具与方法来明确工作岗位的具体要求，提炼出能够鉴别业绩优秀员工与业绩一般员工的标准。专家小组讨论则是由优秀的领导者、人力资源部和人力资源专家组成专家小组，围绕某一研究对象——岗位的任务、责任和绩效标准以及期望优秀领导表现的胜任特征行为和特点进行讨论，经过反复论证，最终得出大家一致认可的结论。如果客观绩效指标不容易获得或经费不允许，一个简单的方法就是上级提名。这种由上级领导直接给出工作绩效标准的方法虽然较为主观，但对于优秀的领导层也是一种简便可行的方法。企业应根据自身规模、目标、资源等条件，选择合适的方法定义绩效标准。

（二）选取效标分析样本

根据工作岗位的要求，在从事某类岗位工作的绩效优秀和绩效一般的员工中，随机抽取一定数量的人员进行调查。

（三）获取效标样本有关胜任特征的数据资料

可以采用行为事件访谈法、专家小组法、问卷调查法、全方位评价法、专家系统数据库和观察法等来获取效标样本有关胜任特征的数据资料，但一般应以行为事件访谈法为主。

行为事件访谈法是一种开放式的行为回顾调查技术，类似于绩效考评中的关键事件法。它要求被访谈者列出他们在管理工作中发生的关键事例，包括成功事件、不成功事件或负面事件各三件，并且让被访谈者详尽地描述整个事件的起因、过程、结果、时间、相关人物、涉及的范围以及影响的层面等。同时，也要求被访谈者描述自己当时的思路、想法或感受。例如，是什么原因使被访谈者产生类似的想法以及当时是如何做的，采取什么样的途径、手段、方式、方法和措施，经过哪些具体努力才最终达成自己的目标等。

在访谈结束时，最好让被访谈者自己总结一下导致事件成功或不成功的原因。

行为事件访谈法一般采用问卷与面谈相结合的方式。访谈者会有一个提问提纲，以此来把握面谈的方向与节奏并且访谈者事先不知道访谈对象是属于优秀组还是属于一般组，避免先入为主。

访谈者在进行访谈时，应尽量让访谈对象用自己的语言详尽描述他们成功或失败的工作经历，他们是如何做的以及感想如何。由于访谈时间较长，一般需要1~3个小时，所以访谈者在征得被访谈者同意后，应采用录音设备把访谈内容记录下来，以便按照统一规范的格式整理出详尽的访谈报告。

（四）建立岗位胜任特征模型

首先进行一系列高层访谈，了解公司的战略方向、组织结构和主要业务流程等。同时，组织专家小组围绕所要研究岗位的工作职责、绩效目标和行为表现等内容进行深入的讨论。

然后，通过对行为事件访谈报告内容进行编码、分析，记录各项胜任特征在报告中出现的频次。接下来对优秀组和普通组的要素指标发生频次和相关程度的统计指标进行比较，找出两组的共性与差异特征。根据不同的主题进行特征归类，并根据频次的集中程度，估计各类特征组的大致权重。

对上述工作进行归纳并得出胜任特征初稿，然后针对优秀员工的行为事件访谈，做出进一步修改、补充和完善。对所收集的数据、信息及意见等进行分类、归纳和整理，参考相关行业的胜任特征数据库并基于建模经验，最后得出胜任特征模型。

建立模型时既要考虑该企业的特点和实际情况，又要遵循胜任特征层级"不重叠、能区分、易理解"的建模原则。随后，应就初稿与管理层进行充分的沟通和讨论，最大限度地提高胜任特征模型的准确性和可行性。除了要寻找胜任特征的能力指标外，还要对各种能力做出等级及其含义的界定。

（五）验证岗位胜任特征模型

验证岗位胜任特征模型可以采用回归法或其他相关的验证方法，采用已有的优秀绩效与一般绩效的有关标准或数据进行检验，关键在于企业选取什么样的绩效标准来进行验证。

七、构建岗位胜任特征模型的主要方法

在开展岗位胜任特征研究，构建某类岗位胜任特征模型时，处理和分析所采集的数据是一项重要而复杂的任务，当前国内外学者曾经采用过多种多样的分析研究方法。属于定性研究的主要有编码字典法、专家评分法、频次选拔法等。而进行定量研究的主要方法有T检验分析、相关分析、聚类分析、因子分析、回归分析等。

（一）编码字典法

编码字典法是指专家根据经验列出胜任特征清单，并对各项胜任特征进行分级和界定的方法。建立编码字典是构建岗位胜任特征模型的重要前提。

（二）专家评分法

专家评分法主要以德尔菲法为主。德尔菲法是指就研究的问题设置好的问卷，然后通过挑选该领域的专家，将设置好的问卷和相关资料传达给选定的专家，各专家就掌握的信息和自己的经验对该问题发表自己的观点，由一个中间人收集专家们的意见并进行汇总整理。中间人将汇总的专家意见以匿名的方式反馈给各专家（专家不知道具体的意见是由哪位专家给出的），专家得到反馈后调整自己的观点再提出新的观点，中间人再次汇总整理，经过多次循环，最终达成一致的意见，作为预测或决策的依据。专家可以是人力资源管理专家、各级管理人员或资深员工，请他们对某个岗位所需要的胜任特征指标进行评估，经过反复讨论，最终达成一致意见，得出该岗位胜任特征的方法。专家会议法与德尔菲法的主要区别在于是否匿名评议。德尔菲法的最大特点是既发挥了权威的作用（专家的意见），又不受权威的影响（专家之间不见面，得到的意见也是匿名的）。

（三）频次选拔法

频次选拔法是基于专家意见并利用频次来统计胜任特征的简单方法。具体步骤如下：

（1）将专家意见汇总为 A,B,C,D,E,F,G,H,I,J,K,L,M,N 共 14 项指标。

（2）依靠专家会议对 50 名员工是否具有各项指标进行标注，比如根据情况，给编号 001 的员工标上了 A,B,D,E,G,H,I,L 这样几项指标，给编号 002 的员工标上了 A,C,D,G,L,M,N 这样几项指标……给编号 050 的员工标上了 A,C,E,H,L,M,N 这样几项指标，统计这 14 项指标出现的频次。

（3）将频次较高的若干项指标选取为胜任特征，具体有两种方法：

①直接按 14 项指标在 50 个人中出现的频次选取胜任特征，每项指标最大频次是 50，最小频次是 1（如果频次低于 1 则该指标将被删去，不可能成为汇总指标之一）。比如 A 指标的频次为 45，B 指标的频次为 44，……频次最小的指标是 K 为 8 次，那么可以根据实际需要，把频次较高的指标挑出来，作为研究的基础指标，再要求专家对这些指标的重要程度进行排序，通过整理和加权平均重要指标，就能得到一组关于这些指标重要程度的最终排序结果，最后选择重要程度高的指标作为胜任特征。

②把优秀组和一般组分开后再汇总频次，得到优秀组和一般组关于 14 项指标出现频次的两组数据，比较两组数据，将优秀组区别于一般组的那些指标挑出来，即可得到胜任特征。

（四）T 检验分析

T 检验分析与频次选拔法相类似，但利用 T 检验可以得到比较满意的结论。通常在胜任特征研究中采取独立样本检验。

（1）将专家意见汇总为 A,B,C,D,E,F,G,H,I,J,K,L,M,N 共 14 项指标。

（2）依靠专家会议对 50 名员工是否具有各项指标进行标注，比如根据情况，给编号 001 的员工标上了 A,B,D,E,G,H,I,L 这样几项指标，给编号 002 的员工标上了

A,C,D,G,L,M,N……给编号 050 的员工标上了 A,C,E,H,L,M,N，统计这 14 项指标出现的频次。

（3）淘汰频次过低的指标（比如出现概率在 20% 以下的指标）。

（4）对优秀组和一般组的各项指标进行打分（比如用 1~9 给指标打分）。例如，针对编号 001 的员工，依据访谈录音或整理的文字材料，结合某次事件或所叙述的事实情况，专家 1 对其协调沟通能力（指标 A）的评分为 8 分，学习能力（指标 B）为 7 分，创新能力（指标 L）为 3 分……专家 2 对编号 001 的员工的协调沟通能力的评分为 6 分，学习能力为 8 分，创新能力为 1 分……对所有专家的打分结果进行整理，并录入计算机。

（5）直接平均专家的评分，或者采取去掉最高分和最低分再取平均的方式，也可以取打分相近的两位专家的平均分数，将评分数据导入 SPSS 统计分析软件中（表 3-2）。

表 3-2　专家打分数据表

编号	协调沟通能力	学习能力	创新能力	—
001	8	7	3	—
002	6	8	1	—
—	—	—	—	—

（6）T 检验分析。利用 SPSS 统计分析软件里的 T 检验功能，可以很轻松地得到 T 检验分析结果。独立样本 T 检验解决了比较两个组在特定指标上的差异问题，适合于胜任特征研究中优秀组与一般组胜任特征指标的比较，简便易行。其先决条件是需要有两组员工胜任特征指标的量化数据。

（五）相关分析

在胜任特征研究中，相关分析可以分为简单相关分析与偏相关分析。简单相关多用于多变量之间相关关系的分析，在研究胜任特征指标的重叠性问题时起到一定的作用。偏相关分析则可用于选定岗位胜任特征。具体做法是：在选定胜任特征指标时，先做简单相关分析，得出简单相关系数，对简单相关系数大的，即相关程度高的那些指标做分析。将可以合并的指标合并起来，取两项指标的平均分为打分数据；然后用偏相关分析来分析各项指标与绩效之间的相关关系，得出偏相关系数，取偏相关系数高的指标作为胜任特征。

利用相关分析方法进行胜任特征研究的缺陷在于无法区分哪些指标更能体现出优秀人员与一般人员的差异。要改善这种情况，需要进行分组研究，即分别研究优秀组和一般组的人员。得出各自结论并进行对比，就可以发现优秀人员与一般人员在胜任特征指标上的区别，进而确定岗位胜任特征。

（六）聚类分析

聚类分析的原理很简单，在数学上就是将各个点放在坐标体系内，根据各个点彼此距离的远近，将这些点划分为类。聚类分析通过把一些分散的胜任特征指标聚为几类。根据每一类的特征给予它们更综合的定义，并将这些新定义的指标称为胜任特征，其实质是对具有相近含义的特征指标进行归并，通过科学分析和综合，弱化一些指标，将专家组认为更重要的特征体现在经过分析概括后的新定义中。

（七）因子分析

因子分析的原理与聚类分析相类似，其目的是用较少的相互独立的因子变量来体现原有变量的大部分信息，以便进行回归分析或其他数量分析。与聚类分析不同的是因子分析更注重量化，且统计结果更加清晰，它能够明确因子对以往变量的解释度。还能通过计算因子得分更加科学地解释原始数据。因子分析与聚类分析都应放在相关分析或T检验分析之后，因为只有明确了优秀组区别于一般组的那些胜任特征指标，才算真正找到了该岗位的胜任特征，而因子分析与聚类分析则是对该岗位胜任特征指标进行归类的一个过程。

（八）回归分析

利用变量间的关系建立多元线性方程的方法。在岗位胜任特征的研究中，回归分析只能在其他分析的基础上进行，一般情况下回归分析要放在因子分析之后，原因是如果不进行因子分析，就很难找到科学的量化数据。回归分析的自变量一般选择因子分析后的各因子得分，因变量则选择绩效（业绩水平或评分等）。建立线性回归方程以后，各自变量的回归系数可作为因子权重用于判断重要性程度。

本章小结

1. 工作分析的思想渊源，工作的相关要素，工作分析的含义及内容。
2. 工作分析的原则，工作分析的作用及工作分析信息的主要来源。
3. 工作分析的方法主要有工作实践法、工作日志法、观察法、访谈法、关键事件法和问卷调查法。
4. 工作分析的流程，起草和修改工作说明书的具体步骤，工作分析的结果。
5. 工作设计的方式有工作轮换、工作扩大化、工作丰富化、工作时间选择等。
6. 岗位胜任特征模型的构建。

本章习题

一、名词解释

1. 工作分析
2. 职责
3. 职业
4. 职务
5. 职权

二、简答题

1. 简述工作分析的原则。

2. 简述工作分析的作用。
3. 简述观察法及其优点和缺点。
4. 简述访谈法及其优点和缺点。
5. 简述问卷调查法及其优点和缺点。
6. 简述关键事件法及其优点和缺点。
7. 简述工作分析的流程。
8. 简述工作说明书的主要项目。
9. 简述工作设计的方式。
10. 简述岗位胜任特征模型的构建方式。

三、案例分析题

工作分析与岗位说明书

"玛丽，我真不知道你到底需要怎样的机械操作工？"高尔夫机械制造有限公司人力资源部经理约翰·安德森说道："我已经为你送去了四个人给你面试，并且这四个人看上去都大致符合所需岗位说明书的要求，可是，你却将他们全部拒之门外。"

"符合岗位说明书的要求？"玛丽颇为惊讶地回答道，"可我所要找的却是那种一录用就能够直接上手做事的人。而你送给我的人，都不能够胜任实际操作工作，并不是我所要找的人。再者，我根本就没瞧见你所说的什么岗位说明书。"

闻听此言，约翰二话没说，为玛丽拿来岗位说明书的复印件。当他们将岗位说明书与现实所需岗位逐条加以对照时才发现问题所在：原来这些岗位说明书已经严重地脱离实际，也就是说，岗位说明书没有将实际工作中的变动写进去。例如，岗位说明书要求从业人员具备旧式钻探机的工作经验，而实际工作却已经采用了数控机床的最新技术。因此，工人们为了更有效率地使用新机器，必须得具备更多的数学知识。

在听完玛丽描述机械操作工作所需的技能以及从业人员需要履行的职责后，约翰喜形于色地说道："我想我们现在能够写出一份准确描述该项工作的岗位说明书，并且使用这份岗位说明书作为指导，一定能够找到你所需要的合适人选。我坚信，只要我们的工作更加紧密地配合，上述那种不愉快的事情决不会再发生了。"

思考题：
1. 案例中反映了什么问题？
2. 约翰能找到玛丽所需要的合适人选吗？
3. 如果你是约翰，你会怎么做？

第四章 组织设计

【导入案例】

金果子公司是美国南部一家种植和销售黄橙和桃子两大类水果的家庭式农场企业，由约翰逊50年前开办，拥有一片肥沃的土地和明媚的阳光，特别适合种植这些水果。公司长期以来积累了丰富的水果存储、运输和营销经验，能有效地向海内外市场提供保鲜、质好的水果。经过半个世纪以来的发展，公司已初具规模。约翰逊十年前感到自己已体衰，将公司的管理大权交给儿子杰克。孙子卡尔前两年从农学院毕业后，回到农场担任了父亲的助手。

金果子公司大体上开展如下三个方面的活动：

一是有相当一批工人和管理人员在田间劳动，负责种植和收获橙子和桃。

二是从事发展研究，他们主要是高薪聘来的农业科学家，负责开发新的品种并设法提高产量。

三是市场营销活动，由一批经验丰富的销售人员组成，他们负责走访各地的水果批发商和零售商。公司的销售队伍实力强大，而且他们也像公司其他部门的员工一样，非常卖力地工作着。

不过，金果子公司目前规模已经发展得相当大了。杰克和儿子卡尔都感到有必要为公司建立起一种比较正规的组织结构。准备请管理咨询人员来帮助他们公司设计组织结构。

第一节 组织设计的原则和内容

一、组织设计的基本原则

组织设计是以组织结构安排为核心的组织系统的整体设计工作。当我们谈论决定决策应在哪一层次做出，或者员工要遵循哪些规则之时，我们所指的就是组织设计。组织设计的原则尽管体现为流动性，但历经数十年设计理论与实务的演化，还是存在着较为一般性的基本原则。这些基本原则，为企业设计既有效率又有效果的组织提供了强有力的指导作用。当然，任何原则性的条文，在发挥正向作用的同时，也不可避免地产生着负向作用。所以，我们在具体运用这些原则指导组织设计时，既要注意坚持，又要注意超越。

（一）目标明确化原则

任何一个组织的存在，都是由它特定的目标决定的。设计组织的目的，就是要保证实现组织目标，完成组织的任务。所以，在建立管理组织机构时，一定要明确目标是什么，各个分支机构的分目标是什么以及每个人的工作是什么，这就是目标明确化原则。明确的目标，是衡量组织工作是否有效的首要标准，目标不明确，成果好坏就无法确定。离开了组织目标，则其工作效果必然是无功或虚功或负功。目标明确的组织机构，才能指引管理部门的视线，使每个组织成员的视线指向组织的目标，指向成果。

当前，最值得人们注意的一种倾向是，在建立组织机构时，不是围绕着组织目标和工作任务因事择人，而是因人设事。应该明确一点，管理组织的设计，应围绕组织目标，要以事为中心，因事设机构、职务，配备人员，做到人与事的高度配合，而不能以人为中心，因人设职，因职找事。

（二）分工协作原则

在实现总目标过程中，必然要划分许多活动和职能，为使管理工作有成效并取得协调，就必须进行专业分工和协作。分工是按照提高管理专业化程度和工作效率的要求，把组织的目标、任务分成各级、各部门、各个人的任务、目标，明确干什么，怎么干。有分工还必须有协作，明确部门间和部门内的协调关系与配合方法。分工要注意以下问题：一是尽可能按照专业化的要求设置组织机构；二是工作上要有严细分工；三是要注意到分工带来的效益。

协作要注意以下两个问题：一是自动协作是至关重要的；二是对协调中的各项关系，应逐步走上规范化、程序化，应有具体可行的协调配合方法以及违反规范后的惩罚措施。

（三）统一指挥与分权管理相结合原则

有效的组织必须有统一的指挥。组织中的每个职务都要有人负责，每个人都应该知道他向谁负责，有哪些人要对他负责。它要求各级管理组织机构必须服从它的上级管理机构的命令和指挥，而且非常强调只能服从一个上级的命令和指挥，并对他负责，在指挥和命令上严格地实行"一元化"。上下级之间的上传下达，都要按层次进行，不得越级，这就形成一个"指挥链"。如果从两个或两个以上的上级接受命令，就会造成多头领导和多头指挥，从而也可能造成管理组织的混乱。

但是，实行统一指挥原则，并不是要把一切权力都集中在组织最高一级管理层，而应是既有集权，又有分权，该集中的权力必须集中起来，该下放的权力就应当充分地下放给下级，这样才可以加强部门的灵活性和适应性，才能充分调动各级管理者的积极性。如果事无巨细，把所有的权力都集中于最高一级领导层，不仅会使最高领导湮没于烦琐的事务中，顾此失彼，无法调动下级的积极性，而且还会助长官僚主义、命令主义和文牍主义作风，甚至使领导成为庸庸碌碌的事务主义者。

（四）权责对等原则

组织中每个部门和职务都必须完成规定的工作。而为了从事一定的活动，都需要利用一定的人、财、物等资源。因此，为了保证"事事有人做""事事都能正确地做好"，不仅要明确各个部门的任务和责任，而且在组织设计中，还要规定相应的取得和利用人力、物力、财力以及信息等工作条件的权力。没有明确的权力，或权力的应用范围小于工作的要求，则可能使责任无法履行，任务无法完成。当然，对等的权责也意味着赋予某个部门或岗位的权力不能超过其应负的职责。权力大于工作的要求，虽能保证任务的完成，但会导致不负责任地滥用，甚至会危及整个组织系统的运行。

（五）管理幅度原则

所谓管理幅度，就是研究一个管理者能够领导多少下属人员。每一个管理者的时间、精力和能力是有限的，一个上级管理者能够直接有效地指挥的下属数量有一定限度。当管理者的下属人员数以数学级数增加时，管理者和下属人员间相互影响的总数量将以几何级数增加。

（六）管理层次原则

组织的层次取决于组织机构的总任务的工作量及管理幅度。总任务工作量大，组织中总人数多，组织的层次必然增加。但在完成同样数量的工作时，管理幅度越狭窄，则所需管理层次也越多。从管理的质量和效率来看，在最高管理层和最基层工作人员之间，如果组织层次过多，从上报与下达相互沟通的观点看是不利的。

管理层次的增加虽有弊病，但是，从系统论的观点看，组织有方的大系统比小系统有更高的功效。从社会发展的现实来看，整个社会趋向于组织严密的大系统，适当增加组织层次，加大管理幅度，是必然趋势。因此，在组织管理中，应进一步研究授权、组织体制和组织机构类型等问题。一般来说，应该在通盘考虑决定管理幅度因素后，在实际运用中再根据具体情况确定管理层次。

此外，高效和相对稳定原则、才职相称原则，也是进行组织设计所必须遵循的原则。

二、组织设计的内容

组织设计一般包括以下内容：

（1）把为实现管理目标所必须进行的各项业务活动，根据其内在的联系及工作量进行分类组合，设计出各种基本职务和组织机构。

（2）规定各种职务、各个组织机构的责、权、利及其与上下左右的关系，并用组织系统图和责任制度、职责条例、工作守则等形式加以说明。

（3）选拔和调配合适的人员担任相应的职务，并授予执行职务所必需的权力，使每个人都能充分发挥作用。

（4）通过职权关系和信息系统，把各个组织机构联成一个严密而又有活力的整体。

（5）对组织系统内的职工进行教育培训和智力开发，使他们的知识不断更新，更有效地完成自己所承担的工作。

三、组织设计应考虑的因素

一个好的组织设计应当是：清晰的职责层次顺序，流畅的意见沟通渠道，准确的信息反馈系统，有效的协调合作体系，相对封闭的组织结构。同时，随着社会的前进和经济的发展，执行管理功能的组织，不能一成不变，不能刻板僵化，整齐划一，应当随着外部环境的改变，对组织进行相应的变革。组织设计应当充分考虑以下因素：

（一）目标明确

一个好的组织必须目标明确。首先应该明确大系统的总目标，这个目标是衡量一个系统的工作是做正功，还是做负功、无功、虚功的标准。组织的设计和建立必须能指引管理部门，将每个组织成员的视线指向组织的总目标，指向成果。如果组织目标不明确，导致管理部门和组织成员的视线偏离总目标，则不仅难以做到整体大于部分之和，而且成果的总和是有利还是有弊，也是一个不确定因素。

（二）任务明确

组织系统的目的、目标和任务三者是一致的，但三者概念的层次不同。在管理过程中，是在目的指引下制订具体的目标，由目标落实到任务。因此，不仅目标要明确，而且任务要明确、落实。组织的设计和建立应能使其每一个成员，尤其是管理人员的工作专门化，做任何一项工作，必须具体且特定。

共同的任务是各管理单位和个人任务的基础。组织中的每一个成员，都必须了解个人的任务应该如何配合整个组织的任务，也必须知道整个组织的任务对个人的意义。只有这样，组织中每一个成员的努力才能符合整个组织的共同利益。

（三）完成任务的方法明确

任务明确后还必须明确如何完成任务，这也是目的性系统的特点，不仅总的任务要明确，而且各层次的分任务也应明确。就是完成任务的每一个步骤，甚至每一行动的要求都应是明确的。组织中的每一个管理单位及组织中的每一个成员，都必须清楚其所处的地位和归属，了解从何处取得所需的指令和资料，知道如何去完成工作任务。

（四）管理效率高

所谓管理效率高，是指管理机构应花最少的人力，尤其是最少的高绩效的人才（高级管理人才），以完成组织所需要的管理、监督及引导有关人员的执行等任务，保持机构的正常运转，达成组织的目标。也就是说，是以最少的人力来从事管理、组织、内部控制、内部联系和用于处理人事问题。因此，组织结构必须能促成人的自我管理和自我激励。

（五）决策合理

目的性系统要有效地向目标逼近，每一步都需要决策。一个组织机构必须经得起决策程序的考验，考验其是否有助于做出正确决策，能否使决策转化为行动和结果。

（六）沟通渠道畅通

在管理中，这种沟通是以信息沟通为前导去指引人力、物力、财力的沟通。一个组织的优劣，在很大程度上取决于沟通，特别是信息沟通的能力。组织的设计和建立，应保证有畅通的信息沟通渠道，促进信息的传递速度、准确性以及信息接收率的提高。

（七）稳定性与适应性

组织必须有相当程度的稳定性，能够以昨天的成就为基础，从事本身的建设，规划未来，保持本身的稳定性和连续性。但是，稳定并不是说要一成不变，相反，组织结构必须随着环境变化，具有高度的适应性。一个完全刚性的结构，往往难以达到真正的稳定。组织结构只有能够随时调整自己以适应新的形势、新的要求和新的条件，才能得以稳定。

（八）具有自我更新能力

一个有生命力的组织机构，还必须能够根据组织目标的变化对组织机构提出的新要求而不断调整自身的组织机构，完善内部管理，通过提高组织成员的经验和能力完善组织机能，而使组织具有执行新工作的能力。

在管理组织工作的实践中，一旦预感、察觉到以下征兆，就必须着手对组织进行调整和更新：

一是信息不灵，情况不清，假象屡现。

二是职责不明，摩擦不断，内耗丛生。

三是力量分散，行动迟缓，不能统一。

四是职能部门效率低，彼此之间不协调。

五是层次太多或控制跨度过大等。

四、组织设计的程序

组织设计一般要经过以下程序和步骤：

第一步：确定组织总体目标和方向。

第二步：确定各部门的（派生的）目标、任务和工作计划。

第三步：确定各部门为实现目标、完成任务所必需的业务活动。

第四步：按照所具备的人力、物力等条件组织活动，并根据具体情况用最好的方式使用这些人力和物力，取得最大的使用效果。

第五步：明确各部门负责人必要的职权，使所授权力能保证开展这些业务活动的需要。

第六步：通过职权关系和信息系统，将各横向及纵向部门的工作联系起来，保证组织有效运转。

第二节 组织结构设计的类型

建立管理的组织结构，需要有一定的形式。这个组织形式主要是解决各个部门、各个环节，领导和从属的关系，即有比较稳定的组织形式把各个部门、各个环节领导和从属的关系固定下来，使上下级更好地沟通，更好地进行管理活动，避免管理上的混乱现象，这也是建立一个有权威的管理系统必不可少的条件之一。

管理机构的组织形式，随着生产、技术和经济的发展而不断演变，但应与管理组织的目标、状态、条件、规模相适应。规模不同，组织形式也不一样。从企业组织机构的发展来看，有以下几种基本的组织形式。

一、一般组织结构的设计

（一）直线制组织形式

对于生产规模小，生产非常简单的工业企业，通常采用直线制组织形式，即厂长下设若干车间主任，每一车间主任下又设若干班组长。这种组织形式，一切指挥和管理职能基本上都由行政负责人自己执行，只有少数职能人员协助，但不设专门的职能机构。这种机构形式比较简单，指挥管理统一，责任和权限比较明确，但它要求行政负责人通晓多种专业管理知识，能亲自处理许多业务。因此，这种形式只适用于比较简单的管理系统。

（二）职能制组织形式

职能制结构不适用于高层次管理，也不适用于知识性生产的领域。因为在这些领域中是创造性的非重复劳动，要求组织成员有整体观念，随机应变能力和决策能力，要求组织有充分的柔性和弹性。此外，在这些领域中，工作交叉多，分工不易明确，工作成果也不易鉴别。

（三）直线职能制组织形式

这是在吸收了上述两种组织结构的优点和克服了它们的缺点的基础上形成的一种组织结构。在直线职能制结构中，各级行政负责人有相应的职能机构作为助手，以充分发挥其专业管理的作用；而每个管理机构内又保持了集中统一的生产指挥和管理。因此，这是一种较好的组织结构形式。

（四）矩阵组织形式

矩阵组织也叫规划目标结构组织。这里的"矩阵"，是从数学移植过来的概念。这种组织形式，把按照职能划分的部门和按照产品或项目划分的专题小组结合起来，形成一个矩阵，见下图。专题小组是为完成一定的管理目标或某种临时性的任务而设的。每个专题小组的负责人，都在厂长的直接领导下工作，小组成员既受专题小组领导，又与原职能部门保持组织与业务联系，受原职能部门领导。

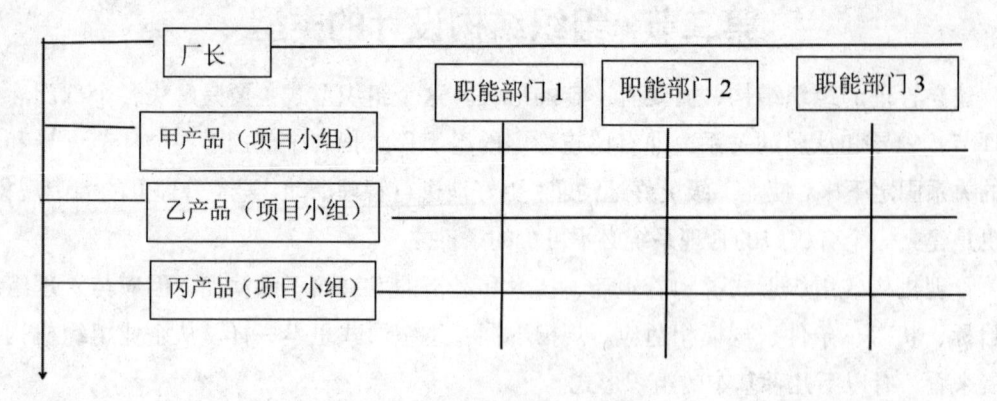

```
┌─ 厂长
│
├─ 甲产品（项目小组）─────┼──────┼──────┼──
│                        职能部门1 职能部门2 职能部门3
├─ 乙产品（项目小组）─────┼──────┼──────┼──
│
└─ 丙产品（项目小组）─────┼──────┼──────┼──
```

矩阵式组织结构形式示意图

这种组织结构有以下优点：

（1）纵横交错，打破了传统管理中管理人员只受一个部门领导的原则，加强了各部门的联系，有利于互通情况，集思广益，协作配合，可以提高组织信息传递和协调控制的效率。

（2）可以把不同部门、不同专业的人员组织在一起，发挥专业人员的长处，提高技术水平和管理水平。

（3）能够充分利用各种资源、专业知识和经验，有利于新技术的开发和新产品的研制。

（4）既能适应管理目标和组成人员的临时性，又能保持原有组织的稳定性。

采取矩阵组织形式，可促进综合管理和职能管理的结合。我国在总结国内外企业管理经验的基础上，提出了全面计划管理、全面质量管理、全面经济核算和全面人事管理四项最基本的综合管理。这些管理制度包含着矩阵组织的思想。

（五）分权事业部制组织形式

随着社会经济的迅速发展，一部分大中型公司、企业，因为规模比较庞大，实行多种经营，跨国经营，产品、技术种类繁多，加上市场因素多变，为了适应这种需要，于是就采用了分权事业部制。

分权事业部制，是指在大公司之下按产品类别、地区或经营部门，分别成立若干自主营运的事业部，每个事业部均自行负责本身的效益及对总公司的贡献。事业部必须具备相对独立的市场、相对独立的利益和相对独立的自主权三个基本因素。这一组织制度实际上是在集中指导下进行分权管理，它是在职能制和直线职能制结构的基础上为克服两者的缺点而发展起来的组织形式，是现代社会化大生产发展的必然趋势。

分权事业部制组织形式的基本原则是"政策制订与行政管理分开"，即"集中决策，分散经营"。也就是说，使公司最高一级领导层摆脱日常行政事务，集中力量来研究和制订公司的各项政策。例如，财权、重要领导人的任免、长期计划和其他主要政策由总公司掌握，而公司所属的各个事业部，则在总公司政策的控制下发挥自己的主动性和责任心。

二、新型组织结构的设计

（一）团队结构

所谓工作团队，就是指一种为了实现某一目标而由相互协作的个体组成的正式群体。当管理人员动用团队作为协调组织活动的主要方式时，其组织结构即为团队结构。这种结构形式的主要特点是打破部门界限，可以快速地组合、重组、解散，促进员工之间的合作，提高决策速度和工作绩效，使管理层有时间进行战略性的思考。

在小型公司中，可以把团队结构作为整个组织形式。例如，有一家30人的市场营销公司，完全按团队来组织工作，团队对日常的大多数操作性问题和顾客服务问题负全部责任。

在大型组织中，团队结构一般作为典型的职能结构的补充，这样组织既能得到职能结构标准化的好处，提高运行效率，又能因团队的存在而增强组织灵活性。例如，为提高基层员工的生产率，像摩托罗拉公司、惠普公司、施乐公司这样的大型组织都广泛采用自我管理的团队结构。

（二）虚拟结构组织

它是一种只有很小规模的核心组织，以合同为基础，依靠其他商业职能组织进行制造、分销、营销或其他关键业务的经营活动的结构。这样做的目的是什么？他们追求的是最大的灵活性。这些虚拟组织创造了各种关系网络，管理者如果认为别的公司在生产、配送、营销、服务等方面比自己更好，或成本更低，就可以把自己的有关业务外包给他们。

虚拟组织与官僚组织截然不同，官僚组织垂直管理层次较多，控制是通过所有权来实现的，研究开发工作主要在实验室中进行，生产环节在公司的下属工厂中完成，销售工作由公司自己的员工去做。为保证这些工作顺利进行，管理层不得不雇用大量的额外人员，包括会计人员、人力资源专家、律师等。相反，虚拟组织从组织外部寻找各种资源，来执行上述职能，而把精力集中在自己最擅长的业务上。对于大多数美国公司来说，这就意味着公司主要把精力集中在设计和营销上。例如，爱默生无线电公司现在集中力量开发设计新型的电视机、录像机、音响及其他消费类电子产品，把生产任务外包给了亚洲的供应商。

虚拟组织并不是对所有企业都适用的组织。它比较适合于玩具和服装制造企业，它们需要相当大的灵活性以对时尚的变化做出迅速反应。从不利的方面来看，虚拟组织的管理当局对其制造活动缺乏传统组织所具有的那种严密的控制力，供应品的质量也难以预料。另外，虚拟组织所取得的设计上的创新容易被窃取，因为创新产品一旦交由其他组织的管理当局去组织生产，要对创新加以严密防卫是非常困难的。

随着计算机网络技术的飞速发展，一个组织现在可以和其他组织直接进行相互联系和交流，使虚拟组织日益成为一种可行的新型设计方案。

（三）无边界组织

通用电气公司前首席执行官杰克·韦尔奇创造了"无边界组织"这个词，用来描述他理想中的通用公司的形象。韦尔奇想把他的公司变成一个年销售额达600亿美元的家庭式杂货店。也就是说，尽管公司体积庞大，韦尔奇还是想减少公司内部的垂直界限和水平界限，消除公司与客户及供应商之间的外部障碍。无边界组织寻求的是减少指挥链，对控制跨度不加以限制，取消各种职能部门，代之以授权的团队。

（四）学习型组织

1990年，麻省理工学院斯隆管理学院著名管理学家彼得·圣吉的代表作《第五项修炼——学习型组织的艺术与实务》在美国出版，书中提出了"学习型组织"理论。彼得·圣吉在研究中发现，1970年名列美国《财富》杂志"500强"排行榜的大公司，到了20世纪80年代已有1/3的公司销声匿迹，这些不寻常的现象引起了彼得·圣吉的思考。通过深入研究，他发现是组织智障妨碍了组织的学习和成长，并最终导致组织的衰败。

组织智障，是指组织或团体在学习及思维方面存在的障碍。这种障碍最明显的表现是：组织缺乏一种系统思考的能力。这种障碍对组织来说是致命的，许许多多的企业因此走向衰落。因此，彼得·圣吉认为，要使企业茁壮成长，必须建立学习型组织，即将企业变成一种学习型组织，以此来克服组织智障。

学习型组织理论认为，在新的经济背景下，企业要持续发展，必须提高企业的整体能力，提高整体素质。也就是说，企业的发展不能只靠像福特、沃森那样伟大的领导者一夫当关、运筹帷幄、指挥全局，未来真正出色的企业将是能够设法使各阶层人员全心投入并有能力不断学习的组织——学习型组织。

所谓学习型组织，是指通过培养弥漫于整个组织的学习气氛，充分发挥员工的创造性思维能力而建立起来的一种有机的、高度柔性的、扁平的、符合人性的、能持续发展的组织。通过培育学习型组织的工作氛围和企业文化，引领人们具有不断学习、不断进步、不断调整的新观念，从而使组织更具有长盛不衰的生命力。

尽管学习型组织的前景十分诱人，但建立学习型组织并非易事，圣吉指出，必须进行以下五项修炼：

（1）自我超越。它是学习型组织的精神基础。

（2）改善心智模式。心智模式是根深蒂固于心中的，它影响我们如何了解这个世界以及如何采取行动的许多假设、成见，甚至图像、印象等。

（3）建立共同愿景。共同愿景，是指一个组织中各个成员发自内心的共同目标，在一个团体内整合共同愿景，涉及发掘共有"未来景色"的技术，它帮助组织培养其成员主动而真诚地奉献和投入。

（4）团队学习。团体的智慧总是高于个人的智慧。当团体真正在学习的时候，不仅团体能产生出色的效果，其个别成员的成长速度也比其他学习方式要快。

（5）系统思考。企业和人类的其他活动一样，也是一种系统，也都受到细微且息息相关的行为的牵连，彼此影响着。因此，必须进行系统思考修炼。系统思考的修炼是建立学习型组织最重要的修炼。

学习型组织的理念，不仅有助于企业的改革与发展，而且对其他组织的创新与发展也有启示。人们可以运用学习型组织的基本理念，去开发各自的组织，创造未来的潜能，反省当前存在于整个社会的种种学习障碍，思考如何使整个社会早日向学习型社会迈进，这才是学习型组织所产生的更深远的影响。

本章小结

组织设计是以组织结构安排为核心的组织系统的整体设计工作。当我们谈论决定决策应在哪一层次做出，或者员工要遵循哪些规则之时，我们所指的就是组织设计。组织设计的原则尽管体现为流动性，但历经数十年设计理论与实务的演化，还是存在着较为一般性的基本原则。这些基本原则为企业设计既有效率又有效果的组织提供了强有力的指导作用。

建立管理的组织结构需要有一定的形式。这个组织形式主要是解决各个部门、各个环节，领导和从属的关系，即有比较稳定的组织形式把各个部门、各个环节领导和从属的关系固定下来，使上下级更好地沟通，更好地进行管理活动，避免管理上的混乱现象，这也是建立一个有权威的管理系统必不可少的条件之一。常见组织结构有直线制、直线职能制、矩阵式组织结构等。

新型组织结构包括团队结构、虚拟组织、无边界组织、学习型组织。

本章习题

一、名词解释

1. 直线制组织结构

2. 矩阵式组织结构

3. 无边界组织

4. 学习型组织

二、简答题

1. 组织设计的原则是什么？

2. 组织设计的内容是什么？

3. 矩阵式组织结构的优点是什么？

三、案例分析

王氏年糕厂的抉择

王小旺本是北京平谷的一位普通农民，不过人们早就知道他家有祖传绝招——烹制一种美味绝伦的年糕——王氏年糕。早在清朝道光年间，王小旺祖上所创的这种美食就远近闻名，王家代代在村口经营一家专卖此种年糕的小饭馆。他的父亲直到解放初期还经营着这祖传的小饭馆，那时才十来岁的王小旺已时常在店前店后帮忙干活儿了。后来合作化，又公社化，他爸去世了，饭馆不开了，他成了一名普通的公社社员，大家似乎已不知道他居然还保留了那种绝技。

20世纪80年代，改革之风吹来，王小旺丢了锄把，又办起了"王家饭馆"，而他做的年糕绝不亚于他的祖上。由于生意兴隆，他很快发财了。开始是到邻村去开分店，后来把分店开到了县城。1987年，不知是他自己想出的还是别人给他提出的主意，他就在本村办起了"利平年糕厂"，开始生产"老饕"牌袋装和罐装系列年糕食品。由于其风味独特和质量优良，牌子很快打响。在北京市里也呈供不应求之势。王小旺厂长如今已管理着这家有100多名职工的年糕厂和多家经营王氏年糕的王家饭馆、小食品店。

王小旺厂长在经营上有自己的想法。他固执地要求保持产品的独特风味与优秀质量，如果小食品店服务达不到规定标准，职工的技能培训未达应有水平，宁可不设新点。王小旺强调质量是生命，宁可放慢速度，也决不冒险危及产品质量，不能砸了牌子。

目前，王小旺年糕厂的主要部门是质量检验科、生产科、销售科和设备维修科，还有一个财会科以及一个小小的开发科。其实这厂的产品很少有什么改变，品种也不多。王小旺坚持几种传统产品，服务的对象也是老主顾们，彼此都很熟悉。厂里质检科要检测进厂的所有原料，保证必须是最优质的。每批产品都一定抽检，要化验构成成分、甜度、酸碱度。当然最重要的是监控产品的味道，厂里高薪聘有几位品尝师，他们唯一职责是品尝本厂生产的美食。他们经验丰富，可以尝出与要求的标准微小偏差。所以王家美食始终努力保持着它固有的形象。

不久前，王小旺的表哥周大龙回村探亲。他80年代初便只身南去深圳闯天下，大家知道他聪明能干，有文化，敢冒险。最开始只靠两头奶牛起家，如今已是千万元户了。周大龙来访表弟王小旺，对年糕厂的发展称赞一番，还表示想投资入伙。但他指出王小旺观点太迂腐保守，不敢开拓，认为牌子已创出，不必僵守原有标准，应当大力扩充品种与产量，大力发展北京市场甚至向北京以外扩展。他还指出，目前厂里这种职能型结构太僵化，只适合于常规化生产，为定型的稳定的顾客服务，适应不了市场变化与发展。各职能部门眼光只限在本领域内，看不到整体和长远，彼此沟通和协调不易。他建议王小旺彻底改组本厂结构，按不同产品系列来划分部门，才可以适应大发展的新形势，千万别坐失良机。但王小旺对表哥的建议听不进去，表示在基本原则上决不动摇。两人话不投机。最后周大龙说王小旺是"土包子""死脑筋""眼看着大财不会赚"。王小旺反唇相讥："有大财你去赚得了，我并不想发大财，损害质量和名声的事坚决不做。你走你的阳关道，我过我的独木桥！"两人不欢而散。

思考题：

1. 本案例反映了组织设计中的哪些问题？
2. 企业一定要做大吗？请结合战略与组织设计的关系谈谈你的看法。

第五章 人力资源招聘

【案例导入】

柯达的内部人才培训提拔法

人才由生产一线造就，并非凭空而来，选拔与培训一样重要。柯达公司的做法是：以严格的选择评定标准找到所需要的人才，再以相关的培训和发展课程对其进行培养，以便更好地利用现有人力资源的潜力。换言之，柯达公司在生产第一线造就了一批人才。

柯达公司要求候选人要具备当机立断、协助解决问题、有创意及领导才能，能够听取他人的意见，文字和语言均能有效沟通，了解公司的各项组织功能，并能圆满完成任务。

为了寻找到合适的人选，柯达公司设置了评估中心对候选人进行评估。

评估作业一般在当地旅馆进行，每次有12位候选人参加。候选人于周日晚到达，次日早晨进行评估作业。周一下午都将离去，6名评审则多待一天以讨论评估的结果，并决定合适人选。柯达公司的评估作业包括现场实况操作及角色扮演等作业，个性剖析也包括在内。虽然这类评估作业成本很高，但公司认为物有所值。

对每个人的优缺点做诚实的评估后，那些被认定具有领袖才能的候选人就可参加所谓的"团队管理技巧发展课程"。课程分为两阶段：第一阶段，课堂教育主要传授些实务培训与经验，历时7个星期。为保证理论与实务的融合，受训者通常是一星期上课，随后的一星期又回到工作岗位，如此交替进行。第二个阶段，历时6个月，受训者将有机会表现他们的领导才能。而且他们必须认定一个目标并尽力完成。培训即将结束时，由经理人员所组成的小组进行最后的评估，以决定受训者是否符合公司要求。

为培养团队合作精神，公司还要求候选人参加为期一周的领导才能发展课程，在前往集训地前，他们将被问到所担忧的事情是什么，每个人所担心的都不一样。但通过团队合作后都一一克服了。当他们重返工作岗位时，每个人都非常自信，自认天下再无难事。

第一节 人力资源招聘概述

一、人力资源招聘基本范畴

（一）人力资源招聘的含义

人力资源招聘是建立在两项工作基础之上的：一是组织的人力资源规划，二是工作分析。人力资源规划确定了组织招聘职位的类型和数量，而工作分析使管理者了解什么样的人应该被招聘进来填补这些空缺。这两项工作使招聘能够建立在比较科学的基础之上。

人力资源招聘，简称招聘，是"招募"与"聘用"的总称，是指在总体发展战略规划的指导下，根据人力资源规划和工作分析的数量与质量要求，制订相应的职位空缺计划，并通过信息发布和科学甄选，获得所需合格人员填补职位空缺的过程。招募与聘用之间夹着甄选。

（二）人力资源招聘的意义

人力资源招聘在人力资源管理中占据十分重要的位置，它的意义具体表现在以下几个方面。

1. 招聘是组织补充人力资源的基本途径

组织的人力资源状况处于变化之中。组织内人力资源向社会的流动、组织内部的人事变动（如升迁、降职、退休、解雇、死亡、离职等）等多种因素，导致了组织人员的变动。同时，组织有自己的发展目标与规划，组织成长过程也是人力资源拥有量的扩张过程。上述情况意味着组织的人力资源总是处于稀缺状态的，需要经常补充。因此，通过市场获取所需人力资源成为组织的一项经常性任务，人力资源招聘也就成了组织补充人员的基本途径。

2. 招聘有助于创造组织的竞争优势

现在的市场竞争归根结底是人才的竞争。一个组织拥有什么样的人力资源，就在一定意义上决定了它在激烈的市场竞争中处于何种地位——是立于不败之地，还是最终面临被淘汰的命运。而对人才的获取是通过人才招聘这一环节来实现的。因此，招聘工作能否有效地完成，对提高组织的竞争力、绩效及实现发展目标，均有至关重要的影响。从这个角度说，人力资源招聘是组织创造竞争优势的基础环节。对于获取某些实现组织发展目标急需的紧缺人才来说，招聘更具有特殊的意义。

3. 招聘有助于组织形象的传播

研究结果显示，招聘过程质量的高低会明显地影响应聘者对组织的看法。许多经验表明，人力资源招聘既是吸引、招募人才的过程，又是向外界宣传组织形象、扩大组织影响力和知名度的一个窗口。应聘者可以通过招聘过程来了解组织的组织结构、经营理念、管理特色、组织文化等。尽管人力资源招聘不是以组织形象传播为目的的，但招聘过程客观上具有这样的功能，这是组织不可忽视的一个方面。

4. 招聘有助于组织文化的建设

招聘过程中信息传递的真实与否，直接影响着应聘者进入组织以后的流动性，有效的招聘既能使组织得到所需人员，同时也为人员的保持打下了基础，有助于减少由于人员流动过于频繁而带来的损失，并增进组织内的良好气氛，如能增强组织的凝聚力，提高士气，增强人力资源对组织的忠诚度等。

（三）人力资源招聘的影响因素

招聘活动的实施往往受到多种因素的影响，为了保证招聘工作的效果，在规划招聘活动之前，应对这些因素进行综合分析。归纳起来，影响招聘活动的因素主要有外部因素和内部因素两大类。

1. 外部影响因素

（1）国家的法律、法规。国家和地方的有关法律、法规和政策，是约束组织招聘行为的重要因素，从客观上界定了组织招聘活动的外部边界。例如，西方国家的法律规定，组织的招聘信息中不能涉及性别、种族和年龄的特殊规定，除非证明这些是职位所必需的。我国在人力资源方面的法律体系尚不健全。1994年通过的《劳动法》是我国劳动立法史上的一个里程碑。以《劳动法》为准绳，我国已经颁布了一些与招聘有关的法律、法规、条例、规定和政策，包括《国营企业招用工人暂行规定》《女职工禁忌劳动范围的规定》《职业介绍规定》《就业登记规定》《未成年工特殊保护规定》和《企业劳动争议处理条例》等。

（2）劳动力市场。由于招聘特别是外部招聘，主要是在外部劳动力市场进行的，因此市场的供求状况会影响招聘的效果，当劳动力市场的供给小于需求时，组织吸引人员就会比较困难。相反，当劳动力市场的供给大于需求时，组织吸引人员就会比较容易。在分析外部劳动力市场的影响时，一般要针对具体的职位层次或职位类别来进行，例如当技术工人的市场比较紧张时，组织招聘这类人员就比较困难，往往要投入大量的人力、物力。

（3）竞争对手。在招聘活动中，竞争对手也是非常重要的一个影响因素。应聘者往往是在进行比较之后才做出决策，如果组织的招聘政策和竞争对手存在差距，那么就会影响组织的吸引力，从而降低招聘的效果。因此，在招聘过程中，取得对竞争对手的比较优势是非常重要的。

2. 内部影响因素

（1）职位性质。由于空缺职位的性质决定了招聘什么样的人以及到哪个相关劳动力市场进行招聘，因此它是整个招聘过程的灵魂。它还可以让应聘者了解该职位的基本情况和任职资格条件，便于应聘者进行求职决策。

（2）组织形象。一般来说，组织在社会中的形象越好，越有利于招聘活动。良好的组织形象会对应聘者产生积极的影响，引起他们对组织空缺职位的兴趣，从而有助于提高招聘的效果。如青岛海尔、联想集团等一些形象良好的企业，往往都是大学生毕业后择业的首选。而组织的形象又取决于多种因素，如组织的发展趋势、薪酬待遇、工作机会以及组织文化等。

（3）招聘预算。由于招聘活动必须支出一定的资金，因此组织的招聘预算对招聘活动有着重要的影响。充足的招聘资金可以使组织选择更多的招聘方法，扩大招聘的范围，如可以花大量的费用来进行广告宣传，选择的媒体也可以是影响力比较大的。相反，有限的招聘资金会使组织进行招聘时的选择大大减少，这会对招聘效果产生不利的影响。

（4）招聘政策。组织的相关政策对于招聘活动有着直接的影响，组织在进行招聘时一般有内部招聘和外部招聘两个渠道，至于选择哪个渠道来填补空缺职位，往往取决于组织的政策。有些组织可能倾向于外部招聘，而有些组织则倾向于内部招聘；还有在外部招聘中，组织的政策也会影响到招聘来源的选择，有些组织愿意在学校进行招聘，而有些组织更愿意在社会上进行招聘。

第二节 人力资源招聘过程管理

人力资源是企业最重要的资源，招聘是企业与潜在的员工接触的第一步，人们通过招聘环节了解企业，并最终决定是否愿意为它服务。从企业的角度看，只有对招聘环节进行有效的设计和良好的管理，才能得到高质量的员工，否则就只能得到平庸之辈。但是，如果高素质的员工不知道企业的人力需求信息，或者虽然知道但是对这一信息不感兴趣，或者虽然有些兴趣但是还没有达到愿意来申请的力度，那么企业就没有机会选择这些有价值的员工。有效的招聘方法要取决于劳动力市场、工作空缺的类型和组织的特征等多种因素，但是不管怎样，以下四个问题是人力资源部门在制订招聘策略时必须牢记的：

第一，我们开展招聘工作的目标是什么？

第二，我们需要招到怎样的员工？

第三，我们需要工作申请人接收到什么样的信息？

第四，这些信息怎样才能最好地传达给工作申请人？

招聘和选拔员工，是企事业组织最重要也是最困难的工作之一。员工招聘和选拔出现错误，对组织会产生极其不好的影响。生产线上的员工如果不符合标准，就可能导致花费额外的精力去进行修正。而与客户打交道的员工如果缺乏技巧，就可能使企业丧失商业机会。在小组中工作的人，由于缺乏人际交往技能，就会打乱整个团队的工作节奏，影响产出效率。招聘的错误，还关系到企事业组织员工队伍的构成。员工的等级越高，其招聘和选拔就越难。要想估计一个一般工人的价值，几天甚至几个小时就够了，但是如果要评判一个工段长的价值，有时需要几周甚至几个月的时间，要想评判一个大企业的管理者的价值，则要几年时间才能确切地评价。因此，在招聘和选拔高层管理人才方面，一定不能出现失误。

在当今知识经济发展的新格局下，处于组织人力资源金字塔顶端的人才资源，在企事业发展中的重要地位越来越突出。而人才的形成，其基础是平时对人力资源的招聘和选拔。人才对组织的发展来说是至关重要的。当今的企事业组织间的竞争，在一定程度上已经演变成为人才的竞争，而人才的竞争在很大程度上是招聘和选拔的竞争。因此，企业在重要职位的招聘与选拔上非得有"萧何月下追韩信"的劲头才行。

一、招聘的制约因素

招聘的成功取决于多种因素：外部影响，企事业和职务的要求，应聘者个人的资格与偏好。有许多外部因素对企事业招聘决策有影响。外部因素主要可以分为两类：一是经济条件，二是政府管理与法律的监控。

有许多经济因素影响招聘决策，这些因素是：人口和劳动力、劳动力市场条件、产品和服务市场条件。

二、招聘过程的重要性

组织通过从劳动力市场上开展招聘活动得到一些工作申请人，通过对工作申请人进行选择的活动得到被录用的员工，再经过保持等人力资源管理活动，就可得到对组织的成功至关重要的长期服务的员工。

招聘过程的第一步是确定与组织人力资源供给相关的劳动力市场。

第二步是以此为对象开展征召活动。对组织的征召活动做出积极的事实反应的人就成为工作的申请人。

第三步是组织对申请人的挑选工作，由此产生录用的员工。再经过组织在人力资源管理方面对员工的保持工作，那些持续在组织服务的员工就成为组织的长期雇员。

征召环节在整个招聘过程中具有重要地位，因为今天来应聘的员工有可能成为组织明天的高级主管。在这种意义上，招聘工作实际上决定着组织今后的发展与成长。即使组织的员工选拔技术和日后的员工保持计划十分有效，但是如果在征召环节上没有吸引到足够数量的合格的申请人，这些选拔技术和保持计划也就不会发生作用。因此我们一定要记住招聘的成效是申请人的数量、申请人的质量、组织的遴选技术和员工保持政策共同作用的结果。

我们已经指出，现代人力资源管理的一个重要特点就是强调员工工作生活质量的不断提升。招聘环节不仅对组织非常重要，对工作申请人也非常重要。在招聘过程中，组织一方面想向申请人表明本组织是一个难得的工作单位，另一方面也想充分了解申请人的有关信息以判断一旦他或她成为组织的雇员将是哪一种类型的员工以及他们潜在价值的大小；同时，申请人一方面想向组织表明自己是一个十分有吸引力的潜在员工，并且自己十分愿意接受这份工作，另一方面也想详细了解组织的情况，以判断自己是否应该加入这一组织。因为招聘不仅影响着企业的未来，同样也影响着员工个人的未来。

三、招聘人的选择

组织在进行招聘过程中，工作申请人是与组织的招聘组成员接触而不是与组织接触，而且招聘活动是工作申请人与组织的第一次接触。在对组织的特征了解甚少的情况下，申请人会根据组织在招聘活动中的表现来推断组织其他方面的情况。因此，招聘人员的选择是一项非常关键的人力资源管理决策。

一般来说，招聘组成员除了应该包括组织人力资源部门的代表以外，还可以包括直线经理人、招聘的工作岗位未来的同事和下属。申请人会将这些招聘组成员作为组织的一个窗口，由此判断组织的特征。因此，招聘组成员的表现将直接影响到申请人是否愿意接受组织提供的工作岗位。那么，这些"窗口人员"什么样的表现能够增加申请人的求职意愿呢？有研究显示，招聘人员的个人风度是否优雅、知识是否丰富、办事作风是否干练等因素都直接影响着申请人对组织的感受和评价。伊斯特曼·柯达公司在建立招聘组的时候，首先由经理人员指定人选，然后对他们进行培训。其培训的方法是进行20分钟的模拟面试，同时进行录像，再给这些人回放。柯达公司在选择大学校园招聘人员时，使用的选择标准包括高水平的人际关系沟通技能、对公司的热心程度、对公司与工作了解的程度以及被学生与同事信任的程度。

四、招聘收益金字塔

招聘从企业获得应征信函开始，经过笔试、面试等各个筛选环节，最后才能决定正式录用或试用。在这一过程中，应征者的人数变得越来越少，就像金字塔一样。这里所谓的招聘收益指的是经过招聘过程中的各个环节筛选后留下的应征者的数量，留下的数量大，我们就说招聘收益大；反之，就说招聘的收益小。企业中的工作岗位可以划分为许多种，在招聘过程中针对每种岗位空缺所需要付出的努力程度是有差别的。到底为招聘到某种岗位上足够数量的合格员工应该付出多大的努力可以根据过去的经验数据来确定，招聘收益金字塔就是这样一种经验分析工具。

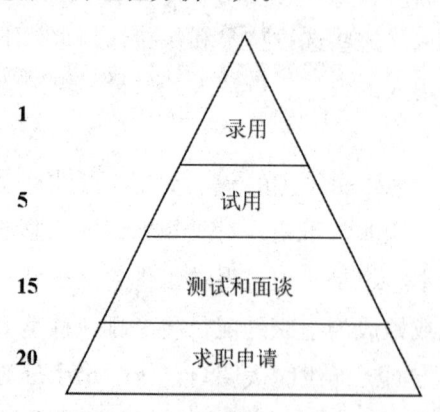

图 5-1 招聘收益金字塔

如图 5-1 所示，假设根据企业过去的经验，每成功地录用到一个销售人员，需要对 5 个候选人进行试用，而要挑选到 5 个理想的候选人又需要有 15 人来参加招聘测试和面谈筛选程序，而挑选出 15 名合格的测试和筛选对象又需要有 20 人提出求职申请。那么，如果现在企业想最终能够招聘到 10 名合格的销售人员，就需要有至少 200 人递交求职信和个人简历，而且企业发出的招聘信息必须有比 200 人多很多的人能够接收到。由此可见，招聘收益金字塔可以帮助企业的人力资源部门对招聘的宣传计划和实施过程有一个准确的估计与有效的设计，它可以帮助企业决定为了招聘到足够数量的合格员工，需要吸引多少应征者。

在确定工作申请资格时，组织有不同的策略可以选择：

一种策略是把申请资格设定得比较高，于是符合标准的申请人就比较少，然后组织花费比较多的时间和金钱来仔细挑选最好的员工。

另一种策略是把申请资格设定得比较低，于是符合标准的申请人就比较多。这时组织有比较充分的选择余地，招聘的成本会比较低。一般而言，如果组织招聘的工作岗位对于组织而言至关重要，员工质量是第一位的选择，就应该采取第一种策略。如果劳动力市场供给形势比较紧张，组织也缺乏足够的招聘费用，同时招聘的工作对于组织不是十分重要，就应该采取第二种策略。

在招募新员工时，组织面临的问题是如何在众多的工作申请人中挑选出合格的有工作热情的应征者。特别是在我国现阶段，就业形势严峻，劳动力过剩将是一个长期存在的现象。那些经营业绩出众的大公司，在招聘中面对的将是一个申请人的汪洋大海。组织的招聘是一个过滤器，它决定着什么样的员工能成为组织的一员。一个理想的录用过程的一个重要特征是被录用的人数相对于最初申请者的人数少得多。这种大浪淘沙式的录用可以保证录用到能力比较强的员工。而且能力强的员工在接受培训后的生产率提高幅度将高于能力差的员工经过相同的培训后生产率的提高幅度。

五、真实工作预览

在招聘过程中，公司总是会使用各种办法来吸引工作申请人。公司常用的项目包括奖励、工作条件、职业前景、技能训练、自助餐厅、住房优惠贷款和工作的挑战性等。但是需要指出的是，公司在想方设法吸引外部人才加盟时不能顾此失彼，导致新员工与原有的员工之间的不公平。企业在吸引工作申请人时，公司不应该只暴露公司好的一面，同时也应该让申请人了解公司不足的一面，以便使申请人对组织的真实情况有一个全面的了解。在美国，一些公司经常使用小册子、录像带、光盘、广告和面谈等方式开展真实工作预览工作。

真实工作预览的优点是：

第一，展示真实的未来工作情景可以使工作申请人首先进行一次自我筛选，判断自己与这家公司的要求是否匹配。另外，还可以进一步决定自己可以申请哪些职位，不申请哪些职位，这就为日后减少离职奠定了良好的基础。

第二，真实工作预览可以使工作申请人清楚什么是可以在这个组织中期望的，什么是不可以期望的。这样，一旦他们加入组织就不会产生强烈的失望感，而是会增加工作满意度、投入程度和长期服务的可能性。

第三，这些真实的未来工作情景可以使工作申请人及早做好思想准备，一旦日后的工作中出现困难，他们也不会回避难题，而是积极设法解决难题。

第四，公司向工作申请人全面展示未来的工作情景会使工作申请人感到组织是真诚的、可以信赖的。

公司在准备实际工作预览的内容时，应该注意以下五个方面：

（1）真实性。

（2）详细程度。公司不应该仅仅只给出休假政策和公司的总体特征这样一些宽泛的信息，还应该对诸如日常的工作环境等细节问题也给出详细的介绍。

（3）内容的全面性。公司应该对员工的晋升机会、工作过程中的监控程度和各个部门的情况逐一介绍。

（4）可信性。

（5）工作申请人关心的要点。一个公司的有些方面是申请人可以从公开渠道了解的，因此这不应该成为真实工作预览的重点。真实工作预览应该着重说明那些申请人关心的但是又很难从其他渠道获得的信息。

六、招募过程管理与招聘周期

企业的招募工作很容易出现失误，而且一旦招募过程中出现失误就可能损害组织的声誉，为此应该遵循以下原则：

（1）申请书和个人简历必须按照规定的时间递交给招聘部门，以免造成丢失。

（2）每个申请人在招聘过程中的某些重要活动，如来公司见面，必须按时记录。

（3）组织应该及时对申请者的工作申请做出书面答复，否则会给申请人造成该组织工作不力或傲慢的印象。

（4）申请人和雇主关于就业条件的讨价还价应该以公布的招聘规定为依据，并及时记录。否则如果同一个申请人在不同的时间或不同的部门得到的待遇许诺相差很大，就必然会出现混乱。

（5）没有接受组织提供的雇佣条件的申请者的有关材料应该保存一段时间。

企业招聘周期的长度要受到许多因素的影响。不同的工作岗位空缺填补的时间会有所不同。在不同的社会中，劳动力市场的发达程度不同，组织的招聘周期也不一样。此外，组织人力资源计划的质量对招聘周期也有影响。以美国为例，平均地说，经理人员和主管的周期是6.8周；销售人员的招聘周期是4.9周；办公室文秘人员的招聘周期是2.7周；操作员工的招聘周期是2.1周。一般而言，组织中空缺持续的时间既反映着发现申请人的难度，也反映着组织招聘和选择过程的效率。

第三节　招聘渠道的类别及选择

企业首先要确定自己的目标劳动力市场及其招聘收益的水平，然后选择最有效的吸引策略。招聘策略包括负责招聘的人员、招聘的来源和招聘方法三个主要方面。在设计外部招聘策略时可以根据如下的步骤：

第一，对组织总体的环境进行研究。这需要对组织的发展方向进行分析，然后进行工作分析。

第二，在此基础上推断组织所需要的人力的类型。这需要考虑员工的技术知识、工作技能、社会交往的能力、员工的需要、价值观念和情趣等各个方面。

第三，设计信息沟通的方式，使组织和申请人双方能够彼此了解各自相互适应的程度。为此，需要对员工的人格、认知能力、工作动力和人际关系能力进行测试，与日后可能的同事进行面谈，开展真实工作预览。

在本节中，我们重点讨论企业外部招聘中的渠道选择策略。

一、应征者的内部来源

实际上，企业中绝大多数工作岗位的空缺是由公司的现有员工填充的，因此公司内部是最大的招聘来源。在20世纪50年代，美国有50%的管理职位由公司内部人员填补；目前这一比率已经上升到90%以上。在企业运用内部补充机制时，通常要在公司内部张贴工作告示，其内容包括工作说明书和工作规范中的信息以及薪酬情况，说明工作机会的性质、任职资格、主管的情况、工作时间和待遇标准等相关因素。这样做的目的是让企业的现有员工有机会将自己的技能、工作兴趣、资格、经验和职业目标与工作机会相互比较。工作告示，是最经常使用的吸引内部申请人的方法，特别适用于非主管级别的职位。在这一过程中，人力资源部门必须承担全部的书面工作，以确保遴选出最好的申请人。

内部补充机制有很多优点：

第一，得到升迁的员工会认为自己的才干得到组织的承认，因此他的积极性和绩效都会提高。

第二，内部员工比较了解组织的情况，为胜任新的工作岗位所需要的指导和训练会比较少，离职的可能性也比较小。

第三，提拔内部员工可以提高所有员工对组织的忠诚度，使他们在制订管理决策时，能做比较长远的考虑。

第四，上级对内部员工的能力比较了解，因此，提拔内部员工比较保险。

但是内部补充机制也有缺点：

第一，那些没有得到提拔的应征者会不满，因此需要做解释和鼓励的工作。

第二，当新主管从同级的员工中产生时，工作集体可能会不满，这使新主管不容易建立领导声望。

第三，很多公司的老板都要求经理人张贴工作告示，并面试所有的内部应征者。然而，经理人往往早有中意人选，这就使得面试浪费很多时间。

第四，如果组织已经有了内部补充的惯例，当组织出现创新需要而急需从外部招聘人才时，就可能会遇到现有员工的抵制，损害员工工作的积极性。

长期以来，尽管人们很想知道哪一种员工来源最可能创造好的工作绩效，但是现有的研究还无法精确地回答到底哪种工作应该采用哪种招聘来源。不过一般而言，内部来源的员工比外部来源的员工离职率要低，长期服务的可能性要大一些。当然，在内部补充机制不能满足企业对人力的需求时，就需要考虑在企业外部的劳动力市场招聘。

二、招聘广告

招聘广告是补充各种工作岗位都可以使用的吸引方法，因此应用最为普遍。阅读这些广告的不仅有工作申请人，还有潜在的工作申请人以及客户和一般大众，所以公司的招聘广告代表着公司的形象，需要认真实施。

企业使用广告作为吸引工具有很多优点：

第一，工作空缺的信息发布迅速，能够在一两天之内就传达给外界。

第二，同许多其他吸引方式相比，广告渠道的成本比较低。

第三，在广告中可以同时发布多种类别工作岗位的招聘信息。

第四，广告发布方式可以给企业保留许多操作上的优势，这体现在企业可以要求申请人在特定的时间段内亲自来企业、打电话或者向企业的人力资源部门邮寄自己的简历和工资要求等方面。此外，企业还可以利用广告渠道来发布"遮蔽广告"。所谓的遮蔽广告指的是在招聘广告中不出现招聘企业的名称的广告，这种广告通常要求申请人将自己的求职信和简历寄到一个特定的信箱。企业可能需要使用遮蔽广告的原因有时是因为它不愿意暴露自己的业务区域扩展计划，因此不想让竞争对手过早地发现自己在某一个地区开始招聘人力；也可能是由于招聘企业的员工正在罢工等原因使企业的名声不好；还有可能是由于企业不愿意让现有的员工发现企业正在试图准备由外部人员来填充企业的某些职位空缺。

广告的结构要遵循 AIDA 四个原则，即注意（Attention）、兴趣（Interesting）、欲望（Desire）和行动（Action）。换言之，好的招聘广告要能够引起读者的注意并产生兴趣，继而产生应聘的欲望并采取实际的应征行动。在招聘广告的内容方面，美国学者戈登、威尔逊和斯旺在1982年通过对报纸读者的调查来了解企业招聘广告中各种信息的必要性，如表5-1所示，表中的数字是读者认为各种细节有必要的百分比。

表 5-1　广告的必要内容

细节	细节的必要性（%）
工作地点	69
任职资格	65
工资	57
职务	57
责任	47
公司	40
相关经历	40
个人素质	32
工作前景	8
公司班车	8
员工福利	6

企业的招募宣传应该向合格的员工传达企业的就业机会，并为本企业创造一个正面的形象，同时提供有关工作岗位的足够的信息，以使那些潜在的申请人能够将工作岗位的需要同自己的资格和兴趣比照，并唤起那些最好的求职者的热情前来申请。这不仅适用于企业在外部劳动力市场进行招聘，也适用于企业在内部劳动力市场的招聘工作。

三、职业介绍机构

职业介绍所的作用是帮助雇主选拔人员，节省雇主的时间，特别是在企业没有设立人事部门或者需要立即填补空缺时，可以借助于职业介绍所，但是，如果需要长期借助于职业介绍所，就应该把工作说明书和有关要求告知职业介绍所，并委派专人同几家职业介绍所保持稳定的联系。

特里·利普和米歇尔·克里诺认为，在下述情况下，适合采用就业中介机构的方式：

第一，用人单位根据过去的经验发现难以吸引到足够数量的合格工作申请人。

第二，用人单位只需要招聘很小数量的员工，或者要为新的工作岗位招聘人力，因此设计和实施一个详尽的招聘方案是得不偿失的。

第三，用人企业急于填充某一关键岗位的空缺。

第四，用人单位试图招聘到那些现在正在就业的员工，尤其是在劳动力市场供给紧张的形势下就更是如此。

第五，用人企业在目标劳动力市场上缺乏招聘的经验。

四、猎头公司

猎头公司是一种与职业介绍机构类似的就业中介组织，但是由于它特殊的运作方式和服务对象的特殊性，所以经常被看作是一种独立的招聘渠道。一个被人们广泛接受的看法是，那些最好的人才已经处于就业状态。猎头公司是一种专门为雇主"搜捕"和推荐高级主管人员和高级技术人员的公司，他们设法诱使这些人才离开正在服务的企业。猎头公司的联系面很广，而且它特别擅长接触那些正在工作并对更换工作还没有积极性的人。它可以帮助公司的最高管理当局节省很多招聘和选拔高级主管等专门人才的时间。但是，借助于猎头公司的费用要由用人单位支付而且费用很高，一般为所推荐的人才年薪的 1/4 到 1/3。

无论是借助于猎头公司寻找人才的企业还是被猎头公司推荐的个人，都需要注意许多问题。使用猎头公司的企业需要注意的是：

第一，必须首先向猎头公司说明自己需要哪种人才及其理由。

第二，了解猎头公司开展人才搜索工作的范围。美国猎头公司协会规定，猎头公司在替客户推荐人才后的两年内，不能再为另一个客户把这位人才挖走。所以，在一定时期内，猎头公司只能在逐渐缩小的范围内搜索人才。

第三，了解猎头公司直接负责指派任务的人员的能力，不要受其招聘人物的迷惑。

第四，事先确定服务费用的水平和支付方式。

第五，选择值得信任的人。这是因为猎头公司为你搜索人才的人不仅会了解本公司的长处，还要了解本公司的短处，所以一定要选择一个能够为你保密的人。

第六，向这家猎头公司以前的客户了解这家猎头公司服务的实际效果。

那些希望借助于猎头公司谋职的个人需要注意的是：

第一，多数猎头公司不大注意主动应征者，而愿意自己去搜索。

第二，猎头公司有时会先推荐一个不合格的应征者给客户，借以博得后来的应征者对于这项工作的好感，激发其工作热情。

第三，猎头公司及其客户对不急于更换工作的应征者更有兴趣，所以，与他们接触时需要有足够的耐心。

五、校园招聘

大学校园是专业人员与技术人员的重要来源，公司在设计校园招聘活动时需要考虑学校的选择和工作申请人的吸引两个问题。在选择学校时，组织需要根据自己的财务约束和所需要的员工类型来进行决策。如果财务约束比较紧张，组织可能只在当地的学校中来选择；而实力雄厚的组织通常在全国范围内进行选择。

美国的一家公司在选择学校时主要考虑以下标准：

（1）在本公司关键技术领域的学术水平。

（2）符合本公司技术要求的专业的毕业生人数。

（3）该校以前毕业生在本公司的业绩和服务年限。

（4）在本公司关键技术领域的师资水平。

（5）该校毕业生过去录用数量与实际报到数量的比率。

（6）学生的质量。

（7）学校的地理位置。

在大学校园招聘中，一个经验是最著名的学校并不总是最理想的招聘来源，其原因是这些学校的毕业生自视很高，不愿意承担具体而烦琐的工作，这在很大程度上妨碍了他们对经营的理解和管理能力的进步。像百事可乐公司就很注意从二流学校中挖掘人才。

一般地，组织总是要极力吸引最好的工作申请人进入自己的公司。组织要达到这一目的需要注意以下问题：

一是进行校园招聘时要选派能力比较强的工作人员，因为他们在申请人面前代表着公司的形象。

二是对工作申请人的答复要及时，否则对申请人来公司服务的决心会产生消极影响。

三是新的大学毕业生总是感觉自己的能力强于公司现有的员工，因此他们希望公司的各项政策能够体现出公平、诚实和顾及他人的特征。

IBM等公司为了做好这一工作，确定了一定数量的重点学校，并委派高水平的经理人员与学校的教师和毕业分配办公室保持密切的联系，使学校方面及时了解公司存在的空缺的要求以及最适合公司要求的学生的特征。现在，有不少公司为学生提供利用假期来公司实习的机会，这可以使学生对公司的实际工作生活有切身的体会，同时也使公司有机会评价学生的潜质。在美国和日本，一些大公司常常在大学生还没有进入毕业年级时就展开吸引攻势。这些公司常用的手段包括向大学生邮寄卡片、赠送带有公司简介的纪念品、光盘等。摩托罗拉公司为了使自己的吸引手段能够突出，曾经邮寄过一种像网球罐一样的真空密封罐，里面装着一个手帕，手帕上印有宣传摩托罗拉公司的资料。

校园招聘的缺点是费钱费时，需要事先安排时间，印制宣传品，还要做面谈记录。大学毕业生在选择申请面试的公司时主要考虑的问题是公司在行业中的名声、公司提供的发展机会和公司的整体增长潜力等因素。一般而言，受商业周期对劳动力供求形势影响最明显的大学毕业生申请人，在商业周期走向高涨期间，他们是最大的受益者；而在商业周期走向衰退期间，他们是最大的受害者。因此，大学生应该重视招聘环节对自己就业机会的影响，特别是要想方设法给招聘者留下一个深刻的印象。在美国，Dole食品公司的招聘官来到沃顿商学院招聘。弗吉尼亚大学的MBA毕业生雨果·罗德里格斯自己花费350美元，飞行250英里来到费城，在酒店的咖啡厅里会见了招聘官，结果他得到了一份工作。不管大学毕业生申请哪种工作，对组织的招聘过程有一个充分的了解无疑将会有助于其在劳动力市场上占据主动。

六、员工推荐与申请人自荐

过去,许多公司严格限制家庭成员在一起工作,以避免过于紧密的个人关系会危害人事决策的公正性。不过,现在已经有很多公司逐渐认识到通过员工推荐的方法雇用现有员工的家属或者朋友有很多好处。这种方式既可以节省招聘人才的广告费和付给职业介绍所的费用,还可以得到忠诚而可靠的员工。如果员工推荐的工作申请人的特征与组织的要求不相互匹配,不仅影响到自己在企业中的地位,也将危害到自己和被推荐者之间的关系。美国企业的经验表明,采用员工推荐方式最多的企业是员工数量在500人到2 000人之间的企业,而采用员工推荐方式最少的企业是员工数量在1万人以上的大型企业。对于毛遂自荐的应征者,公司应该礼貌地接待,最好让人事部门安排简单的面谈。对于应征者的询问信,公司应该予以礼貌而及时的答复。这不仅是尊重自荐者的自尊心,还有利于树立公司声誉和今后的业务开展。

七、临时性雇员

随着市场竞争的加剧,企业面临的市场需求常常会发生波动,而且企业还要应付经济周期的上升和下降。在这种情况下,企业往往需要在保持比较低的人工成本的同时还要使企业的运营具有很高的适应性和灵活性。为此,企业可以把核心的关键员工数量限制在一个最低的水平上,同时建立一种临时员工计划。

这种计划可以有以下四种选择:

第一种,内部临时工储备。企业可以专门向外部进行招聘,也可以把以前的曾经雇用过的员工作为储备,这些员工随叫随到。

第二种,通过中介机构临时雇用。企业可以同那些保持和管理劳动力储备的中介就业服务机构签订合同,临时性地使用这些人力。

第三种,利用自由职业者,如与自由撰稿人和担当顾问的教授专家签订短期服务合同。

第四种,短期雇用,即在业务繁忙的时期或者一个特定的项目进行期间招聘一些短期服务人员。

临时性雇员计划的缺点是:

第一,增加招聘的成本。

第二,增加培训成本。

第三,产品的质量稳定性下降。

第四,需要管理人员加强对临时性员工的激励。

八、招聘来源比较

组织在进行招聘时必须使潜在的工作申请人能够知道存在的工作机会。一般而言,哪些人会知道组织的就业机会与组织所使用的招聘来源之间存在着密切的关系。在现实的招聘实践中，组织有多种招聘来源可以选择。而组织具体选择哪种招聘方式在很大程度上取决于组织的传统和过去的经验。原则上，组织所选择的招聘渠道应该能够保证组织以合理的成本吸引到足够数量的高质量的工作申请人。美国人力资源管理学界一个主流的看法是招聘专业人员的最有效的三个途径，依次是员工推荐、广告和就业机构。招聘管理人员有三个最有效途径，依次是员工推荐、猎头公司和广告。

各种招聘来源吸引来的员工的工作前程可能具有不同的特征。一项研究表明，通过员工推荐进入组织的员工通常不会在很短的时间内离职。其原因可能有以下三个方面：

第一，是推荐者已经事先向被推荐者详细介绍了组织的情况，使得他进入组织后没有产生强烈的意外和失望。

第二，是被推荐者已经通过了推荐者按照组织的需要进行的筛选。

第三，是可能是推荐者对被推荐者施加了某种压力，使其比较稳定地工作。还有研究表明，被推荐进入组织的员工在开始获得的报酬水平比较高，但是在随后的晋级中，薪酬增加得比较缓慢。其原因可能是开始组织对被推荐者的资格比较确信，但是他们长期的表现说明开始时对他们的评价存在着高估的现象。

第四节　应征者的求职过程

在企业的招聘过程中，工作申请人的行为对企业招聘工作的成败具有重要的影响。而且现代人力资源管理非常重视员工的工作生活质量，因此对工作申请人本身的考查也就构成了人力资源管理的重要内容。

一、申请人选择工作方式的类型

在申请人寻找工作的过程中，他们首先确定自己的目标职业，然后再选择设置这种职业的组织。经济学家的观点是人们在自己的职业选择中遵循的原则是最大化自己的终生收入的现值。但是实际上影响个人职业选择的因素有很多，其中包括父母的职业、个人的教育背景、经济结构调整对劳动力市场产生的约束和引导等。在这一点上，组织也并不是完全无能为力。有些组织在大学、中学甚至小学中设立奖学金或奖教金，目的是加强在读的学生对组织所在行业的认识和兴趣。在开始具体的求职活动以前，职业的选择缩小了工作申请人选择目标组织的范围。

大学毕业生是典型的求职者，我们可以以他们的行为特征为例来说明。在求职过程中，大学毕业生所采用的取舍标准可以划分为以下几种类型：

第一种，最大化标准。这种大学生要尽可能多地参加面试，得到尽可能多的录用通知，然后再根据自己设定的标准理性地选择工作。

第二种，满意标准。这种大学生接受他们得到的第一个工作机会，并认为各个公司之间都没有什么实质性的差别。

第三种，有效标准。这种大学生在得到一个自己可以接受的工作机会后再争取到下一个机会，然后在这两者之间进行比较，并选择其中比较合意的一个。

有人把大学生求职的方法划分为补偿性方法和非补偿性方法。所谓的补偿性方法是指大学生对每一个获得的工作机会都收集全面的信息，然后根据自己设定的所有的重要标准把每个可以选择的工作机会与所有其他的工作机会比较，在某些标准方面价值比较低的工作机会可能在其他方面具有比较高的价值，最后大学生将选择一个总体价值最大的工作机会。但是，由于人们的时间、耐心和精力都是有限的，因此实际上人们很少这样理性地来选择工作，而是采用所谓的"有限理性"原则来处理这一问题。有限理性原则是指人们采用一些简化的策略。具体方法是首先把那些在薪水、工作地点等某些关键的标准方面没有达到自己的要求的工作机会排除，然后在剩下的比较少的工作机会中间通过全面的比较来进行选择。在实际劳动力市场上，最经常被人们用作这种优先标准的是保留工资。保留工资是确定一个工作机会是否被接受时设定的最低工资水平。显然，有限理性原则是一种非补偿性策略。不过一般而言，大学毕业生和失业者的求职压力是不同的。因为大学毕业生没有家庭的压力，有比较充裕的时间，因此通常都是在得到许多工作机会之后再挑选，而失业者通常会接受得到的第一个工作机会。

组织了解求职者的求职方式对于设计招聘活动是非常必要的。上述分析表明，如果一个组织的工作地点不优越，则可以提供一个比较高的起薪，并且要求比较短的答复时间。这样可以使求职者没有足够的时间去寻找其他工作机会。

二、工作申请人与组织目标的冲突

在招聘过程中充满了很多种冲突：

第一种冲突是工作申请人的内在冲突，即申请人既要通过表现出自己的有吸引力的个人魅力和对组织的信息做出积极的反应；同时又要通过提供自己能力的真实情况来评估和选择组织，并询问组织将提供的报偿等方面的问题。

第二种冲突是组织的内在冲突，即组织既要表现出最具有吸引力的组织特征，并尽力要使工作申请人在招聘环节感觉轻松，又要提出各种棘手的问题来区分合格的申请人和不合格的申请人。

第三种冲突是工作申请人和组织之间的冲突。这有两种表现形式，第一种是组织在极力表现自己对员工吸引力的时候可能无法提供给工作申请人用来判断组织真实情况的信息。第二种是工作申请人在极力表现自己价值的时候可能无法为组织提供用来评价工作申请人真实情况的信息。由此可见对于组织而言，有效的招聘工作需要在现实性和理想主义之间取得平衡。

总之，一个完整的招聘计划要求组织考虑工作申请人的资格确定、沟通方式和沟通渠道、计划提供的补偿、录用决策制订和发布的时间安排、招聘考官和对冲突的协调。

三、准备简历

作为一个工作申请人，需要准备一份合适的简历。由于简历是申请人给公司的第一印象，所以一定要体现出专业、简练和出众的特征，需要结构平衡、讲究文法、界面清晰。简历一般要包括以下几个方面：

（1）身份，说明申请人的姓名、地址和电话号码等。
（2）申请人的职业抱负或前程目标。
（3）教育背景，这部分可以包括与所申请的工作密切相关的学习课程。
（4）工作经历，应该列举与所申请的工作相关的部分。
（5）参加过的团体和活动。
（6）与所申请的工作有关的自己的兴趣和爱好。
（7）发表过的论文或文章。
（8）推荐人。

在向目标组织递交简历的同时一般应该有一封求职信。在准备求职信时应该注意以下几个方面：

（1）虽然在申请工作时可能要向多家公司递交申请，但是每封求职信都必须分别打印，绝对不能用复印件。在现代印刷技术已经非常普及的今天，有时一份手写的简历会有意想不到的效果。
（2）尽可能不把求职信寄送给某个部门，而是应该寄送给某个具体的人。
（3）如果有重要的人物鼓励你申请这个工作，最好在经过他的同意之后在求职信中提及他的名字。
（4）求职信要简明扼要，篇幅限定在一页纸之内，陈述自己对所申请的职位的兴趣，说明你的求职优势，请求得到一个面试的机会。

第五节　员工招聘与甄选的方法

一、心理测验方法

甄选工作在整个招聘过程中的地位与作用日渐突出，应该借助于多种甄选手段来公平、客观地做出正确的决策。因此，在长期的人力资源招聘工作实践中，发展了许多种实用的甄选方法。包括面试法、测验法（技能、智能测验法，知识测验法，品性测验法等）、评价中心法、个人信息法、背景检验法、笔迹学法等。当前使用得最广泛的、最主要的甄选方法是心理测验法、面试法及评价中心技术。

什么是心理测验呢？简单地说，心理测验是心理测量的一种具体形式，也有人把心理测验叫心理测评。为了对它有个较为全面的理解，下面拟从心理测验的发展、定义、形式、特点等方面做一简单介绍。

（一）起源与发展

心理测验起源于实验心理学个别差异研究的需要。

1879年，德国心理学家冯特在德国莱比锡大学设立了第一所心理实验室，实验中发现个体的行为相互间存在个别差异，个别差异的确定引起了心理测量的需要。

1883年，英国优生学家高尔顿在《人类才能及其发展的研究》一书中首先提出了"测验"这个术语。

1884年，高尔顿创设了"人类学测量实验室"，此后的6年间测量了9 337个人的身高、体重、视力、听力、色觉等素质特征。

1890年，美国个性心理学家卡特尔发表了《心理测验与测量》的论文，介绍了他编制的第一套心理测验。这套测验共10个题目，主要测量个体的感觉能力与动作过程。

1894年，卡特尔首先用各种测验测量哥伦比亚大学的学生，使测验走出实验室，直接应用于实际。

心理测验大致经历了萌芽、成熟、昌盛及完善发展四个时期。

1869~1904年，心理测验处于萌芽时期。这一时期，心理测验尚未形成自己的体系，依附于实验心理学与个别差异的研究而存在。测验的内容大都限于感觉——动作或简单反应时间的测量，属于简单身体素质测评。由此可见心理测验不仅仅运用于心理素质测评。

1905~1915年，心理测验处于成熟时期。心理测验已步入独立发展的轨道，出现了较为成熟的比奈——西蒙智力测验。这一测验用于鉴别低能儿童。

1916~1940年，心理测验处于昌盛时期。这一时期，不仅智力测验在广度与深度上有了突破性的发展，而且一般能力测验、特殊能力测验、人格测验相继出现，心理测验理论上得到完善，应用上得到了空前的发展。测验的形式由个体扩展为团体，测验的客体由儿童扩展到成人，测验的表现形式由文字扩展到图形、操作等非文字的智力测验，由直接的测量扩展到投射与预测的测验。测验的功用由研究走向社会服务。

第一次世界大战期间，美国应用智力测验挑选士兵，以防止低能的和不合格的人进入部队，后又广泛应用于军队官员的选拔与安置。第二次世界大战期间，美国又编制了一般分类测验，简称GCT，借以预测军人的能力。第二次世界大战后，美国则把测验应用于服务行业，兴起了职业测验。

1941年至今，可以说，心理测验处于完善发展时期。在这一时期，心理测验一方面接受教育评价运动的挑战，另一方面，在测验的理论、技术与编制方法方面都有了非常大的进步。

1938年，瑟斯顿发表了"主要的心理能力"论，在使用因素分析法数学化之后，概括出了7种主要的智力：知觉速度、推理能力、语词理解、语词流畅、空间知觉、记忆、计算能力。同年，默里与摩根编制了投射测验之一的主题统觉测验，简称 TAT。哈特威和麦金利于 40 年代初期编制了调查个人适应和社会适应的明尼苏达多项个性调查表（MMPI）。1953 年，艾森克夫妇编制了人格（个性）问卷（EPQ）。1973 年，卡特尔编制了 16 因素测验。这一时期兴起了职业性向与职业技能测验的新高潮，用于挑选各行各业的职员及管理干部。

（二）心理测验的定义

从心理测验的起源与发展可知，心理测验产生于对个别差异鉴别的需要，广泛应用于教育、企事业人才的挑选与评价。在这一过程中，人们编制了许许多多的心理测验。其中比较有影响的心理测验，有比奈——西蒙智力测验、斯坦福比奈儿童智力测验、罗夏墨迹测验、默里与摩根的主题统觉测验（TAT）、明尼苏达多相个性测验（MMPI）、艾森克人格测验（EPQ）、卡特尔16因素测验、皮亚杰故事测验、科尔伯格两难故事测验、雷斯特检测等。

从以上这些较为典型的心理测验形式中，我们认为阿纳斯塔西（Anastasi）所下的定义比较确切：心理测验实质上是行为样组的客观的和标准化的测量。

这个定义告诉我们：

（1）心理测验是对行为的测量

这些行为主要是心理的，而不是反射性的生理行为（打喷嚏、打呼噜等），是外显行为而不是内部心理活动，是一组行为而不是单个行为。

（2）心理测验是对一组行为样本的测量

即所测量的行为组是有代表性的一组行为。任何个体在不同时间、空间及条件下的行为表现是不尽相同的，如果我们所测评的行为，抽样不同，则所得到的结果就会不同。

（3）心理测验的行为样组不一定是真实行为

往往是概括化了的模拟行为。例如，罗夏墨迹测验，答题行为均不是真实的行为，而是一种间接的行为反应。

（4）心理测验是一种标准化的测验

所谓标准化，在这里指测验的编制、实施、记分以及测验分数解释程序的一致性。这是测验的内在要求。因为要使测验的最后结果具有可比性，那么测验的条件必须具有等同性或统一性。

（5）心理测验是一种力求客观化的测量

从上述测验可以看出，这些测验所采用的种种技术，例如机器评分，采用简答、填空、选择等客观性试题，都要尽可能排除人为主观影响。然而值得注意的是，实际上不能完全客观化。

（三）心理测验的种类与形式

依据不同的标准，心理测验可以划分出不同的类别。

根据测验的具体对象，可以将心理测验划分为认知测验与人格测验。认知测验测评的是认知行为，而人格测验测评的是社会行为。

认知测验又可以按其具体的测验对象，分为成就测验、智力测验及能力倾向测验。成就测验主要测评人的知识与技能，这是对认知活动结果的测评；智力测验主要测评认知活动中较为稳定的行为特征，是对认知过程或认知活动的整体测评；能力倾向测验是对人的认知潜在能力的测评，是对认知活动的深层次测评。

人格测验，按其具体的对象，可以分成态度、兴趣与品德（包括性格）测验。

根据测验的目的，可以将心理测验划分为描述性、预测性、诊断咨询、挑选性、配置性、研究性等形式。

根据测验的材料特点，可以将心理测验划分为文字性测验与非文字性测验。文字性测验即以文字表述，让被试用文字作答。典型的文字测验即纸笔测验。非文字性测验，包括图形辨认、图形排列、实物操作等方式。

根据测验的质量要求，有标准化测验与非标准化测验。

根据测验的实施对象，有个别测验与团体测验。

根据测验中是否有时间限制，有速度测验、难度测验、最佳行为测验、典型行为测验。

根据测验应用的具体领域，有教育测验、职业测验、临床测验、研究性测验。下面是较为通用的一种分类（图5-2）：

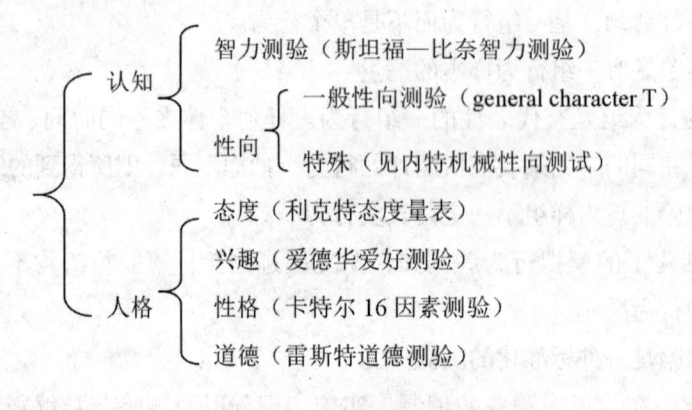

```
        ┌ 认知 ┌ 智力测验（斯坦福—比奈智力测验）
        │      │       ┌ 一般性向测验（general character T）
        │      └ 性向 ┤
        │              └ 特殊（见内特机械性向测试）
        ┤      ┌ 态度（利克特态度量表）
        │      │ 兴趣（爱德华爱好测验）
        └ 人格 ┤ 性格（卡特尔16因素测验）
               └ 道德（雷斯特道德测验）
```

图 5-2　心理测验的类别

心理测验形式与心理测验的类别是有所不同的。心理测验的形式，是指测验的表现形式，包括刺激与反应两个方面。划分的标准不同，形式也就各异。

按测验的目的与意图表现的程度划分，有结构明确的问卷法与结构不明确的投射法。后者所表现的刺激为意义不明确的各种图形、墨迹、词语，让被测者在不受限制的情境下自由地做出反应，从分析反应结果来推断测验的结果；前者所表现的则为一系列具体明确的问题，它们从不同方面来了解被测评者的素质情况，要求被测评者按实际情况作答。如果从问卷调查的具体对象来看，有自陈量表与非自陈量表。

根据测验时被测者反应的自由性来看，有限制反应型与自由反应型。投射测验属于自由反应型，而强迫选择属于限制反应型；按测验作答结果的评定形式，有主观与客观型之分；从作答方式来看，有纸笔测验、口头测验、操作测验、文字测验与图形、符号、实践等测验形式；从测验反应场所来看，有一般测验、情境测验及观察评定测验。一般测验是对被测者在行为样组上反应的测评；情境测验是对被测者在模拟情境中反应的测评；观察评定测验，是对被测者在日常实际情况下行为表现的测评。

二、面试方法

面试的历史虽然源远流长，但人们至今众说纷纭，对面试未能形成一致的看法。

（一）面试

1. 面试的概念

有人认为，面试就是谈谈话、相相面而已。

有人认为，面试就是口试，口试就是与考生交谈，以口头答询问题的考试形式。

有人认为，面试即面谈加口试，是通过主试人与应试者直接见面，边提问边观察分析与评价应试者的仪表气质、言谈举止、体质精力以及相关素质能力，权衡是否与职位要求相适应的考试方式。

有人认为，面试是通过外部行为（语言的与非语言的）的观察与评价，来实现对人的内在心理素质测评的目的。

有人认为，面试包括笔试、口试形式，口试包括抽签问答、随机回答、模拟测验等形式。

有人认为，面试是以当面演作的形式，对被测者的基本品质进行综合直观的测定，并直接进行相互间横向比较的过程。

有人认为，面试是以问答、命题演作、实地操作和集体讨论的形式，考查考生的言辞、仪表、反应、环境适应能力、智能、技能等笔试中不易了解的能力的过程。

从上述种种有关面试的解释中可以看出，在面试是一种测评人的素质的形式，是一种面对面的考试这两点上，似乎大家已取得了共识，但在"怎么考"上却有着严重的分歧。上述意见归纳起来大致有三种：第一种，面试即是面对面的交谈；第二种，面试是一种口头考试的形式，即口试；第三种，面试是一种既包括口试也包括模拟操作演试的形式。

我国目前的面试实践，亟待有一个科学化的概念，所谓名不正则言不顺。因此讨论并确定一个较为合适的面试概念是十分必要的。

如果把面试定义为一种测评人才素质的形式或一种面对面的考试，那么虽然可以统一大家的看法，但这种定义却缺乏个性。没有把面试与面谈、笔试、问答等其他考试形式相互区别开来。就主试与被试来看，大多数测评形式都可以说是一种面对面的测评人才素质的形式。

如果把面试定义为面对面的交谈，那么面试就无法与一般性的日常交谈区别开来，没有反映面试的测评特点。

如果把面试定义为口试，虽然反映了面试是一种以口头语言交流为中介的考试，但没有反映面试精察细观和推理判断的特点。

面试,可以说是一种经过精心设计,在特定场景下,以面对面的交谈与观察为主要手段,由表及里测评应试者有关素质的一种方式。

在这里,"精心设计"的特点使它与一般性的面谈、交谈、谈话相区别。面谈与交谈,强调的只是面对面的直接接触形式与情感沟通的效果,它并非经过精心设计;"在特定场景下"的特点,使它与日常的观察、考察测评方式相区别:日常的观察、考查,虽然也少不了面对面的谈话与观察,但那是在自然情景下进行的;"以面对面交谈与观察为主要手段、由表及里测评"的特点,不但突出了面试"问""听""察""觉""析""判"的综合性特色,而且使面试与一般的口试、笔试、操作演试、情景模拟、访问调查等人才素质测评的形式也区别开来了。口试强调的只是口头语言的测评方式及特点,而面试还包括对非口头语言、行为的综合分析、推理及直觉判断。

"有关素质"说明了面试的功能并非是万能的,在一次面试当中,不要面面俱到测评人的一切素质,要有选择地针对其中一些必要的素质进行测评。

2. 面试的内容:

(1) 仪表风度:应聘者的体格状态,穿着举止,精神风貌。

(2) 求职的动机与工作期望:判断本单位提供的职位和工作条件是否能满足其要求。

(3) 专业知识与特长:从专业的角度了解其特长及知识的深度与广度。

(4) 工作经验:应聘者以往的经历及其责任感、思维能力、工作能力等。

(5) 工作态度:应聘者过去的工作业绩及其对所谋职业的态度。

(6) 事业心、进取心:事业的进取精神,开拓精神。

(7) 语言表达能力:口头表达的准确性。

(8) 综合分析能力:分析问题的条理性、深度。

(9) 反应能力:思维的敏捷性。

(10) 自控能力:理智与耐心。

(11) 人际关系:社交中的角色,为人的好恶。

(12) 精力与活力:精、气、神的表现。

(13) 兴趣与爱好:知识面与嗜好。

(二)面试的特点

与其他人才素质测评的方式相比,面试有它相对独特之处。

1. 对象的单一性

面试的方式有个别面试与集体面试两种。在集体面试中,几个考生可以同时坐在考场之中,但主考官不是同时分别考不同的考生,而一般是逐个提问,逐个测评。即使在面试中引入辩论、讨论,评委们也是逐个提问,逐个观察的。这是因为面试的问题一般要因人而异,测评的内容主要侧重于个别特征,同时进行会互相干扰。

2. 内容的灵活性

由于单位时间内面试对象是单一的，因此面试的具体内容可以自由调节。面试的问题虽然事先可以设计一番，准备很多的试题，但是绝不是向所有考生都提同样的问题，按同一的步骤与内容进行。实际上面试的问题可多可少，视所获得的信息是否足够而定；同一问题可深可浅，视主试人的需要而定；所提的问题可异可同，视应试者情况与面试要求而定。因此面试的时间可长可短。但就目前一般情况来看，面试时间大约30分钟，一般提10个问题。

面试内容的灵活变化也是必要的。首先，面试内容因工作岗位不同而无法固定，岗位不同，工作性质、职责以及任职资格与要求也就不同；其次，应试者的经历、背景不尽相同，因而所提问题及回答要求就应该有所区别；再次，同一个问题，每个考生回答的方式与内容不尽相同，主考后续的提问就应该针对应试回答的情况变化而变化。

3. 信息的复合性

与测验、量表等测评方式不同，面试对任何信息的确认都不是通过单一的视（眼）、听（耳）、想（脑）等信息通道进行，而是通过主试对被试的问（口）、察（眼与脑）、听（耳）、析（脑）、觉（第六感官）综合进行的。也就是说，对于同一素质的测评，既注意收集它的语言形式信息，又注意它的非语言形式的信息，这种信息复合性增强了面试的可信度。

4. 交流的直接互动性

与笔试、观察评定不同，面试中被试的回答及行为表现，与主试的评判是相连接的，中间没有任何中介转换形式。面试中主试与被试的接触、交谈、观察也是相互的，是面对面进行的。主客体之间的信息交流与反馈也是相互作用的。而笔试与观察评定中，却对命题人、评分人严加保密，不让被试知道。这种直接性提高了主试与被试间相互沟通的效果与面试的真实性，同时也了解了许多笔试中了解不到的信息，增加了人情味。此外，面试中考生与考官发出的信息具有相互影响性。

5. 判断的直觉性

其他的测评大多数是理性的逻辑判断与事实判断，面试的判断却带有一种直觉性。它不是仅仅依赖于主试严谨的逻辑推理与辩证思维，而往往包括很大的印象性、情感性及第六感觉特点。我们常常一见某人便觉察出了他的某个素质特点，但反躬自问，却又说不出所以然来。

（三）面试的功能作用

任何一种测评方法只有当它具有某种特殊的功能作用时才有存在的价值。面试与其他素质测评方法相比，有以下几种功用：

1. 可以有效地避免高分低能者或冒名顶替者入选

一般来说，笔试是严谨的，成绩高者其能力也高。但是，由于目前笔试方式操作的局限性，考试中高分低能者、冒名顶替者在所难免。某公司招聘录用干部时发现，有的人笔试成绩虽然很高,但面试时却言语木讷,对所提问题的回答见识浅薄,观点幼稚;有的则表现出只能背书,分析问题和解决问题的能力很差;有的则是冒名顶替者,一问三不知。

2. 可以弥补笔试的失误

测验或问卷等笔试,有的人因误解、学习条件差、转行或紧张等原因而没有发挥好,如果仅以笔试成绩为录用依据,那么这些人就没有机会被录用了。如果再采用面试形式,则这些人可以有机会再次表现。

3. 可以考查笔试与观察中难以测评到的内容

笔试以文字为媒介来测评人的素质水平,即以文观人。但文何以能与人同呢?有些内容文字是无法表现的,例如仪表、风度、口头表达能力、反应快慢等。

有些素质虽然可以通过文字形式来表达,但因为被试的掩饰行为或某种困惑而无法表达,却可以通过面试来测评。例如,对于某些隐情,被测评者往往不愿表露,对这些不愿表露的东西,在文字性的测验与问卷的回答中就很难做到了。因为人的身体不懂得如何撒谎。例如,当人看到了动心的事物或高兴时瞳孔就会无意识地放大,人厌恶时常皱眉,愤怒时常竖眉,痛苦时会倒眉,兴奋时会眉飞色舞。

4. 可以灵活、具体、确切地考查一个人的知识、能力、经验及品德特征

由于面试是一种主试与被试的互动可控的测评方式,测评的主动权主要控制在主试手里,测评要深即深,要浅即浅,要专即专,要广即广,具有很大的灵活性、调节性与针对性。而笔试、情景模拟与观察评定均不如面试。

5. 可以测评个体的任何素质

面试,只要时间充裕,设计精细,手段适当,可以测评个体的任何素质。问、察及触摸可以测评一个人的身体素质。肤色、舌苔、脉搏、气色等都是我国中医用来诊断病情的指标,显然我们由此也可以建立一套测评身体健康程度的指标,测评身体素质。

如果说心理测验中的问卷是测评人的知识、技能、品德的良好工具,那么以口头问答的形式把这些心理测验问题加以表现也同样能取得与笔试一样的效果。由于信息量利用的高频率特点,测评质量还可能优于笔试。

如果在面试中引入某些情景模拟或任务操作,还可以考查到一些实际工作的能力。

三、评价中心技术

评价中心技术,简称评价中心,对我国许多人来说还是一个陌生的名词。评价中心是什么、有哪些形式、起源于何时、有什么特点,诸如此类的问题人们都还不清楚。

(一)历史探源

评价中心被认为是现代人才素质测评的一种新方法,起源于德国心理学家1929年所建立的一套用于挑选军官的非常先进的多项评价程序。其中一项是对领导才能的测评,

测评的方法是让被试参加指挥一组士兵，他必须完成一些任务或者向士兵们解释一个问题。在此基础上，评价员再对他的面部表情、讲话的形式和笔迹进行观察。

由此不难看出，评价中心起源于情景模拟测评。评价中心在我国的历史可以追溯到公元前21世纪尧对舜的德才考查。当时尧对舜进行了六场情景模拟测评：

一是尧把自己的两个女儿嫁给舜为妻，通过舜对待妻子的态度来考查其德行。结果舜对两位妻子体贴备至，施与礼遇。而且，把尧的两个女儿调教得"不敢以贵骄事舜亲戚，甚有妇道"。故"尧善之"。

二是使九个儿子与舜相处，以观察舜如何对待别人。结果舜"内行弥谨"，而九男皆受舜德行的感染，很尊敬他。

三是使舜"慎和五典"，管理阴阳术数天历法官员。舜管理有方，"五曲能从"。

四是让舜察举和管理有才德者为百官，结果"百官时序"。

五是让舜铲除当时的四大劣迹昭著者。舜做到了，远近诸侯闻风而敬舜。

六是使舜入山林川泽，经受暴风雷雨，"舜行不迷"。

上面六场情景模拟测评历时三年，最后尧认为舜德才兼备，可以承担帝王重任。舜后来果真像尧一样有德行才干，功绩卓著。

《史记·孙子吴起列传》记载了吴王以情景模拟考查孙武带兵打仗本领的事例。唐代武举中的外场考试更加充分地表现了军事才能的模拟测评的形式。

例如马枪一项情景测试的设计形式是，制作四个木偶，各擎一块边长二寸五分的方板，四个木偶交互放在两道平行的土墙之间，运枪左右刺，板落而木偶不倒为刺中。枪长一丈八尺，直径一寸五分，重八斤。刺中三板或四板，为上等；刺中两板，为二等；刺中一板或全没刺中，为三等。

现代的汽车司机执照考试，也是一种对汽车驾驶能力的情景模拟测评。

评价中心的起源，国内外观点有所不同。从我国古代与现代的情况分析来看，主要以此代替或简化实践考查，以测评考生的实际工作能力。国外情况也大体如此，其直接的原因被认为是源于对管理能力的测评。

（二）测评技术

评价中心技术综合运用了各种测评技术。它的主要特点是使用情景性的测验方法对被试者的特定行为进行观察和评价。这种方法通常将被试置于一个模拟的工作情境中，采用多种评价技术，观察和评价被试者在这种模拟工作情境中的心理和行为。因此，这种方法有时被称为情境模拟的方法。评价中心的活动形式主要有公文处理测验、小组讨论、管理游戏、角色扮演、个人演说、根据所给的材料撰写报告、案例分析等。

1. 公文处理

公文处理是以书面材料的形式提供给被试者若干需要解决的问题以及相关的背景资

料，让其在较短的时间内进行处理，以考查其分析问题及解决问题的能力的一种评价方法。公文处理的方法可以有效地测试被试者利用信息的能力，系统思维的能力以及决策能力，具有较高的信度及效度。

2. 小组讨论

小组讨论的方法是给被测试的小组一个待解决的问题，由他们展开讨论以解决问题，评价者则通过对该过程的观察来对被试者的人际能力，在群体里分析、解决问题的能力以及领导方式等进行评价。小组讨论有多种形式，如无领导小组讨论、有领导小组讨论、不指定角色小组讨论、指定角色小组讨论等。

3. 管理游戏

管理游戏是指设计一定的情景，分给被试小组一定的任务由他们共同完成，如购买、搬运等，或者在几个小组之间进行模拟竞争，以评价被试者的合作精神、领导能力、计划能力、决策能力等多种能力的一种评价方法。管理游戏一般具有较强的趣味性，但设计的工作量大。管理游戏一般具有较好的信度及效度。

4. 角色扮演

角色扮演是在一个精心设计的管理情景中，让被试者扮演其中的角色以评价其胜任能力的模拟活动。要提高评价的准确性，管理情景的设计是关键，情景中的人际矛盾与冲突必须具有一定的复杂程度，使得被试者只能按其习惯方式采取行动，从而降低伪装的可能性。

5. 个人演说

通过让被试者就一指定的题目发表演讲来评价其沟通技能和说服能力。

（三）其他测评技术

人力资源测评方法除以上几种外，在组织中应用较多的还有面试法、观察评定法、申请表法、民意测验法、履历分析法等。

1. 面试法

面试法是以面对面的交谈及观察为主要形式，对被试者的有关素质进行测评的一种测评方式。它是人力资源测评中的一种最常用的方法，有着其他方法不可替代的特点，在某些情况下，它甚至是必不可少的。

2. 观察评定法

观察评定法是借助一定的量表，在观察的基础上对人的素质进行评价的一种测评活动。观察评定具有以下几种基本类型：日常观察评定、现场观察评定、间接观察评定等。其优点是客观、方便；缺点是可控性差，观察结果难以记录及处理。

3. 申请表法

申请表法是通过对求职者在申请表上所提供的信息进行分析，对其素质进行判断、预测的一种测评方法。申请表法是素质测评中最常用的方法之一。对于求职量特别大的组织来说，该方法可以提高筛选的效率。

4. 民意测验法

民意测验对敬业精神、合作意识、工作态度、领导方式等素质项目的测评具有较好的效果。主要原因是上述素质要素在其他测评方法中被试者易于伪装，民意测验法则能有效地消除伪装的影响。

5. 履历分析法

履历分析法是指根据档案记载的事实，了解一个人的成长历程和工作业绩，从而对其素质状况进行推测的一种评价方法。该方法可靠性高、成本低，但也存在档案记载不详而无法全面深入了解的弊端。

本章小结

人力资源招聘，简称招聘，是"招募"与"聘用"的总称，是指在总体发展战略规划的指导下，根据人力资源规划和工作分析的数量与质量要求，制订相应的职位空缺计划，并通过信息发布和科学甄选，获得所需合格人员填补职位空缺的过程。招募与聘用之间夹着甄选。

人力资源的招聘过程从招聘人的选择到收益及招募过程管理与招聘周期都有一定要求。

员工招聘与甄选的方法有心理测验方法、面试方法和评价中心技术等。

本章习题

一、名词解释

1. 招聘
2. 心理测验
3. 面试法

二、问答题

1. 在企业招聘过程中使用内部补充机制有哪些优点和缺点？
2. 在对招聘过程进行评价时应该进行哪些工作？
3. 大学毕业生选择工作的模式有哪些特点？

三、案例分析

招聘中层管理者的困难

远翔精密机械公司，在最近几年招募中层管理职位上不断遇到困难。该公司是制造销售较复杂机器的公司，目前重组成六个半自动制造部门。公司的高层管理层相信这些部门的经理有必要了解生产线和生产过程，因为许多管理决策需在此基础上做出。传统上，公司一贯是严格地从内部选拔人员。但不久，就发现提拔到中层管理职位的基层员工缺乏相应的适应新职责的技能。

公司决定改为从外部招募，尤其是招聘那些企业管理专业的好学生。通过一个职业招募机构，公司得到了许多有良好训练的工商管理专业毕业生作候选人。他们录用了一些，并先放在基层管理职位上，以便为今后提为中层管理人员做准备。不料在两年之内，所有这些人都离开了公司。

公司只好又回到以前的政策，从内部提拔。但又碰到了与过去同样的素质欠佳的问题。不久，将有几个重要职位的中层管理人员退休，他们的空缺亟待称职的继任者。面对这一问题，公司想请咨询专家来出些主意。

思考题：

1. 这家公司确实存在选拔和招募方面的问题吗？
2. 如果你是咨询专家，你会有哪些建议？

第六章　员工培训与开发

→ 导入案例

RB 制造公司的培训课程

RB 制造公司是一家位于华中某省的皮鞋制造公司，拥有将近 400 名工人。大约在一年前，公司失去了两个较大的主顾，因为他们对产品过多的缺陷表示不满。RB 公司领导研究了这个问题之后，一致认为公司的基本工程技术方面还是很可靠的，问题出在生产线上的工人、质量检查员以及管理部门工作人员的疏忽大意、缺乏质量管理意识。于是，公司决定通过开设一套质量管理课程来解决这个问题。

质量管理课程的授课时间被安排在工作时间之后，每个周五晚上 7：00~9：00，历时 10 周。公司不支付来听课的员工额外的薪水，员工自愿听课，但是公司的主管表示，如果员工积极参加培训，将被记录到他的个人档案里，以后在涉及加薪或提职的问题时，公司将会予以考虑。

课程由质量监控部门的李工程师主讲，有时还会放映有关质量管理的录像片，并进行一些专题讨论。内容包括质量管理的必要性、影响质量的客观条件、质量检验标准、检验的程序和方法、质量统计方法、抽样检查以及程序控制等内容。公司里所有对此感兴趣的员工，包括监管人员都可以听课。

课程刚开始时，有 60 人听课。在课程快要结束时，听课人数已经下降到 30 人左右。而且，因为课程是安排在周五晚上，所以听课的人都显得心不在焉，有一部分离家远的人员课听到一半就提前回家了。

在总结这一课程培训的时候，人力资源部经理评论说："李工程师的课讲得不错，内容充实、知识系统，而且他很幽默，听课人数的减少并不是他的过错。"

第一节　培训与开发概述

培训与开发一方面可以提高员工的知识技能；另一方面可以使员工认可和接受企业的文化和价值观，提升员工的素质并吸引保留优秀员工，增强企业凝聚力和竞争力。在纷繁复杂不断变化的市场竞争环境下，企业要想立于不败之地，就必须持续扩充和增强人力资本，因而准确地理解培训与开发是很有必要的。

一、培训与开发的概念

现代人力资源管理的目的就是组织最大限度地发挥员工能力,提高组织绩效。在人力资源管理理论中,培训与开发是两个既有区别,又有联系的概念。

(一)基本概念

培训与开发是指为了使员工获得或改进与工作有关的知识、技能、动机、态度和行为,有效提高员工的工作绩效以及帮助员工对组织战略目标做出贡献,组织所做的有计划的、系统的各种努力。

在传统观念里,培训和开发是有区别的。培训侧重于当前的岗位和工作任务,带有强制性,关注效率的提升;而开发以未来为导向,强调为未来的工作任务或岗位做准备,关注员工的发展,是自愿的,多与管理人员相关。培训与开发都是一种学习的过程,是由组织来规划的,最终目的是把培训内容与所期望的工作联系起来,从而促成个人与组织的双赢。但随着培训地位的提升,培训和开发有融合的趋势。

(二)培训与开发的历史沿革

虽然有人认为培训开发是新兴领域,但在实践中,人们组织培训开发的历史源远流长,可以追溯到 18 世纪。培训开发的起源与发展主要经历了以下几个阶段:

1. 早期的学徒培训

在手工业时代,主要是一对一的师父带徒弟模式。

2. 早期的职业教育

1809 年,美国人戴维德·克林顿建立了第一所私人职业技术学校,使培训与开发进入学校阶段,预示培训进入专门化和正规化的阶段。

3. 工厂学校的出现

新机器和新技术的广泛应用,培训需求大幅度增加。1872 年,美国印刷机制造商 Hoe& Company 公司是第一个有文字记载的工厂学校,其要求工人短期内掌握特定工作所需要的技术。随后福特汽车公司等各个工厂都尝试自行建立培训机构,即工厂学校。1917 年,美国通过了《史密斯-休斯法》(*Smith-Hughes Act*),规定政府拨款在中学建立职业教育课程,标志着职业教育体系开始形成。

4. 培训职业的创建与专业培训师的产生

"二战"时期,美国政府建立了行业内部培训服务机构(TWI)来组织和协调培训计划的实施。1944 年,美国培训与发展协会成立,为培训行业建立了标准,之后有了专业培训人员,培训成为一个职业。

5. 人力资源开发领域的蓬勃发展

20世纪60~70年代,培训的主要功能是辅导和咨询有关知识和技术、人际交往功能等方面的问题。随着企业商学院、企业大学的成立和成功运作,自20世纪80年代以来,培训成为企业组织变革、战略人力资源开发的重要组成部分。

二、培训开发人员及其组织结构

人力资源开发人员素质的高低不仅关系其自身的发展,而且也关系着整个企业人力资源开发职能工作的质量。不同的企业人力资源开发部门的组织结构存在较大差异,因此有必要了解培训开发人员及其组织结构。

（一）专业培训开发人员和组织的诞生

1942年,美国培训指导协会成立。1944年,在培训指导协会基础上成立了美国培训与发展协会,是全球最大的培训与发展行业的专业协会,是非营利的专业组织,定期发表行业研究报告,颁发专业资格证书,举办年会以及各种培训活动等。

（二）培训开发人员的资格认证

人力资源开发人员的认证可以分为社会统一资格认证和组织内部资格认证。2003年,中国人力资源开发研究会推出注册人力资源管理师职业资格认证（CHRP）。另外,很多组织在其内部建立了培训开发人员的资格认证体系。

（三）培训开发的组织结构

企业规模、行业、发展阶段不同,培训开发的组织结构也不同,主要模式有学院模式、客户模式、矩阵模式、企业大学模式、虚拟模式五种,其组织及特点如表6-1所示。

表6-1　各类培训开发组织结构的特点

模式	组织	优点	不足之处
学院模式	培训部门将由一名主管会同一组对特定课题或在特定的技术领域具有专业知识的专家来共同领导	1. 培训人员是该培训领域内的专家; 2. 培训部门计划由人事专家拟定	1. 可能没有意识到经营问题; 2. 可能会导致受训者失去学习的动力
客户模式	根据客户模式组建的培训部门负责满足公司内某个职能部门的培训需求	能够使培训项目与经营部门的特定需要相一致	1. 要花费相当多的时间来研究经营部门业务职能; 2. 大量涉及类似专题的培训项目是由客户开发出来的

续表

模式	组织	优点	不足之处
矩阵模式	同时向培训部门经理和特定职能部门的经理汇报工作的一种模式。培训者具有培训专家和职能专家两个方面的职责	1. 有助于将培训与经营需要联系起来； 2. 受训者可以通过了解某一特定经营职能而获得专门的知识	培训者将会遇到更多的指令和矛盾冲突
企业大学模式	客户群不仅包括雇员和经理，还包括公司外部的相关利益者，如社区大学、普通大学等	1. 企业一些重要的文化和价值观将在企业大学的培训课程中受到重视； 2. 保证了在公司某一部门内部开展的有价值的培训活动可以在整个公司进行推广； 3. 企业大学可以通过开发统一培训实践与培训政策来控制成本	费用高昂
虚拟模式	利用电子网络和多媒体技术	即时性，没有场地限制	缺少人性化交流

三、培训与开发在人力资源管理中的地位

随着信息技术、经济全球化、终身学习、人力资源外包等因素的挑战，培训开发在人力资源管理中的地位日益提升，对培训开发人员提出了新的、更高的要求。同时，企业战略和内在管理机制不同，也要求提供相应的培训开发支持。

（一）培训与开发是人力资源管理的基本内容

1. 培训与开发是隶属人力资源管理的基本职能

人力资源管理的基本功能包括获取、开发、使用、保留与发展，现代培训与开发是充分发挥人力资源管理职能必不可少的部分。

2. 培训与开发是员工个人发展的客观要求

接受教育与培训是每个社会成员的权利，尤其在知识经济时代，知识的提高及知识老化、更新速度的加快客观上要求员工必须不断接受教育和培训，无论从组织发展的角度，还是从员工个人发展的角度，员工必须获得足够的培训机会。

3. 培训与开发是国家和社会发展的客观需要

人力资源质量的提高，对国家和社会经济的发展以及国际竞争力的提升具有重要作

用。世界各国都非常重视企业员工的培训问题，制订了相关的法律和政策加以规范，并对企业的培训和开发工作给予相关的支持和帮助。

4. 培训与开发与人力资源管理其他功能模块的关系

培训、开发与人力资源管理各个方面都相互联系，尤其是人力资源规划、职位设计、绩效管理、甄选和配置等联系更为紧密。招聘甄选后便紧跟着新员工的入职培训，培训开发是员工绩效改进的重要手段，职位分析是培训需求分析的基础，人力资源规划则确定培训开发的阶段性与层次性。

(二) 培训与开发在人力资源管理中的地位和作用的变迁

1. 员工培训与开发伴随着人力资源管理实践的产生而产生

培训与开发是人类社会生存与发展的重要手段。通过培训而获得的知识增长和技能优化有助于提高劳动生产率。早在1911年，泰勒的《科学管理原理》就包括了培训与选拔的内容（按标准化作业培训工作人员并选拔合格者）。

2. 现代培训与开发逐渐成为人力资源管理的核心内容

在全球化的背景下，"投资与培训"已成为许多国际大企业、大公司投资的重点。美国工商企业每年用于职工培训的经费达数千亿美元，绝大多数企业为职工制定了培训计划，以满足高质量要求的工作挑战。同时，多元化带来的社会挑战、技术革新对员工的技能要求和工作角色发生变化，使得员工需要不断更新专业知识和技能。

3. 培训与开发是构建学习型组织的基础

随着传统资源的日益稀缺，知识经济的形成和迅速发展，21世纪最成功的企业是学习型组织。不论利润绝对数还是销售利润率，学习型企业都比非学习型企业高出许多。培训与开发作为构建学习型组织的基础具有重要的地位。

(三) 战略性人力资源管理对培训的内在要求

战略性人力资源管理是指企业为实现目标所进行和所采取的一系列有计划、具有战略性意义的人力资源部署和管理行为。战略性人力资源管理要求企业根据战略发展需要，科学地分析预测组织在未来环境变化中人力资源的供给与需求状况，制订必要的人力资源系统的获取、利用、保持和开发策略，从素质和质量上保证满足公司战略的需要。根据公司战略需要组织相应的培训，并通过制定领导者继任计划和员工职业生涯发展规划保证员工和公司保持同步成长，实现企业发展与员工职业生涯发展双赢。培训开发价值取决于是否与组织的战略相一致，不同的企业战略应当匹配不同的培训战略，如表6-2所示。

表 6-2　企业战略与培训战略的匹配

基本战略	通常需要的基本技能和资源	基本组织要求	人力资源战略	培训战略
成本领先战略	1.持续的资本投资和良好的融资能力 2.工艺加工技能 3.对工人严格的监督 4.设计的产品易于制造 5.低成本的分销系统	1.结构分明的组织和责任 2.以满足严格的定量目标为基础的激励 3.严格的成本控制 4.经常、详细地报告	1.严格的工作划分,明确细致的工作责任 2.严格监督和控制 3.简单招聘甄选测试,强调应聘者纪律和服从 4.低于或等于平均薪酬水平 5.不提供培训或提供少量培训	1.强调纪律和服从 2.强调效率优先和成本优先 3.标准化的操作训练和指导 4.干中学
差异化战略	1.强大的生产营销能力 2.产品加工 3.对创造性的鉴别能力 4.很强的基础研究能力 5.在产业中有悠久传统或具有从其他业务中得到独特技能组合 6.得到销售渠道的高度合作	1.在研究与开发、产品开发和市场营销部门之间的密切协作 2.重视主观评价和激励,而不是定量指标 3.有轻松愉快的气氛,以吸引高技能工人、科学家和创造性人才	1.广泛的工作划分,模糊的工作责任 2.强调自我监督和同事监督 3.严格的招聘甄选测试,特别强调应聘者创新精神和学习能力 4.上司、同事为主体的考核 5.高于或等于平均薪酬水平 6.提供系统培训或提供大量的培训,鼓励员工学习与成长	1.强调文化与创新 2.强调创新效率优先 3.各个职能与专业知识的广泛培训 4.脱产培训 5.学习环境建设、创建学习型组织
集中战略	针对具体战略指标,由上述各项组合构成	针对具体战略指标,由上述各项组合构成	针对具体战略指标,由上述各项组合构成	针对具体战略指标,由上述各项组合构成

四、培训开发的发展趋势

目前,培训开发规模日益壮大,培训开发水平不断提高,培训开发技术体系日益完善,培训开发理论体系逐渐形成,人力资源培训开发领域呈现出以下几方面的发展趋势:

(一)更注重团队精神

培训开发的目的比以往更加广泛,除了新员工上岗引导、素质培训、技能培训、晋升培训、轮岗培训之外,开发培训的目的更注重企业文化、团队精神、协作能力、沟通技巧等。这种更加广泛的开发培训目的使每个企业的开发培训模式从根本上发生了变化,参见图 6-1。

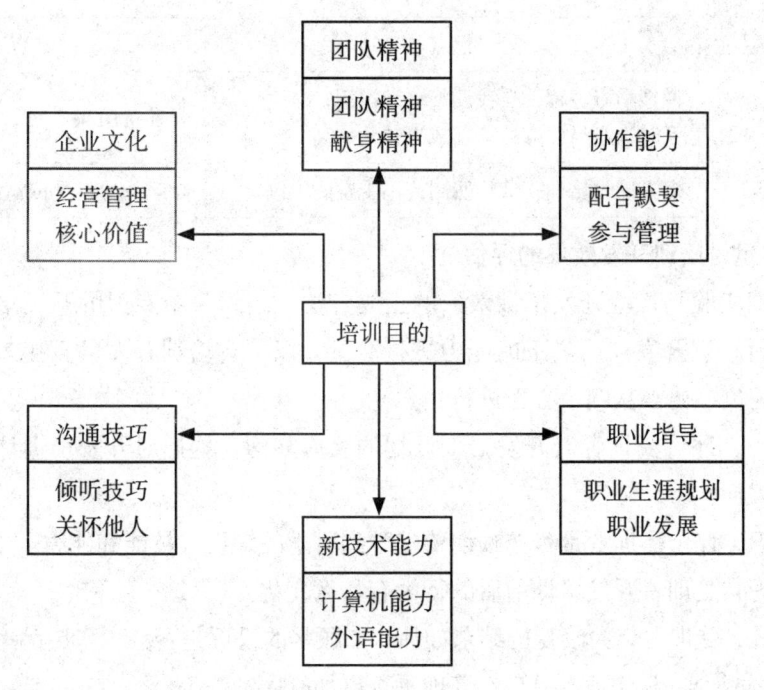

```
          团队精神
          团队精神
          献身精神
企业文化                    协作能力
经营管理   ←→              配合默契
核心价值                    参与管理
           ↑
         培训目的
           ↓
沟通技巧   ←→              职业指导
倾听技巧                    职业生涯规划
关怀他人                    职业发展
         新技术能力
         计算机能力
         外语能力
```

图 6-1　培训开发目的

（二）转向虚拟化和更多采用新技术

虚拟培训开发组织能达到传统培训组织所无法达到的目标。虚拟培训开发组织是应用现代化的培训开发工具和培训开发手段，借助社会化的服务方式而达到培训开发的目的。现代化的培训开发工具及手段包括：多媒体培训开发、远程培训开发、网络培训开发、电视教学等。在虚拟培训开发过程中，虚拟培训开发组织更加注意以顾客为导向，凡是顾客需要的课程、知识、项目、内容，他们都能及时供给并更新原有的课程设计。虚拟开发组织转向速度快，更新知识和更新课程有明显的战略倾向性。另外，虚拟组织还会根据差异化的需求做出创造性的设计，培训过程中强调开发培训者与被开发培训者的互动，提高被开发培训者在角色定位过程中学习的积极性。

虚拟化培训开发的优点和缺点参见表 6-3。

表 6-3　虚拟化培训优点和缺点比较

培训开发技术	优点	缺点
多媒体培训开发	自我控制进度；内容具有连续性；互动式学习；反馈及时；不受地理位置限制	开发费用高昂；不能快速更新
网络培训开发	自我控制培训传递；信息资源共享；简化培训管理过程；培训项目更新快速	受到网络速度限制；开发成本高；培训成果转化一般
虚拟现实	适合危险或复杂的工作培训；培训成果转化率高；反馈及时	有时缺乏真实感

续表

培训开发技术	优点	缺点
智能指导系统	模拟学习过程；自我调整培训过程；及时沟通与回应；培训成果转化率高	开发费用高
远程学习	多人同时培训；节约费用；不受空间限制	缺乏沟通；受传输设备影响大

（三）注重对培训开发效果的评估

控制反馈实验是检验开发培训效果的正规方法。组织一个专门的开发培训效果测量小组，对进行培训开发前后员工的能力进行测试，以了解培训开发的直接效果。对培训开发效果的评价，通常从四个方面进行：

一是反应，评价受训者对开发培训计划的反应如何，他们对开发培训计划认可吗？他们是否感兴趣？

二是知识，评价受训者是否按预期要求学到所学的知识、技能和能力。

三是行为，受训者开发培训前后的行为有什么变化。

四是成效，受训者行为改变的结果如何，如顾客的投诉是否减少？废品率是否降低？人员流动是否减少？业绩是否提高？管理是否更加有序？等等。

（四）更倾向于联合办学

培训开发模式已不再是传统的企业自办培训开发的模式了，更多是企业与学校联合、学校与专门培训开发机构联合、企业与中介机构联合或混合联合等方式。社会和政府也积极地参与培训开发，如再就业工程，社区积极地参与组织与管理。政府的专门职能部门也与企业、学校挂钩，如人事部门组织关于人力资源管理的培训，妇联组织关于妇女理论与实践的开发培训等。

五、培训开发

培训开发是一项系统的工作，有效的培训开发体系可以运用各种培训方式和人力资源开发的技术、工具，把零散的培训资源有机地、系统地结合在一起，从而保证培训开发工作能持续地、有计划地开展。

（一）培训开发体系

1. 培训开发体系的定义

培训开发体系是指一切与培训开发有关的因素有序地组合，是企业内部培训资源的有机组合，是企业对员工实施培训的平台，主要由培训制度体系、培训资源体系、培训运作体系组成。

2. 培训开发体系的建设与管理

（1）培训制度体系。培训制度是基础，包括培训计划、相关表单、工作流程、学员管理、讲师管理、权责分工、培训纪律、培训评估、培训档案管理制度等等。建立培体系的首要工作就是建立培训制度、设计培训工作流程、制作相关的表单、制定培训计划。培训制度的作用在于规范公司的培训活动，作为保证培训工作顺利进行的制度依据。有效的培训制度应当是建立在人力资源管理基础上，与晋升考核等挂钩。

（2）培训资源体系。培训资源体系主要包括培训课程体系、培训资产维护、师资力量开发、培训费用预算等。

（3）培训运作体系。培训运作体系包括培训需求分析、培训计划制定、培训方案设计、培训课程开发、培训实施管控、培训效果评估。

（二）企业大学

1. 企业大学的定义

企业大学又称公司大学，是指由企业出资，以企业高级管理人员、一流的商学院教授及专业培训师为师资，通过实战模拟、案例研讨、互动教学等实效性教育手段，培养企业内部中级、高级管理人才和企业供销合作者，满足人们终身学习的一种新型教育、培训体系。

企业大学是比较完美的人力资源培训开发体系，是有效的学习型组织实现手段，也是公司规模与实力的证明。早在1927年，通用汽车就创办了GM学院，通用电气1956年建立的克劳顿培训中心（现在称为领导力发展中心）标志着企业大学的正式诞生。2010年全球企业大学的数量达到3700家。全球500强中，大部分企业建立了自己的企业大学。目前，国内企业大学也超过百所。企业大学是企业战略管理的延伸，是提升企业整合战略资源的工具，是企业宣传的窗口，也是巩固人力资源体系，对员工潜能进行全面充分开发的依托。

2. 企业大学的类型

（1）内向型企业大学。内向型企业大学是为构筑企业全员培训体系而设计，学员主要由企业员工构成，不对外开放，如麦当劳大学、通用汽车的领导力发展中心等。

（2）外向型企业大学。外向型企业大学分为两类，一类是仅面向其供应链开放，将其供应商、分销商或客户纳入学员体系当中，主要目的是支持其业务发展，如爱立信学院；另一类是面向整个社会，主要目的是提升企业形象或实现经济效益，如惠普商学院。

3. 企业大学理论模型

（1）企业大学轮模型。2001年，普林斯和海里提出"企业大学轮模型"，把理想企业大学的五种元素整合到同一个理论结构中，并定义企业大学的重点是支持企业目标、协助知识的创新及组织的学习。企业大学轮模型整合了企业大学的流程、重要活动和相关任务，假设学习是产生在个体之内、个体与个体之间的活动和流程，试图把流程融入学术上的组织和学习理论，并把知识管理和学习型组织结合在同一个理论结构里。企业大学轮模型整合了作为理想企业大学的五种元素，这五种元素为支持企业目标的方式、网络和合作伙伴、知识系统和流程、人的流程以及学习流程。

（2）轴承模型。在中国企业的企业大学创建研究和咨询中，南天竺公司搭建了"企业大学创建轴承模型"（图6-2），概括出"1结合，2实体，3体系，4关键"的企业大学创建1234法，用简洁和通俗的语言描述企业如何立足管理现状，有效地创建适合企业需要的企业大学。

①结合，指以企业战略为核心，适应环境变化。
②实体，指组建领导机构和执行部门。
③体系，指建立课程体系、师资体系、评估体系。
④关键，主要是财务规划、制度建设、需求分析、持续改善。

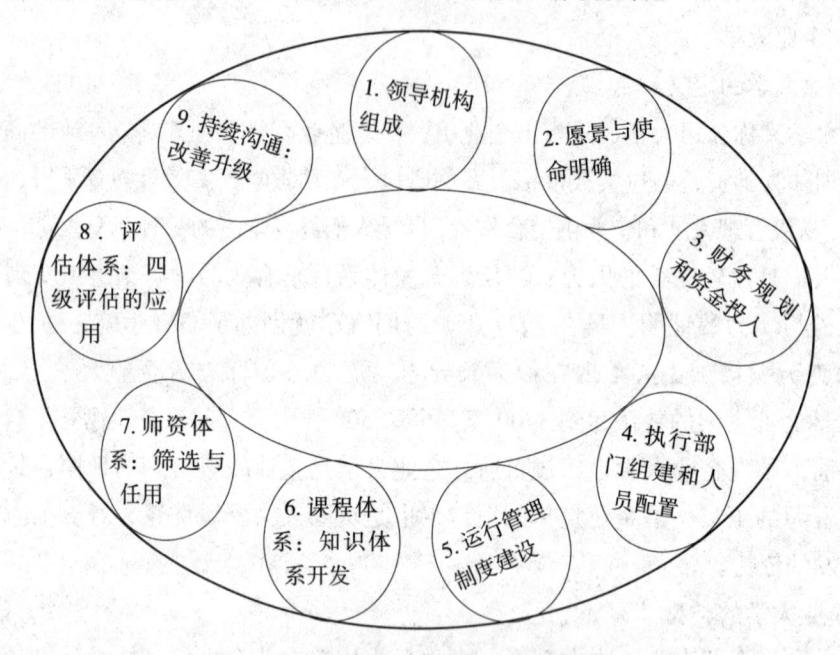

图 6-2　企业大学创建轴承模型

4. 西方企业大学成功的关键因素

（1）公司高层主管的参与和重视。
（2）将培训与发展目标和组织的战略性需求紧密结合。
（3）重视学习计划的绩效评估。
（4）根据企业内部和外部的学习需求，设计和实施具有针对性的核心课程。
（5）善于利用现代化的网络及数字工具，构建完善的学习环境。
（6）与其他企业和传统高校建立良好的合作关系。

第二节　培训需求分析

一、培训需求分析的含义与作用

（一）培训需求分析的含义

人们的学习需求常常是带有"机会主义"性质的，即人们总是在工作组织中的某个特定"机遇"出现时才意识到自己需要得到一定的培训。而当培训和日常工作相冲突的时候，人们往往又放弃了进行必要的培训和学习。而对于一个组织来说，培训需求分析既是确定培训目标、设计培训规划的前提，也是进行培训评估的基础，因而成为培训活动的首要环节。

所谓培训需求分析，是指在规划与设计每项培训活动之前，由培训部门、主管负责人、培训工作人员等采用各种方法与技术，对参与培训的所有组织及其员工的培训目标、知识结构、技能状况等方面进行系统的鉴别与分析，以确定这些组织和员工是否需要培训及如何培训，弄清谁最需要培训、为什么要培训、培训什么等问题，并进行深入探索研究的过程。它具有很强的指导性，是确定培训目标、设计培训计划、有效地实施培训的前提，是现代培训活动的首要环节，是进行培训评估的基础，对企业的培训工作至关重要，是培训工作准确、及时和有效开展的重要保证。

（二）培训需求分析的作用

1. 充分认识现状与目的的差距

培训需求分析的基本目标就是确认差距，即确认绩效的应有状况同现实状况之间的差距。绩效差距的确认一般包含三个环节：一是必须对所需要的知识、技能、能力进行分析，即理想的知识、技能、能力的标准或模式是什么；二是必须对现实实践中缺少的知识、技能、能力进行分析；三是必须对理想的或所需要的知识、技能、能力与现有的知识、技能、能力之间的差距进行分析。这三个环节应独立有序地进行，以保证分析的有效性。

有时需求分析并非如此简单，每一个环节都有可能面临各种挑战。很多资源被用来确认所需要的知识、技能、能力，但这些资源相互之间可能发生冲突，这就要求组织内部必须能够相互调解。现代的知识、技能、能力的范围相当宽泛，或者一项不可接受的实践可能不会经常发生，但是当它发生时又会产生严重的问题。当变革在组织标准和工作人员职位方面都发生时，需求分析并不仅仅是简单的任务确定，而要求在变化的环境和对象中做出决策。

2. 促进人事管理工作和员工培训工作的有效结合

当需求分析考虑到培训和开发时，需求分析的另一个重要作用便是促进人事分类系统向人事开发系统的转换。包括企业在内的一般组织，大部分有自己的人事分类系统。人事分类系统作为资料基地，在做出关于补偿金、员工福利、新员工录用、预算等的决策方面非常重要。

人力资源部门也必须在组织大战略框架下来制订员工的培训战略。用全局的眼光、开放的视野做好员工培训的战略性选择，这不仅有利于贯彻执行好大政方针政策，还有利于以科学发展观为指导做好基层员工各项工作。员工培训计划管理是员工培训战略管理的具体落实和体现。

3. 获得员工培训的相关成果

培训需求分析能够形成一个规划开发与评估的研究基础。一个好的需求分析能够得出一系列的研究成果，确立培训内容，指出最有效的培训战略，安排最有效的培训课程。同时，在培训之前，通过研究这些资料，建立相应标准，然后用这个标准评估培训项目的有效性。

4. 决定培训的价值和成本

如果进行了好的培训需求分析，并且找到了存在的问题，管理人员就能够把成本因素引入到培训需求分析中去。这个时候，如果不进行培训的损失大于进行培训的成本，那么培训就是必然的、可行的。反之，如果不进行培训的损失小于培训的成本，则说明当前还不需要或不具备条件进行培训。

5. 能够获得各个方面的协助

高层管理部门在对规划投入时间和金钱之前，对一些支持性的资料很感兴趣。中层管理部门和受影响的工作人员通常支持建立在客观需求分析基础之上的培训规划，因为他们参与了培训需求分析过程。无论是组织内部还是外部，需求分析提供了选择适当指导方法与执行策略的大量信息，有利于获得各方面的支持。

二、培训需求分析的内容

培训需求分析的内容主要有三个方面：培训需求的对象分析、培训需求的阶段分析、培训需求的层次分析。

（一）培训需求的对象分析

培训对象分为新员工培训和在职员工培训两类，所以培训需求的对象分析包括新员工培训需求分析和在职员工培训需求分析。

1. 新员工培训需求分析

对企业文化、制度、工作岗位的培训，通常使用任务分析法。新员工的培训需求主要产生于对企业文化、企业制度不了解而不能融入企业，或是对企业工作岗位不熟悉而不能胜任新工作。对新员工的培训需求分析，特别是对企业低层次工作的新员工的培训需求，通常使用任务分析法来确定其在工作中需要的各种技能。

2. 在职员工培训需求分析

新技术、技能要求的培训，通常使用绩效分析法。由于新技术在生产过程中的应用、在职员工的技能不能满足工作需要等方面的原因而产生培训需求，通常采用绩效分析法评估在职员工的培训需求。

（二）培训需求的阶段分析

培训活动按阶段不同，可分为针对目前存在的问题和不足所进行的目前培训、针对未来发展需要所进行的未来培训。因此，培训需求的阶段分析包括目前培训需求分析和未来培训需求分析。

1. 目前培训需求分析

针对企业目前存在的不足和问题而提出的培训需求，主要是分析企业现阶段的生产经营目标、生产经营目标实现状况、未能实现的生产任务、企业运行中存在的问题等方面，找出这些问题产生的原因，并确认培训是解决问题的有效途径。

2. 未来培训需求分析

这类培训需求主要是为满足企业未来发展过程中的需要而提出培训的需求。采用前瞻性培训需求法，预测企业未来工作变化、职工调动情况、新工作职位对员工的要求以及员工已具备的知识水平和尚欠缺的部分。

（三）培训需求的层次分析

培训需求的层次分析可分为战略层次分析、组织层次分析和员工个人层次分析。

1. 培训需求的战略层次分析

随着企业变革速度的加快，人们把目光投向未来，不仅针对企业的过去和现在进行培训需求分析，而且重视对企业未来进行培训需求分析及战略层次分析。战略层次分析一般由人力资源部发起，需要企业的执行层或咨询小组的密切配合。战略层次分析要考虑各种可能改变组织优先权的因素，如引进一项新技术、出现了突发性的紧急任务、领导人的更换、产品结构的调整、产品市场的扩张、组织的分合以及财政的约束等；还要预测企业未来的人事变动和企业人才结构的发展趋势（如高中低各级人才的比例、老中青各年龄段领导的比例等），调查了解员工的工作态度和对企业的满意度，找出对培训不利的影响因素和可能对培训有利的辅助方法。

2. 培训需求的组织层次分析

组织层次分析主要分析的是企业的目标、资源、环境等因素，准确找出企业存在的问题，并确定培训是否是解决问题的最佳途径。组织层次的分析应首先将企业的长期目标和短期目标作为一个整体来考察，同时考察那些可能对企业目标产生影响的因素。企业目标决定着培训目标，如果企业目标不明确，那么培训采用的标准就难以确定，培训工作就失去了指导方向和评估标准。因此，人力资源部必须弄清楚企业目标，才能在此基础上做出一份可行的培训规划。

3. 培训需求的员工个人层次分析

员工个人层次分析主要是确定员工目前的实际工作绩效与企业的员工绩效标准对员工技能要求之间是否存在差距，为将来培训效果的评估和新一轮培训需求的评估提供依据。对员工目前实际工作绩效的评估主要依据以下资料：员工业绩考核记录、员工技能测试成绩以及员工个人填写的培训需求调查问卷等资料。

三、培训需求分析的方法与程序

（一）培训需求分析的方法

任何层次的培训需求分析都离不开一定的方法与技术。而这种方法与技术又是多种多样的。这里介绍三种方法：必要性分析方法、全面性分析方法、绩效差距分析方法。

1. 培训需求的必要性分析方法

1）必要性分析方法的含义与内容。所谓必要性分析方法，是指通过收集并分析信息或资料，确定是否通过培训来解决组织存在问题的方法，它包括一系列的具体方法和技术。

2）九种基本的必要性分析方法与技术。

①观察法：通过较长时间的反复观察或通过多种角度、多个侧面或有典型意义的具体事件进行细致观察，进而得出结论。

②问卷法：其形式可能是对随机样本、分层样本或所有的"总体"进行调查或民意测验。可采用各种问卷形式：开放式、投射式、强迫选择式、等级排列式。

③关键人物访谈：通过对关键人物的访谈，应当保证了解到所属工作人员的培训需要，如培训主管、行政主管等。

④文献调查：通过对包括专业期刊，具有立法作用的出版物等的分析、研究，获得调查资料。

⑤采访法：可以是正式的或非正式的，结构性的或非结构性的；可以用于一个特定的群体（行政机构、公司、董事会等或者每个相关人员）。

⑥小组讨论：像面对面的采访一样，可以集中于工作（角色）分析、群体问题分析、目标确定等方面。

⑦测验法：可以功能导向，用于测试一个群体成员的技术知识熟练程度。

⑧记录、报告法：可以包括组织的图表、计划性文件、政策手册、审计和预算报告。对麻烦问题提供分析线索。

⑨工作样本法：采用书面形式，由顾问对假设好（并且有关）的案例提供书面分析报告，可以是组织工作过程中的产物（如项目建议、市场分析、培训设计等）。

2. 培训需求的全面性分析方法

全面性分析方法是指通过对组织及其成员进行全面、系统的调查，以确定理想状况与现有状况之间的差距，从而进一步确定是否进行培训及培训内容的一种方法。

1）全面性分析方法的主要环节。由于工作分析耗费大量时间，且需要一种系统的方法，因而分析前制定详细的计划对于全面分析方法的成功实施非常重要。在计划阶段，一般包括计划范围的确定和计划团体的任命两部分内容。

2）研究阶段。工作分析的规范制定以后，工作分析必须探究目标工作。首先检验的信息是工作描述。当研究阶段结束后，工作分析人员应该能从总体上描述一项工作。

3）任务或技能目标阶段。这一阶段是工作分析的核心，有两种方法可以被应用：一种是形成一个完全详细的任务目录清单，即每一项任务被分解成微小分析单位；另一种方法是把工作仅剖析成一些任务，然后形成一个描述任务目录的技能目标。

4）任务或技能分析阶段。工作任务的重要性是能够分析的一个维度，另一个维度是频率，即一定时间内从事一项任务的次数。其他维度包括所需要的熟练水平、严重性及责任感的强弱程度。熟练水平这一维度主要用来考查在不同的任务中是否需要高级、中级或低级的熟练水平。严重性这一维度主要考查何种任务如果执行不适当、不合理将会产生灾难性后果。责任感的强弱程度这一维度主要用来考查在职工作人员在不同层次的监督下所表现出来的责任感的大小。

一个全面的任务目录分析完成以后，下一步就要分析工作人员需要什么类型的培训。

3．培训需求的绩效差距分析方法

绩效差距分析方法，也称问题分析法，它主要集中在问题而不是组织系统方面，其推动力在于解决问题而不是系统分析。绩效差距分析方法是一种广泛采用的、非常有效的需求分析法。绩效差距分析法的环节如下。

1）发现问题阶段：发现并确认问题是绩效分析法的起点。问题是理想绩效和实际绩效之间差距的一个指标。其类型诸如生产力问题、士气问题、技术问题、资料或变革的需要问题等。

2）预先分析阶段：也是由培训者进行直观判断阶段。在这一阶段，要做出两项决定：一项是如果发现了系统的、复杂的问题，就要运用全面性分析方法；另一项是处理应用何种工作收集资料问题。

3）资料收集阶段：收集资料的技术有多种，各种技术在使用时最好结合起来，经常采用的有扫描工具、分析工具等。

4）需求分析阶段：需求分析涉及寻找绩效差距。传统上，这种分析考查实际个体绩效同工作说明之间的差距。然而，需求分析也考查未来组织需求和工作说明。既然如此，工作设计和培训就高度结合在一起。我们可以把需求分析分为工作需求、个人需求和组织需求三个方面。

5）需求分析结果：通过一个新的或修正的培训规划解决问题，是全部需求分析的目标所在。在结果分析过程中，通常最终确定针对不同需求采取不同的培训方法及不同的培训内容。

（二）培训需求分析的程序

1．培训前期的准备工作

培训活动开展之前，培训者就要有意识地收集有关员工的各种资料。这样不仅能在培训需求调查时很方便地调用，而且能够随时监控企业员工培训需求的变动情况，以便在恰当的时候向高层领导者请示开展培训。

1）建立员工培训档案。培训部门应建立起员工的培训档案，培训档案应注重员工素质、员工工作变动情况以及培训历史等方面内容的记载。员工培训档案可参照员工人事档案、员工工作绩效记录表等方面的资料来建立。另外，培训者应密切关注员工的变化，随时向其档案里添加新的内容，以保证档案的及时更新和监控作用。

2）同各部门人员保持密切联系。培训工作的性质决定了培训部门通过和其他部门之间保持更密切的合作联系，随时了解企业生产经营活动、人员配置变动、企业发展方向等方面的变动，使培训活动开展起来更能满足企业发展需要，更有效果。培训部门工作人员要尽可能和其他部门人员建立起良好个人关系，为培训收集到更多、更真实的信息。

3）向主管领导反映情况。培训部门应建立一种途径，满足员工随时反映个人培训需要的要求。可以采用设立专门信箱的方式，或者安排专门人员负责这一工作。培训部门了解到员工需要培训的要求后要立即向上级汇报，并汇报下一步的工作设想。如果这项要求是书面的，在与上级联系之后，最好也以书面形式作答。如果得到的是一项口头要求，培训者可以口头作答，但应把主要内容以书面形式向上级汇报。

4）准备培训需求调查。培训者通过某种途径意识到有培训的必要时，在得到领导认可的情况下，开始需求调查的准备工作。

2. 制订培训需求调查计划

培训需求调查计划应包括以下几项内容。

1）培训需求调查工作的行动计划。即安排活动中各项工作的时间进度以及各项工作中应注意的一些问题，这对调查工作的实施很有必要。特别是对重要的、大规模的需求分析，有必要制订一个行动计划。

2）确定培训需求调查工作的目标。培训需求调查工作应达到一个什么目标，一般来说，是完全出于某种培训的需要，但由于在培训需求调查中会有各种客观或主观的原因，培训需求调查的结果并不是完全可信的。所以，要尽量排除其他因素的影响，提高培训需求调查结果的可信度。

3）选择合适的培训需求调查方法。应根据企业的实际情况以及培训中可利用的资源选择一种合适的培训需求分析方法。如工作任务安排非常紧凑的企业员工不宜对其采用面谈法，专业技术性较强的员工一般不用观察法。对于大型培训活动可以数种方法并施，如将问卷调查和个别会谈结合使用，扬长避短，但会增加成本费用。

4）确定培训需求调查的内容。确定培训需求调查内容的步骤如下：首先要分析这次培训调查应得到哪些资料，然后排除手中已有的资料，就是需要调查的内容。培训需求调查的内容不要过于宽泛，这样会浪费时间和费用，对于某一项内容可以从多角度调查，这样易于取证。

3. 实施培训需求调查工作

在制订了培训需求调查计划以后，就要按计划规定的行动依次开展工作。实施培训需求调查主要包括以下步骤。

1）提出培训需求动议或愿望。需求动议是指提出培训动态，由培训部门发出制订计划的通知，请各责任人针对相应岗位工作需要提出培训动议或愿望。它应由理想需求与现实需求或预测需求与现实需求存在差距的部门和岗位提出。

2）调查、申报、汇总需求动议。即相关人员根据企业或部门的理想需求与现实需求、预测需求与现实需求的差距，调查、收集来源于不同部门和个人的各类需求信息，整理、汇总培训需求的动议和愿望，并报告企业培训组织管理部门或负责人。

3）分析培训需求。申报的培训需求动议并不能直接作为培训的依据。因为培训需求常常是一个岗位或一个部门提出的，存在一定的片面性，所以对申报的培训需求进行分析，就是要消除培训需求动议的片面性，也就是说要全方位、从整体工作计划来考虑，这就需要由企业的组织计划部门、相关岗位、相关部门以及培训组织管理部门共同协商确定。

4）汇总培训需求意见，确认培训需求。即培训部门对汇总上来并加以确认的培训需求列出清单，参考有关部门的意见，根据重要程度和迫切程度排列培训需求，并依据所能收集到的培训资源制订初步的培训计划和预算方案。

4. 分析、输出培训需求结果

1）对培训需求调查信息进行归类、整理。培训需求调查的信息来源于不同的渠道，信息形式有所不同，因此，有必要对收集到的信息进行分类，并根据不同的培训调查内容的需要进行信息的归档，同时要制作表格对信息进行统计，并利用直方图、分布曲线图等工具将信息所表现趋势和分布状况予以形象的处理。

2）对培训需求分析、总结。对收集上来的调查资料进行仔细分析，从中找出培训需求。此时应注意个别需求和普遍需求、当前需求和未来需求之间的关系。要结合业务发展的需要，根据培训任务重要程度和紧迫程度对各类需求进行排序。

3）撰写培训需求分析报告。对所有的信息进行分类处理、分析总结以后，就要根据处理结果撰写培训需求调查报告，报告结论要以调查信息为依据，不能以个人主观看法做出结论。

第三节　培训计划制订与实施

培训计划直接关系培训开发活动的成败，培训计划是确定培训内容和方法、培训效果评估的主要依据。因此，必须了解什么是培训计划、培训计划包括哪些内容、如何制定培训计划。

一、培训计划工作概述

（一）培训计划的概念

培训计划是按照一定的逻辑顺序排列，从组织的战略出发，在全面、客观的培训需求分析基础上做出的对培训时间、培训地点、培训者、培训对象、培训方式和培训内容等的预先系统设定。

（二）培训计划的类型

培训计划要着重考虑可操作性和效果。要明确培训的目的与目标（Why）、培训时间

（When）、培训地点（Where）、培训者（Who）、培训对象（Whom）、培训方式（How）、培训内容（What）、培训组织工作的分工和标准、培训资源的具体使用、培训支援的落实、培训效果的评价。以时间跨度为标准，培训计划可以分为：

1. 长期培训计划（3~5年及以上）

长期培训计划必须明确培训的方向性，考虑组织的长远目标、个人的长远目标、外部环境发展趋势、目标与现实的差距、人力资源开发策略、培训策略、培训资源配置、培训资源的需求、培训内容的整合、培训行动步骤、培训效益预测、培训效果预测等因素。

2. 中期培训计划（1~3年）

中期培训计划是长期计划的进一步细化，要明确培训中期需求、培训中期目标、培训策略、培训资源分配、培训资源的需求、培训内容的整合、培训行动步骤、培训效益预测、培训效果预测等因素。

3. 短期培训计划（1年以下）

从目前国内组织的培训实践来看，通常所说的培训计划大多是短期培训计划，更多的是某次或某项目的培训计划。

以上三种计划属于从属关系，从长期到短期反映了培训计划工作不断细化。

二、培训计划的制订

（一）确立培训目的与目标

1. 培训目标分类

培训目标可以分为提高员工在企业中的角色意识、提高知识和技能、转变态度动机几类。培训目标可分为若干层次，从某一培训活动的总体目标到某个学科直至每堂课的具体目标。

2. 确定培训目标的注意事项

确定培训目标应当和组织长远目标相吻合，一次培训的目标不要太多，要从学习者的角度出发，明确说明预期课程结束后学员可以拥有哪些知识、信息及能力。目标确立应符合SMART原则，即目标必须是具体的（Specific），目标必须是可以衡量的（Measurable），目标必须是可以达到的（Attainable），目标必须和其他目标具有相关性（Relevant），目标必须具有明确的截止期限（Time-based）。

（二）确定培训时间

培训时间主要包括培训时机的确定和培训的持续时间。

1. 选择培训时机

（1）新员工加盟时。

（2）新技术、新设备的引进或变更生产工艺流程时。

（3）满足补救需要时（缺乏合格员工）。

2. 制定和分发开课时间表。

人力资源部应该制订一份包含所有计划运营培训的开课时间表，列明开课的时间和地点。一种通常的做法是制作一本包含的相关信息的小册子，例如课程描述。这本小册子将被分发给所有的部门作为一份参考文件（在某些组织将拷贝给所有员工）。

3.决定培训时间。

要考虑是在白天，还是晚上，工作日还是周末，旺季还是淡季，何时开始，何时结束等。

（三）确定培训场所与设施

（1）培训场所的多样化。

（2）判断培训场所与设施的基本要求，即舒适度与合适度。

（3）场所选择必须考虑各种细节。

（四）确定培训者

培训者有广义和狭义之分。广义的培训者包括培训部门领导人、培训管理人员以及培训师；狭义的培训者专指培训师。

1.培训部门领导人的条件

（1）对培训工作富有热情，具有敬业精神。

（2）有培训与开发工作的实际经验。

（3）以身作则，一视同仁。

（4）富有远见，能清楚地分析组织的培训要求，对人力资源发展有战略眼光。

（5）有良好的知识结构，特别是有培训与开发的专业知识。

（6）有良好的职业道德品质和身体状况。

2.培训管理人员的条件

（1）善于与人打交道。

（2）工作主动、积极。

（3）有任劳任怨的精神。

（4）有一定的组织管理能力。

3.培训师的条件

培训师是企业培训活动的关键环节，培训师资水平的高低直接影响培训活动的实施效果，而且可能会影响到企业领导对人力资源部门和企业培训开发工作的基本看法。培训师可以来自于企业内部或外部。优秀的培训师需要具备以下素质和技能。

（1）态度：培训师应当喜欢培训工作（3C），即关心（Care）、创造性（Creativity）和勇气（Courage）。

（2）能力：培训师应当具备信息转化能力、良好的交流和沟通能力、一定的组织管理能力、创新能力。

企业内部的培训讲师是企业培训师资队伍的主体，他们能有效传播企业真正需要的知识与技能，对企业有效经验和成果进行共享和复制；同时选择优秀员工担任讲师，为员工职业生涯发展开辟了更广阔的道路。所以,企业应注意对内部讲师的培养和激励以及制度建设问题。

外部培训师的选拔同样要遵照相应的程序,还应考虑促进外部讲师授课成果的有效转化。内外部培训师的优缺点如表6-4所示。

表6-4 内外部培训师的优缺点

	优 点	缺 点
内部培训师	1. 了解企业,培训有针对性,利于增强培训效果; 2. 与学员相互熟悉,交流顺畅; 3. 培训相对易于控制; 4. 成本较低	1. 不易在学员中树立威望,影响学员参与度; 2. 内部选择范围小,不易开发高质量的教师队伍; 3. 看待问题受环境影响,不易上升高度
外部培训师	1. 选择范围大,可得到高质量的培训师资; 2. 可带来许多全新的理念; 3. 对学员具有较大的吸引力; 4. 可提高培训档次,引起企业重视; 5. 容易营造气氛,获得良好的培训效果	1. 对企业缺乏了解,加大风险; 2. 教师与企业及学员之间缺乏了解,可能降低培训适用性; 3. 学校教师缺乏实际工作经验,易导致纸上谈兵; 4. 聘用成本较高

(五)确定培训对象

一般而言,组织内有三种人员需要培训。

1. 可以改进目前工作的员工

培训可以使他们更加熟悉自己的工作和技术。

2. 有能力而且组织要求他们掌握另一门技术的员工

培训的目的是将其安排到更重要、更复杂的岗位上。

3. 有潜力的员工

经过培训让他们进入更高层的岗位。

培训对象确定后,最好能立即列出该对象的相关资料,如平均年资、教育背景、共同特质、曾参加过的培训等。

(六)确定培训项目

培训内容应服务于培训目的与目标。培训的内容一定要科学,既要考虑系统性、适用性,还要考虑超前性,并根据不同的对象和不同的时间有所变化。

1. 确定培训内容与项目的依据

(1)以工作岗位标准为依据。

(2)以生产/服务质量标准为依据。

(3)以组织的发展目标为依据。

2. 确定培训内容与项目的分析方法

（1）任务分析法。

（2）缺陷分析法。

（3）技能分析法。

（4）目标分析法。

（七）确定培训方法

培训内容确定后，可以依据知识性课程、技能性课程、态度性课程等不同的课程，选择相适应的培训方法。培训方法的种类主要包括：

（1）课堂讲授法。

（2）研讨法。

（3）角色扮演法。

（4）游戏法。

（5）案例法。

（6）敏感性训练。

（7）视听法。

（8）程序指导。

（9）头脑风暴法。

（10）模拟法等。

（八）确定培训开发预算

培训开发预算是指在一段时间内（通常是12个月）培训开发部门所需要的全部开支。培训开发预算主要由五部分构成，包括培训场地及设施，与培训相关人员的食宿费，培训器材、教材费，培训相关人员工资以及外聘教师讲课费、交通差旅费等。

培训开发预算的确定主要有六种方法：

1. 比较预算法

参考同行业平均培训预算与优秀企业培训预算，结合本企业实际情况确定。

2. 比例确定法

对某一基准值设定一定的比率来决定培训经费预算额。如根据企业全年产品的销售额的一定百分比或总经费预算的百分比来确定培训经费预算。

3. 人均预算法

预先确定企业内人均培训经费预算额，然后再乘以在职人员数量。

4. 推算法

根据过去培训的使用额来推算，或与上一年度对比决定预算。

5. 需求预算法

根据企业培训需求确定一定时限内必须开展的培训活动，分项计算经费，然后加总求和。

6. 费用总额法

企业划定人力资源部门全年费用总额后，再由人力资源部门自行分配预算。

三、编制培训计划书

（一）概念

培训计划书是关于培训计划制订结果的一份文字总结。具体应当包括以下基本内容：培训项目名称、培训目的、培训进度、培训内容、培训步骤、意外控制、注意事项、策划人、日期等。

（二）作用

（1）可对整个项目做一个清晰的交代，同时充分陈述项目的意义、作用和效果，简化培训程序。

（2）信息与分析结果高度浓缩的培训计划书可为高层领导的决策提供必要的依据和便利。

（3）可预先帮助管理者加深对培训项目各个环节的了解，从而做到统筹规划。

（三）编写技巧

（1）项目名称要尽可能详细地写出。

（2）应写明培训计划者所属部门、职务、姓名。团队形式则应写出团队名称、负责人、成员姓名。

（3）培训计划目的要尽可能地简明扼要，突出核心要点。

（4）培训计划书内容应在认真考虑受众的理解力和习惯的基础上详细说明，表现方式宜简单明了，并可适当加入一些图表。

（5）详细阐述计划培训的预期效果与预测效果，并解释原因。

（6）对计划中出现的问题要全部列明，不应回避，并阐述计划者的看法。

（7）培训计划书是以实施为前提编制的，通常会有很多注意事项，在编写时应将它们提供给决策者做参考。

四、培训材料包

培训材料包指能够帮助学习者达成培训目标，满足培训需求的所有资料。具体包括课程描述、课程的具体计划、学员用书、课前阅读资料、教师教学资料包（视听材料、练习册、背景资料、电脑软件等）、小组活动的设计与说明、测试题目。

培训材料可以由培训教师准备、组织自行开发、从外部组织购买、从外部购买并按照组织的特定需求进行修改。

五、培训实施

（一）明确培训学习的原则

当前，员工培训已经成为企业生产经营活动中的重要内容，对企业的生存和发展有着至关重要的意义。为了高效率地开展这项活动，为了保证培训的方向不偏离组织预定的目标，企业必须制订基本原则，并以此为指导。具体包括以下几个方面：

1. 近期目标和长远战略相结合原则

企业员工培训既要满足当前生产经营的迫切需要，又要具有战略眼光，必须将员工的培训与开发放在战略的高度来认识，做到未雨绸缪，为企业的未来发展做好人力资源方面的战略储备。员工培训有的能立竿见影，很快会反映到员工工作绩效上来；有的可能在若干年后才能收到明显的效果，尤其是对管理人员的培训。因此，许多企业将培训看成是只见投入不见产出的"赔本"买卖，往往只重视当前利益，安排"闲人"去参加培训，而真正需要培训的人员却因为工作任务繁重而抽不出身。结果就出现了所学知识不会用或根本不用的"培训专业户"，使培训真正变成了只见投入不见产出的"赔本"买卖。"近期"和"长远"这两个目标有时会在所需的人、财、物等方面发生冲突，为长远打算的培训项目可能费时费力，又看不到立竿见影的效果，但我们必须把眼光放得远一些，只要人才预测方向准确，经过培训的新型人才必将在未来一轮的竞争中产生出他人不可替代的巨大效益。

为了达到上述要求，就必须要制定出符合本企业特点的培训计划。这种计划既要立足眼前，又要照顾长远；既要有针对性，又要保持连续性。为了制定科学和切实可行的培训计划，应该对企业人才需求进行预测，并且充分考虑到企业的生产经营特点、近期目标、长远规划以及社会劳动力供求变化趋势等因素。要对培训的目标、方法、效益进行周密、细致的研究。通过制定和执行培训计划，保持培训的制度化和连续性。企业还应建立培训效果的追踪检查方案，并根据生产经营的变化随时对培训计划做出相应的修订。

2. 全员培训与重点提高相结合原则

全员培训就是有计划、有步骤地对在职的所有员工进行培训，这是提高全体员工素质的必经之路。为了提高培训投入的回报率，培训必须有重点，即对企业兴衰有着重大影响的管理和技术骨干，特别是中高层管理人员，再者就是有培养前途的梯队人员，更应该有计划地进行培训与开发。

在坚持全员培训与重点提高相结合的原则的同时，要因材施教，处理好学员共性和个性的关系。也就是说，要针对员工的不同文化水平、不同职务岗位、不同要求以及其他差异，区别对待。只有这样，才能最大限度地发挥培训的功能，使员工的才能在培训活动中得到培养和提高，并在生产经营中得以实现。

企业最高领导层是决定企业命运的关键人物，对他们的培训应该从提高其决策能力和战略眼光入手。应该通过中、短期的学习或研讨会，通过国内外参观考察等方式，使他们了解本行业生产技术的最新进展、市场动向以及最新的经营管理知识，使他们增加信息量、扩大视野、巧于经营、善于经营,从而使企业在竞争中立于不败之地。

对企业中层管理人员的培训,应该立足于提高他们的经营管理能力,提高他们在本职工作领域中的专业知识和技能,要求他们通过培训,增强组织协调能力、实际工作能力和开拓进取精神。

对工程技术人员的培训,则要着重致力于专业技能的提高,使他们及时掌握新工艺、新技术及其他信息,使他们加速知识更新,从而跟上科学技术日新月异飞速发展的步伐。

对于一般职工,则要提高他们的基础文化知识和技术操作水平,并通过企业员工培训,使他们成为有经济头脑、讲经济效益、精通技术、一专多能的人才。

3. 知识技能培训与企业文化培训兼顾原则

培训与开发的内容,除了文化知识、专业知识、专业技能的培训内容之外,还应包括理想、信念、价值观、道德观等方面的培训内容。而后者又要与企业目标、企业文化、企业制度、企业优良传统等结合起来,使员工在各方面都能够符合企业的要求。

4. 理论联系实际,学以致用原则

员工培训应当有明确的针对性,一定要从本企业实际出发,从实际工作的需要出发,根据企业的实际需要组织培训,使培训与生产经营实际紧密结合,与职位特点紧密结合,与培训对象的年龄、知识结构、能力结构、思想状况紧密结合,目的在于通过培训让员工掌握必要的技能以完成规定的工作,最终为提高企业的经济效益服务。企业培训既不能片面强调学历教育,也不能片面追求急功近利、立竿见影。员工培训活动应该做到干什么学什么、缺什么补什么,使这种活动真正成为企业生产经营的强大推动力量。只有这样,培训才能收到实效,才能提高工作效率。

5. 培训效果的反馈与强化原则

培训效果的反馈与强化是不可缺少的重要环节。培训效果的反馈指的是在培训后对员工进行检验,其作用在于巩固员工学习的技能、及时纠正错误和偏差,反馈的信息越及时、准确,培训的效果就越好。强化则是指由于反馈而对接受培训人员进行的奖励或惩罚。其目的一方面是奖励接受培训并取得绩效的人员,另一方面是加强其他员工的培训意识,使培训效果得到进一步强化。

6. 培训活动的持久性原则

培训作为人力资源体系中的一个很重要的环节,要充分认识到培训的持续作用。仅仅几次培训很难达到预期的效果,也不符合人力资源发展规律,那种试图"一蹴而就"的做法是不可取的,时冷时热式的培训虽然可以在一定程度上取得效果,但会挫伤员工的积极性。

还要注意一个问题,就是培训组织者的"完美心理",即以同行为目标,试图在短期内将公司的整个培训全部做好,达到领导的要求。其实,一个公司要建立自己的培训体系,不是一朝一夕的事,而是一个持续的过程,需要不断总结、不断提高和完善。任何试图在短期达到非常好的培训体系和要求的想法，都将欲速则不达。

7. 培训活动的协调性

首先，是时间上的协调。有的培训需要较长的时间，这就不可避免地发生时间冲突，尤其与员工私人时间的冲突。如果太多地占用私人时间，员工参加培训就会心不在焉，培训效果自然大打折扣。

其次，是组织上的协调。有的培训很难把参加的人员组织好，诸如出差、工作忙、开会等因素都会影响培训的人员安排，这就需要培训部门和相关人员协调好，保证大家都有机会参加。

（二）合理选择培训方法

员工培训的方法是指培训主体（通常是企业）为了实现培训目标而采取的作用于企业员工的各种方式、形式、手段和程序等的总和。它是实现企业员工培训目标的中介和桥梁，是整个员工培训系统的重要组成部分，是提高员工培训实效性的关键之一。企业员工培训方法的综合把握和有效调试，对提高员工培训的实效性有着重要意义。

1. 目前我国企业员工培训方法存在的问题

企业员工培训是根据企业发展的实际工作需要，为提高劳动者素质和能力而实施的培养和训练。随着现代社会知识更新和科技发展的日新月异，企业员工培训已成为企业发展的必要环节，对企业的长远发展有着很重要的积极作用。目前，我国企业员工的培训工作已经取得了一些成就，尤其是一些大企业的员工培训已经达到了一个相当高的水平。但是由于受传统观念的约束，目前企业的员工培训方法在很多方面已经和时代不相吻合，主要存在着如下弊端：

（1）观念落后，认识不足。相当一部分企业将员工培训看作单纯的投入，所以尽可能地减少培训人数和费用。这是一种典型的短视行为，只看到了短期的投入，而没有看到员工培训为企业长远发展所培养、积攒的人力资本。这种陈旧的观念和思想很难与社会同步，需要及时更新。

（2）只重技能，不重素质。企业员工培训的内容很多，一般由知识培训、技能培训和素质培训组成。我国企业的员工培训主要停留在员工的知识和技能方面的培训，对于员工在其他方面的培训则做得不够。如对企业文化的传承、企业内聚力的加强、员工工作热情的激发等方面认识不足，导致我国企业员工的培训只注重技能培训而忽视素质培训。其结果是虽然员工技能得到了长足的提高，但缺乏正确的工作态度和优良的职业精神，导致员工离职率居高不下，企业的培训投入无法得到回报。

（3）不成体系，方法老套。一份权威机构对我国企业的培训调查报告显示，92%的企业没有完善的员工培训体系，仅有42%的企业有自己的培训部门。很多企业一提到员工培训就是来场讲座，或是外派学习一周等形式，很少考虑自身需要，只是为培训而培训。

另外，企业培训的对象是成年人，成年人的逻辑记忆力较强而机械记忆力较弱，因此许多企业在员工培训时采用千篇一律的方法往往达不到预期的效果。成年人在学习过程中如果能联系过去的经验、未来的情景和实践活动，则可以带来较好的培训效果。

（4）流于表面，缺乏激励。大部分企业对于员工培训效果的考核都处在一个基本的层次上，即只是注重当时培训的现场状况，只对培训的组织、培训讲师的表现等最表面的东西进行考评，而对于培训对员工行为的影响，甚至对公司整体绩效的影响却不去考评。外派培训则更为简单，只看培训者有没有培训的合格证书，只是流于表面，不重视培训的内涵。另外，企业对员工培训后也不能做到"人尽其才，物尽其用"，缺少相应的激励制度，没有为培训合格的员工提供一个晋升的平台和发展的空间。相应激励制度的缺失难免会导致员工懒于参加培训、企业轻视培训的现象。

2. 完善企业员工培训方法的途径

针对目前国内企业员工培训工作中所存在的弊端和不足之处，企业员工培训工作要根据企业培训的新目标、新内容，总结其他企业的培训经验，建立符合自身特色和时代特征并符合规律性、富有实效性的系统方法，需要从以下几个方面努力：

（1）注意运用渗透式培训方法。不断加强渗透式培训，是今后企业员工培训方法发展的一个趋势。企业应借鉴国内外先进大公司的有益做法并结合自身特点，探索具体渗透方法。首先，寓员工培训于企业文化建设之中。可通过企业愿景、战略目标、企业价值观等的宣传，引导员工从中获得良好的企业氛围熏陶，提高综合素质，摆正价值取向，选择正确的和企业发展一致的职业生涯。其次，寓员工培训于开放模式之中。开放型的培训模式应该是"面向世界、面向社会、走出企业、多方参与、内外开放、齐抓共管"的模式。"面向世界、面向社会、走出企业"，就是设法让员工在全球范围内更多地了解企业的行业地位、行业水平以及行业的发展趋势，定位企业、定位自己，制订符合企业战略、符合自身实际的发展目标。"多方参与"就是让员工参与到企业的发展实践中去，开展互助服务；同时促进企业多方面的力量更多地参与企业员工培训的过程，使员工培训与企业发展相辅相成。"内外开放、齐抓共管"则是要在企业内打破仅靠少数人力资源工作者抓员工培训的模式，进一步更新培训观念，逐步建立起以人力资源部门为主、全企业员工齐抓共管培训工作的良好机制，促使培训渗透到人才培养的各个环节，以有效提高人才素质。

（2）注意运用隐型培训的方法。我国企业的员工培训比较侧重于显型方法，即能让员工明显感到培训意图的方法。这种方法有利于对员工进行正面系统的理论培训，而且容易对培训过程进行监控和评估。但光靠显型方法是不够的，应结合企业实际，借鉴运用隐型培训方法，使员工在不知不觉中得到提高。隐型培训的形式多种多样，可以是一种有趣的活动，可以是一次随机的聊天，也可以是某种学习、工作方式或心理环境设计，还可以是一种文化氛围的营造等。这些方法不受地域和环境的限制，能延伸培训的时间和空间，对员工思想起着潜移默化的作用。当然，隐型培训法也有一定的局限性，它无法完成系统的理论培训，难以对培训过程、培训对象进行准确科学的评价等。所以，应该把显型培训方法和隐型培训方法有机结合，使两者取长补短、相互促进。

（3）注意运用灵活多样的培训方法。由于员工所受的教育不同、职业内涵不同、社会影响不同，他们的思想和技能水平存在不同层次，其价值取向也有所不同，因此员工的差异性是绝对的。员工培训必须针对员工的不同职业、不同层次和个体差异选择不同的培训方法，才能取得理想的培训效果。正确认识员工的层次性、差异性，是实施灵活多样的培训方法的前提。这就需要我们与时俱进，以更加多样的方法增强员工培训的针对性和实效性。当然，强调员工培训方法的多样性，并不等于否定员工培训内容的主导性，应用培训方法的多样性来丰富培训主导性的内容，两者相互依存、相互促进、共同发展。

（4）注意运用科学化的培训方法。科学化是现代企业发展的本质，员工培训方法科学化更是企业员工培训的本质。企业员工培训发展与改革的一个趋向是致力于培训方法的科学化。首先，表现在培训决策过程上。传统的企业培训从"本本"出发，沿袭常规不变的教条；而当今时代的员工培训从目标设计到具体实施都经过科学的评估和实验过程，是经过反复论证筛选的结果。其次，表现在培训的手段上普遍使用各种较先进的科技来辅助培训，用计算机来处理分析有关资料。再次，表现在培训观念更新和实践领域的通俗化上。当今时代的企业员工培训注重科学研究，对培训实践和实验进行理性概括，启发员工对自身存在问题的思考，促进员工职业观念的更新，帮助员工协调相互间的关系，提高职业素质和职业技能，克服自身缺陷，开拓创新企业的发展领域，并反过来促进企业培训工作的开展。

3.员工培训常用方法简介

随着企业员工培训理论的不断发展和深入，企业对员工培训的方法也变得日趋多样和成熟。主要的培训方法有授课法、研讨法、案例法、工作轮换法、户外拓展、视听教学法等。企业培训方式的选择对培训效果有直接的影响，因此，对不同的培训对象和培训内容，必须选择不同的培训方法，才能达到企业员工培训的目的。

（1）授课法。这是最普遍的员工培训方法，通过讲师的语言和演示，向员工传授知识和技能。授课法具有方便实施、效率高的特点。在实施授课法时，企业员工培训的内容要符合企业和员工的需求，并考虑员工的接受能力。讲师的选择也是关键，要选择专业经验丰富的授课老师。

（2）研讨法。研讨法是员工培训的重要方法之一，是鼓励员工就所学知识提问、探讨的一种培训方式。通过员工之间的交流来解决学习和生产中存在的问题，有助于巩固理解学习的知识，培养员工的综合能力和解决问题的能力。

（3）案例法。案例法源自国外大学的教学模式，是研讨教学法的延伸。这种方法的主要优点是鼓励员工认真思考、主动参与，并发表个人见解和体会，可以培养员工的表达能力、合作精神。案例法的重点在于如何提高员工培训效果，难点在于教学案例的开发。

（4）工作轮换法。将员工调到另一个工作岗位去工作，也叫"轮岗培训"。帮助员工理解多种工作环境，扩展员工的工作经验，适合于培训综合性管理人员。

（5）户外拓展。户外拓展主要是利用有组织的户外活动来培训团队协作能力。这种方法最适用于培训与团队效率有关的技能，如自我意识、问题解决、冲突管理和风险承担。户外拓展培训的方式一般是团体性的体育活动或游戏，如登山、野外行军、攀岩、走木桩、翻越障碍及各种专门设计的游戏。企业员工培训方案如果采取户外拓展的方法，一定要有针对性，通过活动来达到培训员工的目的，这一点很重要。

（6）视听教学法。视听教学是利用幻灯、电影、录像、录音、电脑等视听器材进行培训。视听教学的优点是课程的重点内容可以很方便地重复，内容丰富、直观，适用于传授不易用语言表达清楚的内容。当参加培训的员工较多时单位成本低。但是视听设备的一次性购置成本较高，对培训场地也有一定的要求。

（三）培训内容的选取

1. 培训内容选取的原则

（1）学以致用。企业培训与社会办学不同。社会办学强调的是强化基础、宽化专业。这是因为学生毕业后面对的是整个社会的选择，大多数人很难匹配到狭义上的"专业对口"，只有具备了坚实的基础知识和宽广的专业面，才能较从容地面对就业。在企业中，每一个员工都有自己的工作岗位，所要适应的知识和技能有一个基本确定的范围。因此，企业对员工的培训应该围绕着这个范围来展开。这样，员工学得会、用得上、见效快，企业成本低，从而实现成本收益的最优化。

（2）培训的结果对企业和员工都有利。在培训活动中，企业投入的是人、财、物等资源，目的是提升企业的技术能力、产品质量和生产效率，进而提高企业在市场上的竞争力；员工投入的是时间、精力，目的是提升自身的素质和工作技能，赢得尊重，为日后更换工作岗位、晋升、加薪做好准备。只有培训的结果能同时满足企业和员工两个方面，才能充分调动和持续保持两方面的积极性，将企业的员工培训持续、深入地开展下去。这就要求培训的内容一方面要紧密地结合企业的生产活动和经营发展方向，同时要与员工现在正在从事的或即将从事的工作密切相关，使培训达到企业、员工都满意的效果。

（3）内容丰富、形式多样。在企业中，员工的职系分工不同，应用的知识、技能随之不同；员工的资位层级不同，应用知识、技能的深浅程度也不同。为使每一个员工都得到有针对性的培训，必须有丰富的培训内容。员工培训决不可理解为只是单调地上课。根据培训的对象、目的、时间周期、培训人数等的不同，培训可采用军体训练、讲课讲座、办短训班、集训队、跟班学习、班组研讨会、外派学习、师父带徒弟、户外活动等多种多样的形式进行。

2. 新员工培训的主要内容

新员工的岗前培训是最常见的企业培训方式之一，与一般的企业员工培训的内容有所区别，新员工培训内容主要侧重于两个方面：首先，帮助新员工熟悉企业的工作环境，让他们轻松愉快地成为企业中的一员；其次，要使新员工了解必要的知识和技能，了解公司的运作程序，使他们熟悉公司的设施和他们的岗位责任。

（1）帮助新员工了解企业的基本情况。让新员工理解企业的历史、组织结构、员工在企业中所处的位置，并明确告诉他们上级是谁、下级是谁，让新员工对企业的组织结构有清晰的认识。发给新员工公司的员工手册、公司制度及政策以及新员工可能接触到的产品综述，或者生产线及服务介绍、试用期的规定等，这些都是公司组织方面的内容。

（2）让新员工知晓公司员工的福利待遇。让新员工明确企业发薪的日期、假期、培训、劳动保障及教育等福利以及所享有的保险、企业所能提供的其他待遇。在培训中，还要让员工了解企业提供的这些福利待遇是否符合国家的有关规定。这些都是新员工最关心的问题，这些疑虑都解除了，员工自然会安心工作。

（3）明确新员工的岗位职责。岗位职责包括工作的地点、任务、目标、标准、责任、安全要求等，岗位职责力求明确简洁。要让每一名新员工知道自己的工作范围、所属部门以及和其他部门的关系。

（4）对新员工进行岗位技能培训。岗位技能培训包括新员工需要掌握的知识和操作技能，无论新老员工，岗位技能培训都是如何做好企业员工培训的关键，企业对员工进行培训的好处也直接体现在这里。通过岗位技能培训，企业可以快速获得每个岗位所需的人才，有效提高企业的生产效率。

（5）培养新员工的归属感及忠诚度。企业在对新员工的培训中应该从公司的历史和经营哲学及公司的发展目的入手，在和谐的气氛中把新员工介绍给企业的同人。这样有助于新员工了解企业体制的信息，培养建立员工归属感和对企业的忠诚度。这一点往往是大多数民营企业培训存在的问题，培养员工对企业的忠诚度是现代企业文化建设的目的之一，也是提高企业竞争力和企业长远发展的需要。

3. 在职员工培训的主要内容

在企业培训中，对在职员工的培训约占整个企业培训工作量的80%~90%。在职员工不仅人数众多、培训需求千差万别、现有水平参差不齐，而且这种培训需要长期持续不断、逐步深入地进行。因此，对企业在职人员培训内容的确定，是做好企业培训工作的关键之一。对企业在职人员培训的内容主要包括以下几个方面：

（1）本职位或高一级职位必须掌握的知识、技能。这些知识和技能是对在职员工持续培训的最基本内容。具体确定的方法可按以下步骤进行：首先，建立企业的职系资位体系；其次，系统分析每一职系主要应用的知识和技能；最后，制订资能规范表。对每个职系的每一个资位都制订一张资能规范表,表中除了该资位的任职资格和职业生涯外,主要依据上一步骤的分析,对每一个任此资位的人规定一系列必须掌握的知识和技能要求。在企业中,每一位员工都有一个确定的资位。通过学习,掌握这些知识和技能就是其能够继任本资位的必要条件,若想晋升或变动,就必须通过培训学习掌握相应资位所必须具备的知识和技能。

(2)不断更新培训内容。在当今科学技术飞速发展的时代,新知识、新技术、新的生产工艺、新的思想观念、新的管理方法不断产生,为使企业能够始终走在本行业技术与管理的前列,必须随时对员工培训的基本内容进行更新和补充。针对新产品、新技术、新设备、新管理方法的引进与推广,或某一类人员的专项培训,常常可以通过办短期培训班的方式进行。

(3)品质保证体系的系统文件。企业依据ISO9000系列质量体系编写的系统文件,系统涵盖企业从经营理念、品质政策到营销服务、产品开发设计、原材料配件采购与物流、生产工艺与质量控制、设备与人员等各方面以及企业和生产各环节的管理体系、运作程序,甚至还包括了各工艺流程详细的操作规范,是企业员工培训中非常好的内容。通过对系统文件的学习,员工们不仅能够了解与其相关的企业管理体系、生产工艺流程和质量控制方法,还可以了解到企业的经营理念,增强品质意识,加深对企业文化的理解。

(4)企业班组中的技术研讨。员工们针对生产中的现象提出问题,或请专家讲解,或大家一起讨论,分析原因所在,提出解决办法,总结改善经验,既能提高员工技能,又能解决实际问题,起到立竿见影的效果。

(5)企业文化教育、品质意识教育和安全生产教育。培训部门可开设一些偏重于素质教育的技术基础课程,甚至开设一些音乐、美术、摄影、舞蹈、棋类等课程。这不仅有助于提高员工的基本素质,活跃员工的生活,还能增强企业凝聚力,有助于留住人才。

(四)加强培训过程的管理

在企业的生产经营活动过程中,由于企业内部环境的变化以及主客观多种因素的影响,使企业面临一系列的新困难和新问题,员工培训过程也会发生很多计划外的"意外"事件。员工培训过程的系统管理,对实现培训目标具有重要的作用。

1. 培训前的准备工作

(1)确认理想的培训讲师。尽可能与培训讲师事先见面,充分沟通,说明培训的目的、内容,了解讲师的授课风格及学员的相关情况等。

(2)确认培训的时间。需要考虑的因素有能配合学员的正常工作状况,确定最合适的培训时间和培训时间长度。培训时间是选定在工作日还是周末,应根据企业和员工的不同情况确定不同培训时间。培训时间长度原则上白天8个小时,晚上3个小时。

(3)培训后勤准备。确认培训地点、场地、设施等。需要考虑的因素有培训性质、交通状况、培训设施与设备、行政服务、座位安排、费用等。

（4）相关资料准备。相关资料主要包括课程资料编制、设备检查、活动资料准备、座位或签到表印制、结业证书等。

（5）确认并通知参加培训的学员。如果先前的培训计划已有培训对象，在培训实施前必须先进行一次审核，看是否有变化。需要考虑的因素有学员的工作内容、工作经验与资历、工作意愿、工作绩效、公司政策、所属主管的态度等。

2. 培训中的工作

（1）课前工作。课前工作主要包括准备茶水、学员报到、引导学员入座、课程及讲师介绍、学员心态引导、宣布课堂纪律等。

（2）培训开始的介绍工作。做完准备工作后，具体的培训工作就开始进入实施阶段。介绍工作主要包括：培训主题、培训讲师的自我介绍、后勤安排和管理规则介绍、培训课程的简要介绍、培训目标和日程安排的介绍、"破冰"活动、学员自我介绍。

（3）培训器材的维护、保管。对培训的设施、设备要懂得爱护，小心使用。对设备要定期除尘，不要把食物、饮料放在设备附近。

3. 培训后的工作

（1）培训评估。这是培训后最关键的阶段，因为在向上级部门汇报培训评估结果时要汇报培训满意度。因此，在填写培训评估表前，应该根据实际情况肯定学员参与培训的积极性，感谢他们的积极配合，同时肯定老师的付出。一般而言，培训经理对老师的肯定实际上就是向学员暗示自己的立场，会对学员的心理产生一定的影响。

（2）征求对培训的建议。培训正式结束后，询问学员在本次培训当中的收获，并诚恳地向学员征求对培训的建议，同时肯定他们的建议对今后培训的重要性，以激发、鼓励来自员工的信息反馈。

在这个步骤，培训经理的工作要点是以肯定学员的收获为主，态度诚恳最关键，目的是让学员在培训之后不会过多纠结于培训当中的不满意之处。

第四节　培训效果评估

一、培训效果评估的作用

在企业培训的某一项目或某一课程结束后，一般要对培训的效果进行一次总结性的评估或检查，以便找出受训者究竟有哪些方面的收获与提高。

培训效果评估是一个完整的培训流程的最后环节，它既是对整个培训活动实施成效的评价与总结，同时评估结果又是以后培训活动的重要输入，为下一个培训活动确定培训需求提供了重要信息。在运用科学的方法和程序获取培训活动的系统信息前提下，培训效果评估能够帮助企业决策者做出科学的决策，提高培训项目的管理水平，并确保培训活动实现所制订的目标。

（一）培训效果评估是整个培训系统模型的重要组成部分

在整个培训系统中，培训效果评估是一个非常重要的组成部分。没有培训效果评估，整个培训系统将不完整。在一个完整的培训系统模型中，应该从组织、工作和个人三方面进行分析，确定培训需求；然后进行培训目标的确定，通过确定培训目标，就可以确定培训的对象、内容、时间和方法等；接下来是进行培训计划的拟订，这其实是培训目标的具体化和操作化；下一步是实施培训活动；最后一步便是培训效果评估。在进行评估时，通过对整个培训项目的成本收益或存在的问题进行总结，可以为下次培训项目的开展和改进提供有力的帮助，因此培训效果评估不仅可以保证培训系统的完整性，更重要的是它可以改进培训项目，提高系统运行的效率。从这一点来看，培训效果评估在整个培训系统中发挥着非常重要的作用。

（二）培训效果评估是培训循环系统的一个关键环节

培训过程应该是一个系统性的循环过程。在这个循环系统中，评估和培训需求分析同样都是整个过程的重要环节，属于独立的核心部分，是培训整个系统的一部分，而不是一个孤立的环节，它的变化将影响许多其他子系统的变化。如果没有培训系统，就不存在什么循环，而是直接从培训需求分析到培训实施。培训效果评估在整个培训系统中有重要的地位，它会给培训过程其他环节带来益处。同样，如果没有培训效果评估，就无法找出培训中存在的错误，也不能调整培训内容或了解信息。而将培训效果评估看作培训系统循环中的一部分，将有助于企业通过对培训过程的监测与纠偏，将实际运作中的结果不断反馈到决策层，与既定的目标进行比较，发现偏差，然后通过一系列判断，对实际工作进行调整和纠正，使其能按原计划或调整的计划顺利进行。

（三）培训效果评估可以提高培训的地位

企业培训不同于学校教育。学校教育是一种文化活动，其宗旨是提高全民文化素质，而不要求立即获得现实的经济利益。但是，企业培训通常由企业自身承担，需要消费企业的稀缺资源。因此，只有在切实看到培训能够带来现实利益时，以价值最大化为目标的企业才会全力支持培训工作。否则，企业很难重视员工培训工作。许多企业至今把培训放在可有可无的地位，培训部门预算紧张、条件差、人员素质低，而且一旦需要精减人员，首先取消的就是这个部门。通过培训效果评估，能够反映出培训对企业的作用，同时也充分体现出人力资源部门在组织中的重要作用。特别是在评估中采用一些定量指标进行分析，能够让组织中的每个员工和管理者看到培训投资的有效性，证明培训投资决策的正确性；提高组织管理者对培训的重视，加大对培训的投入。同时，也使得员工意识到培训对于自身的意义所在，让他们形成良好的培训意识，积极主动地投入到培训中来。因此，通过培训成本收益核算揭示培训对企业的贡献，成为提高培训的地位、创造有利于培训工作开展环境的关键。

（四）培训效果评估可以强化培训效果

理论上认为，通过重复刺激和唤醒可以强化学习效果。通过培训效果评价，可以提醒受训者应当达到的受训目标，强化培训内容中的关键信息，从而提高学习效果。事先通知受训者将对培训效果进行评价，还会使受训者在培训过程中更加努力学习。

二、培训效果评估的内容

有关培训效果评估的最著名的模型是由柯克帕特里克提出。从评估的深度和难度看，柯克帕特里克的模型包括反应层、学习层、行为层和结果层四个层次（见表6-5），这也是培训效果评估的主要内容。人力资源培训人员要确定最终的培训评估层次和内容，因为这将决定要收集的数据种类。

表6-5 柯克帕特里克的四层次评估标准框架

层 次	标 准	重 点
1	反应层	受训者满意程度
2	学习层	知识、技能、态度、行为方式等方面的收获
3	行为层	受训者在工作中行为的改进
4	结果层	受训者在培训后获得的绩效

（一）反应层评估

反应层评估是指受训人员对培训项目的看法，包括对材料、老师、设施、方法和内容等的看法，这些反应可以作为评估培训效果的内容和依据。反应层评估的主要方法是问卷调查。问卷调查是在培训项目结束时，收集受训人员对于培训项目的效果和有用性的反应，受训人员的反应对于重新设计或继续培训项目至关重要。反应问卷调查易于实施，通常只需要几分钟的时间。如果设计适当的话，反应问卷调查也很容易分析、制表和总结。问卷调查的缺点是其数据是主观的，并且是建立在受训人员在测试时的意见和情感之上的。个人意见的偏差有可能夸大评定分数，而且，在培训课程结束前的最后一节课，受训人员对课程的判断很容易受到经验丰富的培训协调员或培训机构的领导者富有鼓动性的总结发言的影响，加之有些受训人员为了照顾情面，所有这一切均可能在评估时减弱受训人员原先对该课程不好的印象，从而影响评估结果的有效性。

（二）学习层评估

学习层评估是目前最常见也是最常用到的一种评价方式。它是测量受训人员对原理、事实、技术和技能的掌握程度。学习层评估的方法包括笔试、技能操练和工作模拟等。培训组织者可以通过笔试、绩效考核等方法来了解受训人员在培训前后，知识以及技能的掌握方面有多大程度的提高。笔试是了解知识掌握程度的最直接的方法，而对一些技术工作，例如工厂里面的车工、钳工等，则可以通过绩效考核来掌握他们技术的提高程度。另外，强调对学习效果的评价，也有利于增强受训人员的学习动机。

（三）行为层评估

行为层评估往往发生在培训结束后的一段时间，由上级、同事或客户观察受训人员的行为在培训前后是否有差别，他们是否在工作中运用了培训中学到的知识。这个层次的评估可以包括受训人员的主观感觉、下属和同事对其培训前后行为变化的对比以及受训人员本人的自评。这种评价方法要求人力资源部门与职能部门建立良好的关系，以便不断获得员工的行为信息。培训的目的，就是要改变员工工作中的不正确操作或改进他们的工作效果，因此，如果培训的结果是员工的行为并没有发生太大的变化，这也说明过去的培训是无效的。

（四）结果层评估

结果层评估上升到组织的高度，即组织是否因为培训而经营得更好了。这可以通过一些指标来衡量，如事故率、生产率、员工流动率、质量、员工士气以及企业对客户的服务等。通过对这些组织指标的分析，企业能够了解培训带来的收益。例如人力资源开发人员可以分析比较事故率以及事故率的下降有多大程度归因于培训，从而确定培训对组织整体的贡献。

三、培训效果评估的方法

（一）培训效果的定性、定量评估方法

1. 培训效果的定性评估方法

培训的定性评估法是指评估者在调查研究、了解实际情况的基础之上，根据自己的经验和相关标准，对培训效果做出评价的方法。这种方法的特点在于评估的结果只是一种价值判断，如"培训整体效果较好""培训讲师教学水平很高"之类的结论，因此它适合于对不能量化的因素进行评估，如员工工作态度的变化。目前，国内大多数企业采用这种培训评估方法。

定性评估方法的优点是简单易行，综合性强，需要的数据资料少，可以考虑很多因素，评估过程中评估者可以充分利用自己的经验。其缺点是评估结果受评估者的主观因素、理论水平和实践经验的影响很大，不同评估者的工作岗位不同、工作经历不同、掌握的信息不同、理论水平和实践经验存在的主观看法不同，因此不同的评估者对同一问题很可能做出不同的判断。

定性评估方法有很多种，如问卷调查、访谈、观察、座谈等都是定性评估方法的范畴。

2. 培训效果的定量评估方法

定性评估方法只能对培训活动和受训人员的表现做出原则的、大致的、趋向性的判断，而定量评估法能对培训作用的大小、受训人员行为方式改变的程度及企业收益多少给出数据解释，通过调查统计分析来发现和阐述行为规律。从定量分析中得到启发，然后以描述形式来说明结论，这在行为学中是常见的处理方法。

企业在培训中所获得的成果主要是硬性指标，如成本收益分析、生产率提高、产量增加、废品减少、质量改进、成本节约、利润增加等。

（二）培训效果评估的主要技术方法

培训评估技术通过建立培训效果评估指标及评估体系，对培训的成效进行检查与评价，然后把评估结果反馈给相关部门。它可作为下一步培训计划与培训需求分析的依据之一。以下介绍几种培训效果评估的技术方法：

1. 目标评价法

目标评价法要求在制订培训计划时，将受训人员完成培训计划后应学到的知识、技能，应改进的工作态度及行为，应达到的工作绩效标准等目标列入其中。培训课程结束后，应将受训者的测试成绩和实际工作表现与既定培训目标相比较，得出培训效果，作为衡量培训效果的根本依据。目标评价法操作成功的关键在于确定培训目标，所以在培训实施之前企业应制订具有可确定性、可检验性和可衡量性的培训目标。

2. 绩效评价法

绩效评价法是由绩效分析法衍生而来的。它主要被用于评估受训者行为的改善和绩效的提高。绩效评价法要求企业建立系统而完整的绩效考核体系。在这个体系中，要有受训者培训前的绩效记录。在培训结束三个月或半年后，对受训者再进行绩效考核时，只有对照以前的绩效记录，企业才能明确地看出培训效果。

3. 关键人物评价法

所谓关键人物是指与受训者在工作上接触较为密切的人，可以是他的上级、同事，也可以是他的下级或者顾客等。有研究发现，在这些关键人物中，同级最熟悉受训者的工作状况，因此，可采用同级评价法，向受训者的同级了解其培训后的改变。这样的调查通常很容易操作，可行性强，能够提供很多有用信息。

同其他培训效果评估方法一样，同级评价法也有缺陷，尽管同级间相互很了解，但由于存在竞争，有时会导致评估结果失真。而让上级来评估培训效果同样避免不了局限性，因为有的上级不太了解全面情况，或者会主观臆断。因此，学者设计了一种360度的评价法——由上级、下级、顾客、同事，甚至培训管理者等从不同角度来评估受训者的变化。这种方法对了解工作态度或受训者培训后行为的改变比较有效。

4. 测试比较法

无论是国内还是国外的学者，都将员工通过培训学到的知识、原理和技能作为企业培训的效果。测试比较法是衡量员工知识掌握程度的有效方法。实践中，企业会经常采用测试法评估培训效果，但效果并不理想，原因在于没有加入任何参照物，只是进行简单的测试。而有效的测试法应该是具有对比性的测试比较评价法。

测试比较评价法有多种不同方案。其中，事前、事后测试法，主要是在参加培训前后对受训者分别进行内容相同或相近的测试。这样可以体现出被测者受训前后的差别。

但这也不乏缺陷——不能体现参加培训与未参加培训的员工间的差别。为克服这一缺点，企业可以将参加培训的员工组成培训组，另外再挑选一组与培训组素质相近、未参加培训员工组成对照组，分别对这两组员工进行测试。

5. 收益评价法

企业的经济性特征迫使企业必须关注培训的成本和收益。培训收益评价法就是从经济角度综合评价培训项目的好坏，计算出培训为企业带来的经济收益。

有的培训项目能直接计算其经济收益，尤其是操作性和技能性强的培训项目。但是并不是所有的培训项目都可以直接计算出它的收益。

这五种综合性培训评估方法，一般可以多种方法联合使用。企业在操作中，可以利用一些常用的工具，如问卷调查、座谈会、面谈、观察等，取得相关数据。取得数据后，再将两组或多组不同的数据进行分析比较。

（三）培训效果评估常用方法

1. 问卷调查法

问卷调查法主要用于对培训师、培训场地、培训教材等主要环节的调查。如检查培训目标与工作任务的匹配度，评价学员在工作中对培训内容的应用情况，了解学员偏爱的学习方法，了解学员对培训师所使用的教学方法的态度等。

问卷调查的步骤如下：

（1）明确通过问卷调查要了解什么。

（2）设计问卷。

①问卷的顺序。一份完整的问卷按顺序依次应包含问卷名称、问卷说明、问卷题目、致谢和署名。问卷问题的设计应遵循如下原则：从一般问题到具体问题，从熟悉的问题到不太熟悉的问题，将同类的问题放到一起，按事件发生的顺序安排问题的顺序。

②问卷的表达方式。问卷的表达方式主要有开放式与封闭式两种。前者能鼓励回答者说出重要的观点，但是分析问卷需要花费很多时间；后者有若干备选答案，便于回答与分析。当问卷设计者无法确定答案范围时才用开放式问题。

③问卷的实际内容。问卷的实际内容就是问题，问题应紧紧围绕评估目的展开，问题的表述必须清晰明确，不能带情感暗示。

④问题的形式。问题的形式主要有二选一、多选一、量表等。

（3）测试问卷。在问卷全面实施之前进行一次测试，对问卷进行修改和完善。

（4）正式开展调查。

（5）进行资料分析，编写调查信息报告。

2. 访谈法

访谈法的应用范围很广，如了解学员对培训方案和学习方法的反应，了解受训者对培训目标、内容与实际工作之间的相关性的看法，检查受训者将培训内容在工作中应用的程度，了解影响培训成果转化的工作环境因素，了解受训者对培训的感觉和态度，帮助受训者设立个人发展目标，比较组织战略和培训之间的一致性，为下一步的问卷调查做准备。

访谈法的具体步骤如下：

（1）明确要采集的信息。

（2）设计访谈方案。访谈方案是评估人员在访谈中要提问问题的清单，与调查问卷的设计类似。

（3）测试访谈方案。在访谈实施前进行依次测试，可以对访谈方案进行修改和完善，还可以提高访谈者的访谈技能。

（4）全面实施。

（5）进行资料分析，编写调查信息报告。

问卷调查法与访谈法的原理相同、步骤相似，不同的是，问卷调查法更适用于调查面广、以封闭式问题为主的调查；访谈法更适用于调查面窄、以开放式问题为主的调查。与问卷调查法、访谈法相似的方法还有电话调查法，又称电话访谈，是一种非面对面的访谈，它更适合于调查面广、封闭式问题和开放式问题并重的调查。

3．观察法

观察法是指评估者在培训结束后亲自到受训者所在的工作岗位上，通过仔细观察记录培训对象在工作中的业绩进行比较，以此来衡量培训对受训者所起到的效果。这种方法由于要花很多时间，并不能大范围使用，一般只是针对一些投资大、培训效果对企业发展影响较大的项目。

4．座谈法

将受训者召集到一起开讨论会，让每个员工讲述自己通过培训学会了什么，是如何把所学到的知识和技能应用到工作中去的以及他是否需要进一步帮助，需要什么帮助等问题，从中获取关于培训效果的信息。

讨论会不要在培训一结束时就举行，而应在培训结束一段时间后进行（如一个月后），因为培训的效果需要过一定的时间才能体现出来，过早的评估可能很难得到有效的信息。

5．行为观察法

行为观察法是指观察者选择观察工具，设计并利用观察对象进行观察评估的方法。它能够向学员当场反馈学习进展，考核培训后学员的能力，测量和评价学员培训前后的行为变化。其基本步骤如下：

（1）描述和解释培训项目计划开发的特定技能，也就是观察的对象。

（2）将上一步所说的技能分解为若干行为，对这些行为进行分析和分类，并明确某一类行为与培训目标的关系。

（3）练习上一步所说的行为分类。

（4）被观察者开始工作，观察人员记录其真实行为。
（5）将观察结果汇总，反馈给被观察人员及其主管。

本章小结

1. 企业培训管理的整体流程。
2. 培训需求分析的含义、作用、内容、方法与程序。
3. 培训计划书的制定。
4. 培训效果评价的作用、培训效果评价的内容。
5. 培训效果的定性评估、定量评估。

本章习题

一、名词解释

1. 培训
2. 培训需求
3. 培训课程
4. 培训计划书
5. 渗透式培训

二、问答题

1. 什么是员工培训？它有什么作用？培训管理的大致流程是什么？
2. 培训需求分析的三个层次是什么？培训需求分析的程序有哪些？
3. 培训计划大致包括哪些内容？编写培训计划书的步骤有哪些？
4. 如何加强培训过程的管理？
5. 培训效果评估的主要技术方法和常用方法有哪些？

三、案例分析题

培训费只买来"轰动效应"

某国有机械公司新上任的人力资源部部长王先生，在一次研讨会上获得了一些他自认为不错的其他企业培训经验，于是，回来后就兴致勃勃地向公司提交了一份全员培训计划书，以提升人力资源部的新面貌。不久，该计划书就获批准。王先生便踌躇满志地"对公司全体人员——上至总经理、下至一线生产员工，进行为期一周的脱产计算机培训"。为此，公司还专门下拨了十几万元的培训费。

可一周的培训过后，大家议论最多的便是对培训效果的不满。除办公室的几名员工和45岁以上的几名中层干部觉得有所收获外，其他员工要么觉得收效甚微，要么觉得学而无用，大多数人竟认为十几万元的培训费用只买来了一时的"轰动效应"。有的员工甚至认为这场培训，是新官上任点的一把火，是在花单位的钱往自己脸上贴金！

而听到种种议论的王先生则感到委屈:在一个有着传统意识的老国企,给员工灌输一些新知识怎么效果不理想呢?他百思不得其解:当今竞争环境下,每人学点计算机知识应该是很有用的呀!怎么不受欢迎呢?

思考题:

十几万元的培训费用只买来了一时的"轰动效应",为什么?

第七章 职业生涯管理

【案例导入】

跳槽跳到刀刃上

可可，女，28岁，人事管理。

我做的是人力资源方面的工作，招聘时，领导都会很在意应聘者跳过几次槽，跳槽频率高不高。实际的工作经验也说明，频频跳槽者，再高的工资，再高的职务也留不住他们，这也许就是所谓的忠诚度不高吧。

要说工作不如意想跳槽，估计每个人都会有这种想法吧。我在以前那家公司工作第三年的时候，觉得我的领导简直不可理喻，每天只知道批评我们，从不为我们下属争取什么，心烦意乱的时候，也想过换个工作，换个环境。但真的动心思跳槽的时候，我冷静、客观地想了想，觉得这位领导虽然总是批评我们，但他批评的都是对的呀，正因为他的批评，我们部门的办事效率是全公司最高的。更何况这位领导为人正直，从不使坏，所以也算不错了。

自我安慰一番后，我留了下来，心态也好多了。后来，一家猎头公司找到我，想要我跳槽去一家外企，我还去咨询这位领导的意见呢，他帮我分析形势，鼓励我跳槽。

如今，在新公司的我和原公司领导的职务是相当的，但我们的关系一直都很好，有时还会共享一些资源。看来，这一跳，跳得很值。

第一节 职业生涯管理概述

一、职业生涯管理的含义

（一）职业

职业一般是指人们在社会生活中所从事的以获得物质报酬作为自己主要生活来源并能满足自己精神需求的、在社会分工中具有专门技能的工作。它是人类文明进步、经济发展以及社会劳动分工的结果。同时，职业也是社会与个人或组织与个体的结合点。通过这个结合点的动态相关形成了人类社会共同生活的基本结构。也就是说，个人是职业的主体，但个人的职业活动又必须在一定的组织中进行。组织的目标靠个体通过职业活动来实现，个体则通过职业活动对组织的存在和发展作出贡献。因此，职业活动对员工个人和组织都具有重要的意义。

从个人的角度讲，职业活动几乎贯穿于人一生的全过程。人们在生命的早期阶段接受教育与培训，为的是为职业做准备。从青年时期进入职业世界到老年退离工作岗位，职业生涯长达几十年，即使退休以后仍然与职业活动有着密切的联系。职业不仅是谋生的手段，也是个人存在意义和价值的证明。选择一个合适的职业，度过一个成功的职业生涯，是每一个人的追求和向往。对于组织来说，不同的工作岗位要求具有不同能力、素质的人担任，把合适的人放在合适的位置上，是人力资源管理的重要职责。只有使员工选择了适合自己的职业并获得职业上的成功，真正做到人尽其才、才尽其用，组织才能兴旺发达。组织能不能赢得员工的献身精神，能不能充分调动员工积极性，一个关键因素在于其能不能为自己的员工创造条件，使他们有机会获得一个有成就感和自我实现感的职业。

（二）职业生涯

以上是我们对职业做的静态分析。一个人选择一种职业后也许会终身从事，也许一生中转换几种职业。不论怎样，一旦开始进入职业角色，他的职业生涯就开始了，并且随时间的流逝而延续。职业生涯就是这样一个动态过程，它指一个人一生在职业岗位上所度过的、与工作活动相关的连续经历，并不包含在职业上成功与失败或进步快与慢的含义。也就是说，不论职位高低，不论成功与否，每个工作着的人都有自己的职业生涯。职业生涯不仅表示职业工作时间的长短，而且内含着职业发展、变更的经历和过程，包括从事何种职业工作、职业发展的阶段、由一种职业向另一种职业的转换等具体内容。

职业生涯是一种复杂的现象，由行为和态度两方面组成。要充分了解一个人的职业生涯，必须从主观和客观两个方面考查。表示一个人职业生涯的主观内在特征是价值观念、态度、需要、动机、气质、能力、性格等，表示一个人职业生涯的客观外在特征是职业活动中的各种工作行为。一个人的职业生涯受各方面的影响，如本人对自己职业生涯的设想与计划、家庭中父母的意见与配偶的理解与支持、组织的需要与人事计划、社会环境的变化等都会对职业生涯有所影响。

（三）职业生涯管理

所谓职业生涯管理，主要是指对职业生涯的设计与开发。虽然职业生涯是指个体的工作行为经历，但职业生涯管理可以从个人和组织两个不同的角度来进行。

从个人的角度讲，职业生涯管理就是一个人对自己所要从事的职业、要去的工作组织、在职业发展上要达到的高度等做出规划和设计，并为实现自己的职业目标而积累知识、开发技能的过程，它一般通过选择职业，选择组织（工作组织），选择工作岗位，在工作中技能得到提高、职位得到晋升、才干得到发挥等来实现。任何一个具体的职业岗位，都要求从事这一职业的个人具备特定的条件，如教育程度、专业知识与技能水平、体质状况、个人气质及思想品质等。并不是任何一个人都能适应任何一项职业，这就产生了职业对人的选择。一个人在择业上的自由度很大程度上取决于个人所拥有的职业能力和职业品质，而个人的时间、精力、能量毕竟是有限的，要使自己拥有不可替代的职业能力和职业品质，就应该根据自身的潜能、兴趣、价值观和需要来选择适合自身优点的职业，将自己的潜能转化为现实的价值，这就需要对自己的职业生涯做出规划和设计。因此，人们越来越重视职业生涯的管理，越来越看重自己的职业发展机会。

职业生涯是个人生命运行的空间，但又和组织有着必然的内在联系。一个人的职业生涯设计得再好，如果不进入特定的组织，就没有职业位置，就没有工作场所，职业生涯就无从谈起。组织是个人职业生涯得以存在和发展的载体。同样，组织的存在和发展依赖于个人的职业工作，依赖于个人的职业开发与发展。在人才激烈竞争的今天，如何吸引和留住优秀的职业人才是人力资源管理所面临的难题。如果一个人的职业生涯规划在组织内不能实现，那么他就很有可能离开，去寻找新的发展空间。所以，员工的职业发展就不仅是其个人的行为，也是组织的职责。事实上，筛选、培训、绩效考评等诸如此类的人力资源管理活动在组织中可以扮演两种角色。首先，从传统意义上来讲，人力资源管理的重要作用在于为组织找到合适的人选，即用能够达到既定兴趣、能力和技术等方面要求的员工来填补工作岗位的空缺。然而人力资源管理活动还越来越多的在扮演着另外一种角色，这就是确保员工的长期兴趣受到企业的保护，其作用尤其表现在鼓励员工不断成长，使他们能够争取发挥出其全部潜能，人力资源管理的一个基本假设就是企业有义务最大限度地利用员工的能力，为每一位员工提供一个不断成长以及挖掘个人最大潜力和建立职业成功的机会。这种趋势得到强化的一个信号是，许多组织越来越多地强调重视职业规划和职业发展。换言之，许多组织越来越多地强调为员工提供帮助和机会，以使他们不仅能够形成较为现实的职业目标，而且能够实现这一目标。比如，人事计划不仅可以预测企业中的职位空缺情况，而且能够发现潜在的内部候选人，并能够弄清楚为了使他们适应新职位的需要，应当对他们进行哪些培训。与此同时，企业不仅能够定期地对员工做绩效评价来确定薪酬，而且可以通过它去发现某一位员工的发展需要，并设法确保这些需要得到满足。换句话说，所有的人力资源管理活动都可以不仅满足企业的需要，而且满足个人的需要，实现"双赢"的目标，即组织可以从更具有献身精神的员工所带来的绩效改善中获利，员工则可以从工作内容更为丰富、更具挑战性的职业中获得收益。

从组织的角度对员工的职业生涯进行管理，集中表现为帮助员工制订职业生涯规划，建立各种适合员工发展的职业通道，针对员工职业发展的需求进行适时的培训，给予员工必要的职业指导，以促使员工职业生涯的成功。

二、职业选择理论

职业选择是指人们从自己的职业期望、职业理想出发，依据自己的兴趣、能力、特点等自身素质，从社会现有的职业中选择一种适合自己的职业的过程。从某种意义上说，选择了自己的职业，实际上就等于选择了自己的职业生涯。自主择业、双向选择是现代社会的主要就业方式，职业流动、职业转换现象司空见惯。这就是说，人们不仅在就业前面临着职业选择的问题，即使就业后仍然有对职业重新选择的机会。职业选择成为人们职业生涯管理中的一个重要环节。长期以来，很多心理学家和职业指导专家对职业选择的问题进行了专门的研究，提出了自己的理论。这里介绍两种有广泛影响的职业选择理论。

（一）帕森斯的人与职业相匹配理论

美国波士顿大学教授帕森斯1909年在其著作《选择一个职业》中阐述了这一经典性的理论。他认为，每个人都有自己独特的人格模式，每种人格模式的个人都有其相适应的职业类型，人人都有职业选择的机会，而职业选择的焦点就是人与职业相匹配，即寻找与自己特性相一致的职业。由此，他提出了职业选择的三大要素：

第一，了解自己的能力倾向、兴趣爱好、气质性格特点、身体状况等个人特征。这可以通过人员素质测评和自我分析等方法获得。

第二，分析各种职业对人的要求，以获得有关的职业信息。这包括职业的性质、工资待遇、工作条件以及晋升的可能性；求职的最低条件，如学历要求、身体要求、所需的专业训练以及其他各种能力等；为准备就业而设置的教育课程计划，提供这种训练的机构、学习时间、所需费用等；就业的机会。

第三，上述两个因素的平衡，即在了解个人特征和职业要求的基础上，选择一种适合个人特点又可获得的职业。

由以上可见，注重个人差异与职业信息的搜集与利用是该理论的基本特点，实现人职匹配是该理论的核心。帕森斯的这一理论深刻地影响着职业指导和职业选择的理论和实践活动，按照帕森斯提供的三大要素进行职业选择是一种实用、有效的选择职业的途径。

我们可以将帕森斯的这一理论运用于对职业生涯的管理，在职业选择时进行职业适宜性分析。职业的种类千千万万，我们常说"三百六十行，行行出状元"，但为什么同样一个员工在某一职业岗位上得心应手，干另一种工作则显得力不从心呢？这里就涉及了员工和他所做的工作是不是相适合的问题。每个人都具有一定的潜能和可塑性，但并不是每个人都适合干任何一种工作。这是因为人的个性千差万别，而每一种工作对人的要求也各不相同。当人的个性与工作的要求相吻合时，干起工作来就如鱼得水，轻松自在，获得职业生涯成功的可能性就大。因此，在职业选择和职业决策的过程中，人们总是不可避免地要问自己："我究竟适合做什么？"所谓职业适宜性分析，就是要解决什么样的人适合做什么类型的工作，或者说什么类型的工作需要什么样的人来做这一问题。它通过分析、了解自我的个性特征和不同工作的性质、特点及其对任职者的具体要求，从而找出和个人相匹配的职业类型。这种职业适宜性分析是职业生涯管理中非常重要的一项工作。

职业适宜性分析一般要从两个方面进行，一方面要获取职业信息，另一方面要对人的个性进行分析，在两方面相比较的基础上才能判定人与职业的适宜性问题。

1. 获取职业信息

职业信息指的是与个人职业生活有关的知识和资料，其范围十分广泛。进行职业适宜性分析所需要的主要是有关职业分类以及特定职业的性质、任务、操作程序、资格要求、工作环境等具体的职业信息。

职业的类别极为复杂，可以按照不同的分类标准对职业进行划分。但通常都是按工作者的工作性质和受教育程度来划分的，我国第三次人口普查所制订的职业分类标准就是如此。它根据人们从事工作的性质，把我国现有职业分为8个大类，64个中类，301个小类。这8个大类为：

（1）各类专业技术人员：指专门从事各种专业和科学技术工作的人员。

（2）国家机关、党群组织、企事业组织负责人：指在各级人民代表大会、人民法院、检察院、政府、党、团、工会、妇联和其他社团担任领导职务的人员。

（3）办事员和有关人员：指在机关和企事业组织中，在各级负责人领导下，办理各种具体业务工作的人员。

（4）商业工作人员：指从事商品的收购、采购、批发、零售、推销、回收及有关工作的人员。

（5）服务性工作人员：指在饮食、旅馆、旅游、修理及其他服务行业从事服务性工作的人员。

（6）农林牧渔劳动者：指直接从事农业、林业、畜牧业、渔业生产以及农业机械操作、狩猎的员工。

（7）生产工人、运输工人和有关人员：指直接从事地面地下生产与处理，工业产品制造、保养与修理及运输设备操作等工作的工人。

（8）不便分类的其他人员。

每一类职业，包括每一职业类别中任何一个特定的职业（或具体职务），都有特定的工作性质、任务、待遇以及对人员任职资格的特定要求。通过工作分析而编制的工作说明书就包含着这些重要信息。搜集、分析这类信息，有助于分析人和职业的匹配问题。

2. 个性分析

个性心理学家麦迪把个性定义为：个性是决定每个心理和行为的普遍性和差异性的那些特征和倾向的较稳定的有机组合。它包括需要、动机、价值观、兴趣、爱好、能力、气质、性格等。一个人在选择职业时，必须首先对自己进行个性分析，了解自己的心理动机、需要、兴趣、价值取向、性格、才能、专长、不足等，才能保证职业选择的方向性，真正找到适合自己的职业。了解自己的个性，既可以通过自我总结来获得，也可以通过心理咨询借助心理测量工具来加深自我认识。

一个人了解了自己的职业能力的类型，又掌握了大量的职业信息，就可以在此基础上做出自己的职业选择（表 7-1）。

表 7-1　职业能力类型及其职业适宜性对应表

职业能力类型	特　点	适宜的职业类型
操作型职业能力	以操作能力为主，即运用专业知识或经验，掌握特定技术或工艺，并形成相应的职业技能与技巧的能力	打字、驾驶汽车、种植、操纵机床、控制仪表
艺术型职业能力	以想象能力为核心，即运用艺术手段再现社会生活和塑造某种艺术形象的能力	写作、绘画、演艺、美工
教育型职业能力	运用各种教育手段传授知识与思想，或组织受教育者进行知识与态度学习的能力	教育、宣传、思想政治工作
科研型职业能力	以人的创造性思维为核心，即通过实验研究、社会调查和资料检索等手段进行新的综合、发明与发现的能力	研究、技术革新与发明、理论
服务型职业能力	以敏锐的社会知觉能力和人际关系协调能力为主，即借助人际交往或直接沟通使顾客获得心理满足的能力	商业、旅游业、服务业等
经营型或管理型职业能力	以决策能力为核心，即能够广泛获得信息，并以此独立地做出应变、决策或形成谋略的能力	经理、厂长、主任等管理领域及各行各业的负责人
社交型职业能力	以人际关系协调能力为核心，即深谙人情世故，掌握人际吸引规律，善于周旋、协调，且能使对方通力合作的能力	联络、洽谈、调解、采购

（二）霍兰德的人业互择理论

约翰·霍兰德是美国约翰·霍普金斯大学心理学教授，著名的职业指导专家。他于1959年提出了具有广泛社会影响的人业互择理论。这一理论认为，职业选择是个人人格的反映和延伸，他将人格分为六种基本类型，相应地将职业分为六种类型。职业选择取决于人格与职业的相互作用（表 7-2）。

表 7-2　霍兰德的六种人格类型及相应的职业

人格类型	人格特点	职业兴趣	代表性职业
现实型	真诚坦率、重视现实讲求实际、有坚持性实践性、稳定性	手工技巧机械的农业的电子的技术	体力员工、机器操作者、飞行员、农民、卡车司机、木工、工程技术人员等
调查型	分析性、批判性、好奇心、理想的、内向的、有推理能力的	科学数学	物理学家、人类学家、化学家、数学家、生物学家、各类研究人员

艺术型	感情丰富的、理想化的、富有想象力的、易冲动的、有主见的、直觉的、情绪性的	语言、艺术、音乐、戏剧、书法	诗人、艺术家、小说家、音乐家、雕刻家、剧作家、作曲家、导演、画家
社会型	富有合作精神的、友好的、肯帮助人的、和善的、爱社交和易了解的	与人有关的事 人际关系技巧 教育工作	临床心理学家、咨询者、传教士、教师、社交联络员
企业型	喜欢冒险的、有雄心壮志的、精神饱满的、乐观的、自信的、健谈的	领导 人际关系的技巧	经理、汽车推销员、政治家、律师、采购员、各级行政领导者
常规型	谨慎的、有效的、无灵活性的、服从的、守秩序的、能自我控制的	办公室工作 营业系统的工作	出纳员、统计员、图书管理员、行政管理助理、邮局职员等

如表7-2所述，人格类型与职业类型的关系也并非绝对相对应。霍兰德经过实验发现，尽管大多数人的人格类型可以主要地划归为某一类型，但个人又有着广泛的适应能力，其人格类型在某种程度上相近于另外两种类型，也能适应另外两种职业类型的工作。也就是说，某几种类型之间存在着较多的相关性，同时每一种人格类型又有一种极为相斥的职业类型。

霍兰德用六边形图简明地描述了六种类型之间的关系，如下图所示。

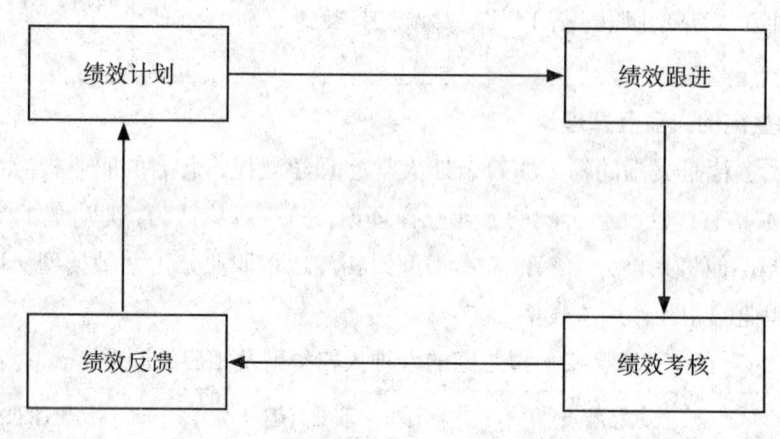

```
绩效计划 ——————→ 绩效跟进
   ↑                    │
   │                    ↓
绩效反馈 ←—————— 绩效考核
```

人格类型关系图

霍兰德认为，最为理想的职业选择就是个体能够找到与其人格类型相重合的职业环境，在这样的环境中工作，个体容易感到内在的满足，最有可能充分发挥自己的才能。如果个人不能获得与其人格类型相一致的工作环境，则可以寻找与其人格相接近的职业环境，如实际型与传统型及研究型相接近，社会型与企业型及艺术型相接近等。在与自己的人格类型相接近的职业环境中，个人经过努力也完全能够适应。但如果选择和自己人格类型相斥的职业，则既不可能感到有乐趣，也很难适应，甚至无法胜任工作，如传统型人格在艺术型的职业环境中就是如此。

霍兰德的"人业互择"理论与帕森斯关于职业指导"三要素"的理论具有一脉相承

的内在联系,运用这一理论的关键在于对个人人格类型的分析与评定。霍兰德编制了两种类型的测评工具:其一是"职业偏好问卷"(VPI),本量表1953年编制,1975年和1977年又分别做了修订,它通过让被试者在一系列工作中做出选择,最后经过统计处理,确定其职业兴趣领域。另一测评工具为"职业自我探索量表"(SDS)。SDS量表1970年编制,1977年做了修订,这一量表包括个人的职业愿望、具体职业所需的能力、能力倾向测验及自我评估等项目,可帮助被试者在广泛的职业领域中做出抉择,最后经过计算机处理,确定与其人格一致的职业类型。

从以上可以看出,霍兰德的理论主要是通过人格类型与职业类型的匹配来说明个人职业选择和职业适应问题的。的确,个人的人格特征是职业选择和职业生涯成功的重要因素,但不是唯一的因素。除了人格因素外,个人在进行职业生涯规划时还应将更为广泛的社会背景和组织发展目标综合起来考查分析。

三、职业生涯发展阶段

职业生涯的发展常常伴随着年龄的增长而变化,尽管每个人从事的具体职业各不相同,但在相同的年龄阶段往往表现出大致相同的职业特征、职业需求和职业发展任务,据此可以将一个人的职业生涯划分为不同的阶段,要对职业生涯进行有效的管理,就有必要了解这一点。

美国著名人力资源管理专家加里·德斯勒在其代表作《人力资源管理》一书中,综合其他专家的研究成果,将职业生涯划分为五个阶段:

(一)成长阶段(从出生到14岁)

在这一阶段,个人通过对家庭成员、朋友、老师的认同以及与他们之间的相互作用,逐渐建立起了关于自我的概念,并形成了对自己的兴趣和能力的基本看法,到这一阶段结束的时候,进入青春期的青少年就开始对各种可选择的职业进行某种带有现实性的思考了。

(二)探索阶段(15~24岁)

在这一时期,个人将认真地探索各种可能的职业选择。人们试图将自己的职业选择与自己对职业的了解以及通过学校教育、休闲活动和业余工作等途径所获得的个人兴趣和能力匹配起来。在这一阶段开始的时候,人们往往做出一些带有实验性质的较为宽泛的职业选择。随着个人对所选择的职业以及自我的进一步了解,人们的这种最初选择往往会被重新界定。到了这一阶段结束的时候,一个看上去比较恰当的职业就已经被选定,人们也已经做好了开始工作的准备。人们在这一阶段需要完成的最重要的任务就是对自己的能力和天资形成一种现实性的评价,并尽可能地了解各种职业信息。

(三)确立阶段(25~44岁)

这是大多数人职业生涯中的核心部分。人们通常希望在这一阶段的早期能够找到合适的职业,并随之全力以赴地投入到有助于自己在此职业中取得永久发展的各项活动中。

然而，大多数情况下，在这一阶段人们仍然在不断地尝试与自己最初的职业选择所不同的各种能力和理想。

确立阶段本身又由三个子阶段构成：

第一，尝试阶段（25~30岁）。在这一阶段，个人确定当前所选择的职业是否适合自己，如果不适合，就会更改自己的选择。

第二，稳定阶段（30~40岁）。在这一阶段，人们往往已经定下了较为坚定的职业目标，并制订较为明确的职业计划以确定自己晋升的潜力、工作调换的必要性以及为实现这些目标需要开展的学习活动等。

第三，危机阶段。在30多岁到40多岁之间的某个阶段，人们可能会进入职业中期危机阶段。在这一阶段，人们往往会根据自己最初的理想和目标对自己的职业进步状况做一次重要的重新评价。人们有可能发现自己并没有朝着自己所梦想的目标靠近，或者已经完成了预定的任务后才发现，自己过去的梦想并不是自己所想要的全部东西。在这一时期，人们还有可能会思考工作和职业在自己的全部生活中到底占多大的重要性。通常情况下，处在这一阶段的人们不得不面对一个艰难的抉择，即判定自己到底需要什么，什么目标是可以达到的以及为了达到这一目标自己需要做出多大的牺牲。

（四）维持阶段（45~65岁）

在这一阶段，人们一般都已经在自己的工作领域中为自己创立了一席之地，因而人们把大多数精力主要放在保有这一位置上了。

（五）下降阶段

当临近退休的时候，人们就不得不面对职业生涯中的下降阶段。在这一阶段，许多人都不得不面临这样一种前景，接受权力和责任减少的现实，学会接受一种新角色，学会成为年轻人的良师益友。接下去，就是几乎每个人都不可避免地要面对的退休，这时人们所面临的选择就是如何去打发原来用在工作上的时间。

对职业生涯做阶段划分的意义在于在不同的生命阶段有不同的职业任务，面临不同的职业问题，应该进行有针对性的职业生涯管理。

四、职业生涯管理中组织的任务

个人职业生涯管理的成功，不仅需要员工个人的努力，而且需要组织的配合。在我国，职业生涯的开发与管理还是一个新的课题，但已引起了许多有远见的企业的高度重视，它们已经开始实施员工职业生涯管理方案，并取得显著效果。如博福—益普生（天津）制药公司本着"对外致力于社会贡献，对内致力于人的发展"的经营理念，把员工职业生涯开发与管理提高到战略高度加以实施。它们把职业生涯管理视为综合动态的管理过程，以企业员工的心理开发、生理开发、智力开发、技能开发、伦理开发等人的潜能开发为基础，以工作内容的确定和变化、工作业绩的评定、工资待遇和职称职务的变动为标志，以满足需求为目标，从而为企业的发展增添了新的动力。西门子（中国）有限公司十分注重员工的成长与发展，鼓励员工设定自己的职业发展轨迹，工作一段时间后表现出色就会得到提升，即使本部门没有空缺，也会被安排到其他部门，保证员工有充分施展才华的机会。对那些一时不能胜任工作的员工，在尽可能的情况下为他们换一个岗位，让他们进行新的尝试。许多时候，不称职的员工通过调整找到了自己的位置，干得和别人一样出色了。朗讯科技（中国）有限公司明确推出了如下员工职业生涯规划：当一名新员工进入公司后，部门经理要与其进行一次深入的长谈，询问来到本公司后，你对个人发展有什么打算？一年之内要达到什么目标？三年之内要达到什么目标？为了实现目标，除个人努力外，需要公司提供什么帮助？通过谈话，促使员工制订个人职业生涯规划。这已成为一项滚动发展制度，每到年末，部门经理都要和员工一起对照上一年的规划进行检查，制订下一年的规划。职业生涯规划不仅为员工架起了成长的阶梯，而且使公司的发展获得了永不衰竭的动力。总结成功企业的经验，结合有关职业生涯发展的理论，从组织角度进行的职业生涯管理，应该找出不同职业生涯期的管理重点。

（一）招聘时期的职业生涯管理

员工的职业生涯管理是一个长期动态的过程，从招聘新员工起就应该开始。招聘的过程实际上是应聘者和组织相互了解的过程。组织职位出现空缺时，有的愿意从应届大学生中招聘，有的则愿意接受有工作经验的候选人。大学生初出校门，缺乏对组织和职业的了解，往往有许多不切实际的幻想，即使是有工作经验的应聘者对未来的工作组织也不够了解。在这一阶段，组织急于网罗高素质的人才，应聘者急于将自己优秀的一面展示给组织，双方往往都会发出不真实的信息。其结果是组织对应聘者的职业目标形不成较为真实的印象，而应聘者对组织形成了一种较好的但也许是不现实的印象。这对员工刚开始的职业生涯是不利的，一方面组织不能真正地了解应聘者，就很难做出人尽其才的职业安排；另一方面当新员工发现组织与其想象的差距较大时，就会萌生离意。因此，组织在招聘时，要提供较为现实的企业与未来工作的展望，要将组织的基本理念和文化观念传达给应聘者，以使他们尽可能真实地了解组织；另一方面要尽可能全面了解候选人，了解他们的能力倾向、个性特征、身体素质、受教育水平和工作经历，以为空缺岗位配备合格的人选，并为新员工未来的职业发展奠定一个好的开端。

（二）进入组织初期的职业生涯管理

这大致相当于职业生涯确立阶段的尝试子阶段。在一个人的职业生涯中，没有哪个阶段能像他初次进入组织时那样需要组织考虑他的职业发展情况。正是在这一阶段，员工被招募、雇用并第一次被分配工作和认识上级。在这一阶段，员工必须建立一种自信的感觉，必须学会与第一个上级和同事们相处，必须学会接受责任，然而最重要的莫过于对自己的才能、需要以及价值观是否与最初的职业目标相吻合进行审视和判断。对于新员工来说，这是一个现实测试时期，他的最初期望和目标第一次面对组织生活的现实，并且第一次与自己的能力和需要面对面碰在一起。对于许多第一次参加工作的人来说，这可能是一个比较痛苦的时期，因为他们天真地期望第一次面对现实的冲击。比如，年轻的工商管理硕士或注册会计师们可能满怀希望去寻找第一份富有挑战性的激动人心的工作，希望这种工作能发挥自己在学校所学得的新技术，证明自己的能力，为提升提供大量的机会。然而在现实的工作中，他们常常会苦恼地发现自己被委派到一种并不重要的低风险的工作岗位上，或者马上陷入错综复杂的部门间冲突和政治斗争中，或者是遇到一位使人感到灰心丧气的上级。

这一时期，组织职业生涯管理的主要任务是：

（1）了解员工的职业兴趣、职业技能，然后把他们放到最适合的职业轨道上去。这种做法是运用人事功能来帮助员工实现个人成长和自我发展需要的途径之一。

（2）进行岗前培训，引导新员工。主要是向新员工介绍组织的基本情况，历史和现状，宗旨、任务和目标，有关的制度、政策和规定，工作职责和劳动纪律，组织文化等，目的是引导员工熟悉环境，减少焦虑感，增加归属感和认同感。

（3）挑选和培训新员工的主管。新员工的第一任主管是其进入组织后的直接领导、第一个老师，主管的言行、态度、工作风格对新员工的职业生涯影响极大。主管应成为新员工的良师益友。相关的研究表明，在新员工与其上级之间往往存在一种"皮格马利翁效应"。换言之，上级的期望越高，上级对自己的新员工越信任、越支持，那么，新员工就干得越好。因此，专家们建议，不要将一位新员工安排到一位陈腐的、要求不高的或不愿意提供支持的主管那里。相反，在新员工开始尝试性、探索性工作的第一年，应当为他找到一位受过特殊训练、有较高的工作绩效，并且能够通过建立较高工作标准而对自己的新员工提供必要支持的主管。

（4）分配给新员工第一项工作，对其工作表现和潜能进行考察和测试，并及时给予初期绩效反馈，使他们了解自己做得如何，以消除不确定带来的紧张和不安，帮助其学会如何工作。在这里特别值得一提的是，大多数专家都认为，组织为新员工提供的初期工作应是具有挑战性的。比如，在一项以美国电报电话公司的年轻管理人员为对象的研究中，研究者们发现，这些人在公司的第一年所承担的工作越富有挑战性，他们的工作也就显得越有效率、越成功。即使到了五六年之后，这种情况依然存在。专家指出，提供挑战性的起步工作是帮助新员工取得职业发展的最有力然而却并不复杂的途径之一。

（5）协助员工做出自己的职业规划。比如，有些企业正在尝试开展职业生涯方面的培训，使员工意识到对自己的职业加以规划且进行改善的职业决策的必要性，学到职业规划的基本知识和方法。诸如此类的企业经常举行一些职业咨询会议，有时可能是作为工作绩效评价他们的职业进步情况，同时确认他们应在哪些方面开展职业开发活动。

（三）中期、后期的职业生涯管理

中期大致相当于职业生涯确立阶段的稳定子阶段和危机子阶段。职业生涯中期是一个时间长、变化多，既有事业成功，又可能引发职业危机的敏感时期。这一时期的年龄跨度一般是从30岁到45岁，甚至到50岁。成家立业、生儿育女、赡养父母、工作上独当一面，这一时期不仅家庭责任重大，同时职业任务繁重。一般而言，进入这一年龄段的员工大都去掉了20多岁时不切实际的幻想，通过重新审视和评估自我，有了明确的职业目标，确定了自己对企业的长期贡献区，积累了丰富的职业工作经验，逐步走向职业发展的顶峰。人到中年，一方面年富力强，自我发展的需要仍很强烈；另一方面会意识到职业机会随年龄增长越来越受到限制，从而产生职业危机感。总之，这是一个充满矛盾的复杂阶段，尤其需要组织加强职业生涯的管理。

古人云，三十而立。这一时期的员工十分重视个人职业上的成长和发展。在这一时期的职业生涯管理中，组织要保证员工合理的职位轮换和晋升。所谓职位轮换，是指把一个人安排到另一个工作岗位上，其所承担的义务、责任、职位和报酬都与前一个工作差不多。但职位轮换可以使员工学到新知识和新技能，为今后的晋升和发展奠定基础。晋升是在组织中被指定做更高一级的工作。通常，新的工作在薪资和地位上有所提高，并要求有更多的技能或承担更多的责任。晋升能够使组织更有效地利用员工的技能和知识，而且也可以将得到晋升的机会看作是对员工的内在激励。因此，组织管理的一项重要工作就是为员工设置合理畅通的职业发展通道。职业通道是组织中职业晋升的路线，是员工实现职业理想和获得满意工作，达到职业生涯目标的路径。组织中的职业发展通道不应是单一的，而应是多重的，以便使不同类型的员工都能寻找到适合自己的职业发展途径。海尔公司在这方面的探索值得借鉴。海尔对每一位新进厂的员工都进行一次个人职业生涯培训。不同类型的员工自我成功的途径不尽相同，为此海尔为各类员工设计出了不同的升迁途径，使员工一进厂就知道自己该往哪方面努力才能取得成功。

到职业后期阶段，员工的退休问题必然提到议事日程。大量事实表明，退休会对退休的员工产生很大冲击，也会对组织的工作产生影响。组织有责任帮助员工认识接受这一客观事实，并帮助每一个即将退休的员工制订具体的退休计划，尽可能地把退休生活安排得丰富多彩一些。同时，多数退休员工的贡献能力不会随着正式退休而完结，组织可采取兼职、顾问或其他方式聘用他们，延长他们的职业生涯，使他们有机会继续为组织发挥"余热"。

第二节 人力资源调配

一、人力资源市场

人力资源市场就是供求双方通过相互选择而自动配置人力资源的体系，或者说是一种以市场机制调节人力资源供求的经济关系。人力资源市场的形成需要具备以下三个条件：

第一，人力资源供求双方具有相对独立性。劳动者个人拥有独立支配自己人力资源的权利，人力资源需求方拥有独立的用人权，供求双方均可自由进行选择。

第二，人力资源供求双方作为对等的利益主体，以劳动合同的形式确立劳动关系。

第三，工资是人力资源的市场价格，由人力资源市场供求关系调节。工资率成为引导人力资源合理配置的价格信号。人力资源市场可以分成社会人力资源市场和组织内部的人力资源市场。

社会人力资源市场是一种人力资源供给方和需求方可以跨地区、跨部门、跨行业进行相互选择，以实现全社会范围内人力资源最佳配置的人力资源市场。我国社会人力资源市场的目标模式，是建立公平竞争、运行有序、控制有力、服务完善的现代人力资源市场。这就意味着要彻底打破统包统配的就业政策，废除人力资源在不同所有制、不同地区、不同行业之间自由流动的身份界限，消除人力资源市场的歧视，例如，性别歧视、年龄歧视、身份歧视、对残疾人的歧视等，员工自主择业、自主流动，企业自主用人，人力资源供求主体之间通过公平竞争、双向选择建立劳动关系。人力资源市场应建立一整套法规，使劳动关系的建立、调整和终止都通过劳动合同等法律形式来进行。还要通过劳动监察，保证人力资源市场良好运行，并通过经济的、法律的以及必要的行政手段调控人力资源总量和结构。同时要建立完整的人力资源市场服务体系和保障体系，其中主要包括社会保险体系、就业服务体系；统计信息服务体系、劳动法律服务咨询体系、劳动安全监察体系、宏观调控体系等，为各类组织和全社会人力资源提供优质高效的服务和社会保障。

组织内部的人力资源市场是指在雇佣关系比较稳定的组织内部，供组织（雇主）和员工双方再次选择经济关系的人力资源市场。例如，组织内部的人员调动、提升、降职、转业等。组织内部的人力资源市场是促进组织内部人员流动的重要途径。某些情况下，组织内部的人力资源市场还被赋予另一种意义，它是解决组织富余人员的一种手段。在我国，富余人员的安排还不可能由社会全部包下来，组织还需要在内部开辟就业门路，例如，组织富余人员从事社会需要的第三产业、进行专业培训等，所有这些新的劳动契约关系及相应的谈判都被归于内部人力资源市场范畴。有的企业为了解决富余人员的问题，还实行了"内部待业制"，凡是工作不能达到要求的员工都需要离开原来的岗位，但不与企业脱离关系，而是在企业内部待业。待业期间，员工只能领到基本工资，为了能够重新上岗，还必须参加一些必要的培训。这种制度强化了组织内部的竞争气氛，对于改变员工自身的素质、提高劳动生产率都能起到很大的作用。

市场经济要求人力资源市场化。人力资源个人所有和风险型就业是市场经济条件下人力资源的基本特征。人力资源属于个人所有，劳动者有权支配个人的人力资源。在人力资源市场中，员工是具有自主性的市场主体，自主就业、自主流动、自己掌握自己的命运。人力资源遵循价值规律、供求规律调节人力资源供求关系，从而促进人力资源管理流动，优化人力资源的合理配置。在人力资源市场上，员工与组织的双向选择，引入竞争机制，从而提高双方的积极性。社会成员的最优化选择，利于社会劳动资源的最优化配置。

二、人力资源流动

人力资源流动一般是指员工相对于人力资源市场条件的变化，在岗位之间、组织之间、职业之间、产业之间以及地区之间的转移。简单地说，人力资源流动就是指员工离开原来的工作岗位，走向新的工作岗位的过程。人力资源流动包括水平流动和垂直流动。所谓水平流动，即劳动者在不同地区、不同行业、不同组织、不同部门或同一部门的不同岗位之间自由流动。所谓垂直流动，是指员工在组织内部的升迁。人力资源流动的总倾向是从经济增长缓慢、收入水平低、就业机会少的落后地区流向经济增长迅速、收入水平高、就业机会多的发达地区，从经济效益差、社会声望低、薪酬水平低的组织流向经济效益好、社会声望好、薪酬水平高的组织。

人力资源流动是一种客观必然的社会经济现象。具体地说，以下原因引起了劳动力的流动。

第一，产业结构的变化。随着社会经济的不断发展以及生产的社会化和现代化，旧的生产形式和产业部门不断被淘汰，原来在这些部门工作的人力资源面临着职业转换。同时新兴产业的涌现又提供了新的就业机会，不断地把原来分布于传统部门的人力资源纳入自己的生产过程。经济的发展和产业结构的变动推动了人力资源的全面流动。

第二，科学技术的发展。科学技术的发展一方面创造了许多新的就业机会和就业岗位，另一方面又淘汰了一部分旧的工作岗位。技术密集型的产业由于其产品的技术含量大，产品附加值高，其人力资源的价格必然较高，待遇较好，从而吸引了大批合格人力资源进入，加剧了人力资源的流动。

第三，区域经济发展的不平衡。由于资源分布、自然条件以及其他因素的差异，地区经济发展的状况很不平衡。经济落后地区由于受经济发展水平的限制，就业机会很少，人力资源供给又常常大于需求，致使人力资源就业比较困难。而经济发达地区人力资源需求量大，本地供给相对不足，人力资源价格又明显高于不发达地区，同时个人发展的机遇也比较多，这就促使不发达地区的剩余人力资源向发达地区流动。

第四，不同部门、不同组织间同样存在着经济、技术发展的不平衡。这种不平衡不断对所需的人力资源的数量和质量提出新的要求，推动着人力资源的全面流动，并促使劳动者由经济效益差的部门、组织流向经济效益好的部门和组织。

第五，人力资源供给意向的变化。人力资源供给意向的变化取决于人们对物质需求和精神需求满足程度的判断。劳动者根据自己的兴趣、爱好、专长和收入等需求目标，对现有的职业或岗位和市场上可供选择的职业或岗位做出比较性评价。只要有其他岗位或职业能使其更有效地发挥个人才能并得到更大的效用和满足，劳动者就有可能辞去现有的工作而选择新的工作，从而引起人力资源的流动。

从全社会的角度看，人力资源的流动有利于整个社会更加合理地使用人力资源，实现资源的优化配置。国民经济是一个动态系统，各组织、各行业、各地区的发展是不平衡的，对人力资源的需求也必然是不平衡的。为了使人力资源得到最充分的利用，必然要求人力资源从相对富裕的行业、地区以及组织流入相对稀缺的行业、地区及组织。只有让人力资源流动起来，才能使劳动者在流动中找到适合自己的岗位，也才能使最需要人才的地区和组织得到自己所需要的人才。人力资源流动的意义，在于从根本上促进了人与事的配合和协调，优化资源配置，使人尽其才、事得其人。

对于组织来说，人力资源的流动有利于促使组织提高人力资源管理水平；人才竞争是现代社会的一个重要特征。人才竞争必然带来人才流动。对于现代管理者来说，就业绝非单纯的谋生手段，也是谋求个人发展、实现自我价值的途径。增强组织的竞争力、吸引力，就要在组织内部创造一种机制，使所有的组织成员都能通过自身的努力获得增加收入、升迁职位、发展事业的机会。

对于劳动者来说，人力资源流动有助于个人规划自己的职业生涯，实现自己的人生价值。根据职业选择发展理论，个体的职业选择不是一次性完成的，而要经历"尝试""转变""稳定"这样一个逐步成熟的过程。在过去统包统配的制度下，个体职业发展的这一自然过程受到严重制约，管理者一旦被分配到某一职业岗位，不管适合与否，变动的可能性极其有限，管理者的职业流动只能在一个相当有限的范围内沿着系统内部"由低向高"（垂直流动）这样一种单一的模式发展。但在就业制度和劳动用工制度发生根本变化以后，加上新兴的职业和新的就业机会的不断出现，管理者的职业流动需要便迅速表现出来，它打破了传统的单一垂直流动模式而形成了多元化的局面，使管理者能够在职业流动中发现自己的兴趣与潜能，形成对自身价值的准确评价，并不断丰富自己的经历，提高自己的能力，实现自己的价值。

三、就业指导

所谓就业指导，就是由专门的就业指导机构帮助择业者确定职业方向、选择职业、准备就业并谋求职业发展的咨询指导过程。就业指导作为一项重要的社会活动，最早出现在欧美国家，它是西方国家在经济发展、职业分化、技术进步而产生一系列社会矛盾后，社会为解决就业问题而做出努力的产物。就业指导的正式形成，一般以美国波士顿大学教授帕森斯1908年创立地方职业局为标志，他首次提出了"就业指导（也称职业指导）"这一概念，并使就业指导成为具有组织形态的专业性工作。因而，帕森斯被认为是就业指导的创始者。随后，就业指导在苏联、日本、德国、加拿大等国发展起来，并受到社会各界的重视。

我国是一个拥有十多亿人口的大国，解决如此众多人口的就业问题不仅关系到国民的生计，而且关系到国家的稳定与发展。在人力资源市场上，人力资源的分配与使用是通过员工与组织"双向选择"来实现的。社会各行各业各种工作岗位为管理者个人提供了广泛的就业门路，而求职者则为不同的组织提供了广泛的人力资源来源。然而，对求职者来说，面对千差万别的职业往往不知所措，找不到适合自己的位置。而对组织来说，如何从千差万别的求职者中选拔到最适当的工作人员，同样面临着种种困难。就业指导最基本的含义就是实现"人—职"匹配，即把管理者推向最合适的工作岗位以及为特定的工作岗位物色最合适的管理者。就业指导可以减少盲目择业带来的盲目职业流动，减少人—职错位造成的人才浪费，使社会的人力资源得到最有效的利用，促进整个社会的稳定与发展。同时，就业指导也是一种教育过程，一种培养人的过程，即通过就业指导来增进管理者（包括学生）的职业角色和生活角色技能，培养管理者的职业决策能力，满足社会对管理者的需求。

就业指导工作的主要内容包括以下几个方面：

（一）职业素质分析

就业指导的目的在于帮助择业者寻找适当的职业，通过人员素质测评，了解求职者在能力、个性方面的具体水平，帮助求职者客观地了解自己，以此作为达成人—职匹配的基本依据。职业素质分析项目，主要包括职业身体素质、职业能力倾向、职业个性特征、职业价值观类型等。职业素质分析可以采用人员素质测评方法测试，包括心理测验、面试等，也可以借助各种工具、仪器进行测评，并要有专家进行分析说明。这些测评的结果既可以为择业者提供选择建议，也可以作为组织录用的参考。

（二）职业信息服务

职业信息服务的内容十分广泛，主要有：

（1）传播职业知识

职业知识包括职业的名称、种类、职业的社会经济意义、职业的环境条件、报酬、晋升机会、职业前景、职业资格要求，如体力要求、能力和个性要求、教育程度、职业道德等。只有掌握有关的职业知识，择业者才有可能做出适当的职业选择。

（2）反映市场供求

管理者与职业岗位的结合，最终取决于就业市场的供求关系。人力资源供求关系经常处于变化之中，不同的社会发展阶段、不同的地区、不同的时间，职业岗位的空缺与求职者人数都是有变化的。求职者迫切需要得到就业市场的供求信息，作为职业定向的现实依据。因此，充分地、不失时机地反映就业市场供求状况是就业指导信息服务的重要内容。

（3）宣传就业政策

就业政策也是影响就业市场供求关系和个人职业选择的重要因素。在我国，就业政策及劳动人事制度随着社会政治经济形势的变化而变化，就业指导工作应配合劳动人事制度，宣传新的就业政策，帮助劳动者正确理解并适应市场经济条件下的就业政策和就业方式。

（三）职业咨询

职业咨询是一种以语言为主要沟通方式，对当事人在自己职业选择和职业生涯发展中所遇到的问题给予分析、帮助，从而使其能够根据自身的实际状况做出合理职业决策的就业指导方式。人们在职业选择以及就业以后的工作中，往往会面临各种各样的职业问题，诸如不知道自己适合哪种职业，不知道如何找一份理想的工作，面临多种职业机会不知如何选择，刚参加工作职业适应不良，工作中人际关系紧张，职业生涯中期所遇到的职业危机等。造成这些问题的原因，或是由于缺乏全面的自我认知和对职业世界的了解，或是由于不恰当的职业观念，或是由于个人性格等。即使人们对自身的职业素质有一定的了解，也掌握了大量的职业信息，但在职业生涯中仍然会遇到各种问题，而职业咨询的功能就是帮助人们解决职业生涯中所遇到的各种困难和问题。职业咨询的目的不是代替当事人做出职业决策或解决职业问题，而是运用心理咨询技术及其他技巧和方法，协助当事人查明所遇问题的性质，帮助当事人分析自己的特性、兴趣、长处、不足和发展需要，通过促进当事人自我认识的发展，从而引导当事人自己寻找解决问题的方法和途径，以克服职业发展过程中的障碍和问题。

所以，职业咨询的过程实质上就是促进当事人自我认识的发展，从而引导当事人自己寻找解决问题的方法和途径，以克服职业发展过程中的障碍和问题。所以，职业咨询的过程实质上就是促进当事人自我认识发展的过程，培养当事人自我决策能力的过程，提高当事人解决职业问题能力的过程。承担职业咨询的可以是专门的职业咨询机构，大学或研究院的有关研究机构，职业生涯研究专家、心理学专家、组织中员工的直接主管或人力资源部门专门负责此项工作的专员。

第三节 劳动关系与合同管理

一、劳动关系

（一）劳动关系的内容和法律特征

从广义上看，劳动关系的内涵非常宽泛，它包括一切劳动者在社会劳动时形成的所有劳动方面的关系。而从人力资源开发与管理的角度谈论的劳动关系，仅指员工与所在组织之间在劳动过程中发生的关系，是员工与企业之间基于有偿劳动所形成的权利义务关系。这种关系具有相对稳定性并受到法律的保护。在西方国家，劳动关系又称为"劳资关系"，是指雇主（由管理层代表）和工人（通常由工会代表）之间的相互关系。它涉及集体交涉过程、谈判和协商。劳动关系的基本内容包括员工与组织之间在工作时间、休息时间、劳动报酬、劳动安全卫生、劳动纪律与奖惩、劳动福利保险、职业教育培训、劳动环境等方面形成的关系。这些与员工的自身利益密切相关，是直接影响企业员工劳动积极性和工作满意度的重要因素。人是生产力中最重要的因素，而劳动关系是生产关系中的重要因素之一。调整、维护和谐的劳动关系，是人力资源管理和开发的重要内容。

《劳动法》是调整劳动关系以及与劳动关系密切联系的其他关系的法律规范，其作用在于从法律角度确立和规范劳动关系。《劳动法》所规范的劳动关系主要有以下三个法律特征：

第一，劳动关系是在现实劳动过程中发生的关系，与员工有直接的联系。

第二，劳动关系的双方当事人，一方是员工，另一方是提供生产资料的员工所在的组织，如企业、就业组织、行政部门等。

第三，劳动关系的一方员工要成为另一方组织的成员，并遵守组织的内部劳动规则。我国从1995年1月1日开始实施的《中华人民共和国劳动法》，对劳动主体双方所享有的权利和应承担的义务做出了明确的规定，而这些权利和义务的规定涵盖了劳动关系的具体内容。《劳动法》第三条规定，员工依法享有的权利有：①劳动权；②民主管理权；③休息权；④劳动报酬权；⑤劳动保护权；⑥职业培训权；⑦社会保险权；⑧劳动争议提请处理权等。员工承担的主要义务有：①按质按量完成生产任务和工作任务；②学习政治、文化、科学、技术和业务知识；③遵守劳动纪律和规章制度；④保守国家和企业的机密。组织的主要权利有：①依法录用、调动和辞退员工；②决定企业的机构设置；③任免企业的行政干部；④制订工资、报酬和福利方案；⑤依法奖惩员工。组织的主要义务有：①依法录用、分配、安排员工的工作；②保障工会和职代会行使其职权；③按员工的劳动质量、数量支付劳动报酬；④加强员工思想、文化和业务的教育和培训；⑤改善劳动条件，搞好劳动保护和环境保护。

（二）解决劳动争议的途径和方法

劳动争议亦称劳动纠纷，它是指劳动关系当事人之间因劳动的权利发生分歧而引起的争议。狭义的劳动争议指因执行劳动法或履行劳动合同、集体合同的规定而引起的争议。广义的劳动争议不仅包括因执行劳动法或履行劳动合同、集体合同的规定而引起的争议，还包括因制订或变更劳动条件而产生的争议。

劳动争议是劳动关系双方发生矛盾、冲突的表现，争议的有效解决则可以使劳动关系由矛盾、冲突达到统一、和谐。解决劳动争议的途径和方法如下：

1. 通过劳动争议委员会进行调解

《劳动法》规定，在组织内部可以设立劳动争议调解委员会。它由员工代表、组织代表和工会代表三方组成。在企业中，员工代表由员工代表大会或员工大会推举产生，企业代表由厂长或经理指定，工会代表由企业工业委员会指定。调解委员会组成人员的具体人数由职代会提出，并与厂长（经理）协商确定，企业代表的人数不得超过调解委员会成员人数的三分之一。调解委员会主任由企业工会代表担任，其办事机构设在企业工业委员会。劳动争议调解委员会所进行的调解活动是群众自我管理、自我教育的活动，具有群众性和非诉讼性的特点。劳动争议调解委员会调解劳动争议的步骤如下：

申请。申请指劳动争议当事人以口头或书面方式向本组织劳动争议调解委员会提出调解的请求，是自愿的申请。

受理。受理指劳动争议调解委员会接到当事人的调解申请后，经过审查，决定接受申请的过程。受理包括三个阶段：第一，审查。即审查发生争议的事项是否属于劳动争议，只有属于劳动争议的事项才能受理。第二，通知并询问另一方当事人是否愿意接受调解，只有双方当事人都愿意接受调解，调解委员会才能受理。第三，决定受理后，应及时通知当事人做好准备，并告知调解时间、地点等事宜。

调查。经过深入调查和研究，了解情况，掌握证据材料，弄清争议的原委以及调解争议的法律政策依据等。

调解。调解委员会召开准备会，统一认识，提出调解意见，找双方当事人谈话，召开调解会议。

制作调解协议书。经过调解，双方达成协议，即由调解委员会制作调解协议书。

2.通过劳动争议仲裁委员会进行裁决

劳动争议仲裁委员会是依法成立、独立行使劳动争议权的劳动争议处理机构。它以县、市、市辖区为组织，负责处理本地区发生的劳动争议。

劳动争议仲裁委员会由劳动行政主管部门、同级工会和组织三方代表组成，劳动争议仲裁委员会主任由劳动行政主管部门的负责人担任。劳动行政主管部门的劳动争议处理机构为仲裁委员会的办事机构，负责办理仲裁委员会的日常事务。劳动争议仲裁委员会是一个带有司法性质的行政执行机关，其生效的仲裁决定书和调解书具有法制强制力。

劳动争议仲裁应遵循如下原则：

（1）调解原则。仲裁之前先行调解，调解无效再仲裁。调解简便易行，迅速灵活，但要贯彻当事人双方自愿的原则。

（2）及时、迅速原则。劳动争议仲裁委员会必须严格依照法律规定的期限结案，即"仲裁裁决一般应在收到仲裁申请的60日内做出"。

（3）一次裁决原则。劳动争议委员会对每一起劳动争议案件实行一次裁决即行终结的法律制度。

当事人不服裁决，可在收到仲裁书之日起15日内向有管辖权的人民法院起诉。期满不起诉的，仲裁决定书即发生法律效力。

劳动争议仲裁的一般步骤如下：

（1）受理案件。即当事人申请和委员会受理。当事人应在争议发生之日起60日内向仲裁委员会递交书面申请，委员会应在自收到申请书之日起7日内做出受理或不予受理的决定。

（2）调查取证。此阶段工作分为三步：第一，拟定调查提纲。第二，有针对性地进行调查取证工作。第三，审查证据，去伪存真。

（3）调解。调解必须遵循自愿、合法的原则。"调解书"具有法律效力。

（4）裁决。调解无效即行裁决。

（5）执行。

3．通过人民法院处理劳动争议

人民法院只处理如下范围内的劳动争议案件：

（1）争议事项范围：因履行和解除劳动合同发生的争议；因执行国家有关工资、保险、福利、培训、劳动保护的规定发生的争议；法律规定由人民法院处理的其他劳动争议。

（2）企业范围：国有企业，县（区）属以上城镇集体所有制企业，乡镇企业，私营企业，三资企业。

（3）员工范围：与上述企业形成劳动关系的员工；经劳动行政机关批准录用并已签订劳动合同的临时工、季节工、农民工；依据有关法律、法规的规定，可以参照本法处理的其他员工。

人民法院受理劳动争议案件的条件：

（1）劳动关系当事人间的劳动争议，必须先经过劳动争议仲裁委员会仲裁。

（2）必须是在接到仲裁决定书之日起15日内向人民法院提起起诉的，超过15日，人民法院不予受理。

（3）属于受诉人民法院管辖。

二、劳动合同

（一）劳动合同的含义和特征

1．劳动合同的含义

在现代社会中，劳动关系通常以劳动合同来确立。签订劳动合同是建立劳动关系的具体方式。所谓劳动合同，就是员工与组织确立劳动关系、明确双方权利和义务的协议，是组织和员工之间确立劳动关系的法律凭证。我们可以从以下几个方面来理解劳动合同这一概念：

（1）组织和员工之间建立劳动关系，必须签订劳动合同。劳动合同一经签订，就具有法律效力，是规范双方当事人劳动权利和义务的依据，合同规定的各项条款双方当事人都必须认真履行，否则必须承担相应的法律责任。

（2）劳动合同的主体是员工和组织。作为劳动合同关系当事人一方的员工，必须具备法律规定的条件，即必须达到法定的最低劳动年龄。我国《劳动法》第十五条第1款规定："禁止组织招用未满16岁的未成年人。"这就是说，在一般情况下，只有年满16周岁的公民，才具有劳动行为能力，才能参与劳动合同关系。作为劳动合同另一方当事人的组织，必须是依法设立的企事业组织、国家机关、社会团体或者私营经济组织。

（3）劳动合同作为确立劳动关系的协议，其主要内容是员工与组织双方的责任、权利和义务。员工为组织承担一定的工作，按组织的要求完成劳动任务，并遵守组织的各项规章制度；组织为员工提供一定的工作条件和符合国家法定标准的安全卫生环境，付给员工相应的报酬，保障员工享有法定的或合同规定的各项政治经济待遇。

2. 劳动合同的特征

劳动合同作为经济合同的一种，首先必须具备一般经济合同所共有的特征，这是劳动合同得以成立的前提条件。

具体表现为：

（1）合法。劳动合同必须依法订立，做到主体合法、内容合法、形式合法、程序合法。只有合法的劳动合同才能产生相应的法律效力。任何一方面不合法的劳动合同，都是无效合同，不受法律承认和保护。

（2）协商一致。在合法的前提下，劳动合同的订立必须是员工和组织双方协商一致的结果，不能是单方意思表示的结果。

（3）合同主体地位平等。在劳动合同的订立过程中，当事人双方的法律地位是平等的。员工和组织不因为各自性质的不同而处于不同的地位，任何一方不得对他方进行威胁或强迫命令。只有真正做到地位平等，订立的劳动合同才有公正性。

（4）等价有偿。劳动合同是一种有偿合同，当事人一方有提供劳动的义务，另一方有支付报酬的义务，双方都相应地享有平等的权利和义务。

劳动合同除了具备一般经济合同所共有的特征外，作为一种确立和调解劳动关系的合同，还具有特有的法律特征：

（1）劳动合同主体的构成具有特殊性。劳动合同由特定的员工与组织双方订立。这也就是说，劳动合同当事人一方必须是员工即人力资源所有者和人力资源使用权的租让者，而且是符合组织工作要求、达到法定劳动年龄的自然人；另一方必须是组织即人力资源使用权的租用者。两个组织之间订立的有关劳动问题的协议不是劳动合同。

（2）在劳动合同履行过程中，劳动合同主体之间具有从属性。由于劳动合同是以实现一定劳动过程为目的的，劳动合同订立后，员工一方必须加入到组织一方中去，成为组织的一名成员，在工作上接受组织的管理和监督，享受本组织员工的权利，承担本组织员工的义务。组织有权利也有义务组织和管理员工，把个人劳动组织到集体劳动中。这种职责上的从属关系是由现代生产劳动的社会化特点决定的，是在合同当事人双方权利义务对等的基础上，依照社会化生产过程中的分工要求形成的。当然，员工在工作上从属于组织，是以劳动关系为基础的，并不是一种人身依附。如果员工与组织解除劳动关系，这种工作上的从属关系自然解除。

（3）劳动合同在一定条件下，往往要涉及与员工有关的第三人的物质利益。这一特征是由人力资源本身的再生产特点决定的，员工从事生产劳动不仅要维持自身的生存，而且要繁衍后代，发展自己。一般情况下，员工总是要通过组织家庭的方式来生活。因此，劳动关系的一个突出特点是，组织不仅仅同员工个人直接建立劳动关系，而且要和员工的家庭发生联系，劳动合同订立时，不仅要规定当事人双方的权利义务关系，而且往往还要涉及员工的直系亲属在一定条件下享受的物质帮助。比如，在劳动合同中规定组织有义务帮助员工解决子女受教育问题、家属住房问题和其他生活困难问题，若员工因年老、疾病、工伤、残废、死亡等原因，部分或全部、暂时或永久丧失劳动能力的时候，组织不仅要负担员工本人的社会保险待遇，而且也要对员工所供养的直系亲属给予一定的物质帮助。

（4）劳动合同的目的在于劳动过程的实现，而不是劳动成果的给付。劳动过程是一个相当复杂的过程，有的劳动直接创造价值，有的劳动实现价值，有的劳动创造的价值可以衡量，有的劳动创造的价值难以直接衡量。因此，劳动合同的目的在于确定劳动关系，使劳动过程得以实现。当然，这并不排除劳动合同对劳动成果给付的要求。

（5）劳动合同的订立必须采用书面形式。劳动合同都有一定的期限，而且劳动关系十分复杂，涉及许多内容，采用书面形式使双方的权利义务明确具体，便于合同的履行。一旦发生争议，也有据可查，便于争议的解决。

（二）劳动合同的内容

劳动合同内容是指劳动合同中约定的事项，主要是劳动关系当事人双方（员工和组织）各自的权利、义务、责任。劳动合同的内容表现为劳动合同的各项条款。依据《劳动法》的规定及劳动管理的实际情况，我国的劳动合同一般包括下列内容：

1. 双方当事人的名称、姓名、地址

组织的名称、地址要写全称；员工的姓名、地址要与户口簿、身份证相一致。

2. 合同期限

劳动合同期限是指当事人双方所订立的劳动合同起始和终止的时间，也就是合同约定的劳动关系存续的日期。劳动合同期限分为固定期限、无固定期限和以完成一定的工作量为期限三种。要写明员工被录用的期限，具体到年、月、日。无固定期限的，要写订立合同及合同生效日期。以完成一定工作量为期限的要写明工作时间。

3. 试用期限

劳动合同一般都有试用期限的规定。要写明试用开始和结束的日期。试用期按《劳动法》规定最长不超过6个月。试用期包括在劳动期限内。

4. 职务（工种、岗位）

明确员工所担任的具体工作，职务和工种（岗位）须用专门术语写明。

5. 工作时间

按《劳动法》和国家规定执行。如低于国家规定的，可由双方约定：一是每周工作几天，休息几天；二是每天工作几小时和上下班的准确时间（包括工间休息时间）。以完成一定工作量为期限的合同，工作时间可由双方协商确定。

6. 劳动报酬

劳动报酬是人力资源的价值表现形式（或人力资源的价格），是员工履行劳动义务后应当享受的经济权利，包括工资、奖金、津贴等，支付劳动报酬是组织的义务。工资可分为试用期工资、试用期满后的工资。合同中一般要写明月、日、小时工资标准以及在合同期限内晋级后升工资的方法和标准等。实行计件工资的，按计件付酬。按工作量订立的合同，可按工作量确定报酬。劳动合同中规定的劳动报酬必须符合国家法律、法规和政策的规定。比如，工资不得低于国家规定的最低工资标准，工资支付形式和支付期限不得违反有关规定。

7. 生活福利待遇

一是补贴待遇，合同制员工的粮、菜、交通、取暖等补贴应和原国家对固定工的规定相同；二是假日待遇，合同制员工的节日假、婚丧假、探亲假按《劳动法》执行；三是特殊费用，如抚恤费、救济金等应与固定工相同。

8. 劳动保护

这是为组织设立的义务性要求。组织为员工提供的劳动保护措施和劳动条件必须符合国家有关规定。优于国家规定的，可由双方约定。

9. 劳动保险待遇

员工患病、伤残、生育等待遇以及养老失业、工伤等保险办法，凡国家有规定的，按规定执行；国家没有规定的，由双方协商约定。

10. 政治待遇

合同制员工享有参加企业民主管理的权利，参加选举和被选举的权利，参加党团组织和工会的权利等。

11. 教育与培训

组织加强对员工的思想政治教育、遵纪守法教育和安全生产教育等；组织应根据工作和生产任务的需要，多方面、多形式地开展岗位业务和技术培训，对培训合格者经过试用可上岗使用，并承认国家或有关组织颁发的学习证明。

12. 劳动合同变更

劳动合同的变更国家有规定的，按国家规定办；国家没有规定的，由双方协商约定。在签订劳动合同时，必须规定变更合同的原因及变更的办法。凡没有变更原因或变更原因未出现时，组织不得随意安排员工从事合同规定以外的工作。

13. 劳动合同解除

国家对劳动合同的解除条件有明确规定的，按国家规定办；国家没有规定的，由双方协商约定。双方协商的内容不得违背劳动法规及其他有关法律、法规、政策的规定。

合同解除后，双方必须办理解除手续，组织必须上报有关部门备案。

14. 违约责任

违反劳动合同应承担的责任，是指劳动合同当事人一方或双方，因自己的过错造成劳动合同不能履行或不能完全履行时，依照法律、法规和劳动合同的规定应当承担相应的法律责任。如组织违反规定辞退员工，应发给员工辞退补偿费和路费，组织故意拖延不订立劳动合同，或订立无效劳动合同以及违反安全和劳动保护等规定，以致损害员工合法权益的，应赔偿员工的损失。员工违纪或违反约定的保密事项和操作规程，给组织造成损失，员工应按规定赔偿组织的经济损失。

15. 其他事项

其他事项如住房问题、特殊困难等内容，均可在本条款中写明。

16. 纠纷处理

在劳动合同中，应明确规定按国家有关劳动争议处理规定的程序，处理劳动纠纷。

劳动合同中的有些内容不是由双方协商确定的，而是劳动政策法规已有规定，必须执行的。这些内容是劳动基本标准，是劳动合同的必备条款，对调整劳动合同当事人双方的权利与义务具有普遍的适用性和强制性。

除必备条款外，劳动合同往往还包括协定条款，它是双方当事人自愿协商在劳动合同中规定的权利义务内容的条款。协定条款也可分为必要条款和补充条款两部分。必要条款是指法律、法规虽然未做规定，但劳动合同中应当具备的条款，缺少这些内容，劳动合同就不能成立或者难以履行。必要条款一般为工作地点，主要确定员工在某地、某组织工作；工作种类，主要明确员工担任何种职务，什么工种，什么等级的技术业务工作；工作期限，主要明确员工从事某种工作的起始日期。补充条款是指劳动合同成立的非必要条款，有没有都不影响劳动合同的成立。但当事人一方提出，经双方协商一致同意作为合同条款的，合同内容中要加以确定。补充条款包括组织是否为员工提供居住条件，居住的期限；是否为员工子女提供托儿所、幼儿园和其他生活福利设施；发生劳动争议时的解决途径等。劳动合同的协定条款，无论是必要条款还是补充条款，都必须符合国家法律、法规和政策的规定。

（三）劳动合同的管理

劳动合同的管理，从广义上讲，是指国家司法机关、劳动行政主管部门、组织主管部门、组织内部行政和工会组织，按照国家的授权，在各自的职责范围内，根据法律、法规和政策的要求，运用指导、组织、监督、检查等手段，分别对劳动合同的订立、履行、变更、解除等行为实施司法管理、行政管理、企业管理和民主管理，制止、纠正和查处劳动合同运行中的违法行为，以保障劳动合同的贯彻实施。劳动合同管理是一种指挥、监督、协调和控制的活动，其目的在于通过管理把劳动合同运行过程中各个要素的功能统一起来，使之取得最佳经济效益。

1. 劳动行政部门对劳动合同的管理

国家劳动行政部门和地方各劳动行政部门,是法律规定的统一管理劳动合同的机关,在劳动合同管理中占有重要地位,起着主导作用。各级劳动行政部门管理劳动合同的主要职责是:

(1) 制订有关劳动合同制度的法律、法规和政策。劳动合同的管理,必须依照国家关于劳动合同制度的法律、法规和政策进行。国家劳动行政部门负责起草劳动和社会保险法律、法规,制订行政规章和基本标准并组织实施和监督管理。

(2) 统一管理和监督检查劳动合同的订立和履行情况。各级劳动部门通过经常性地了解情况和定期分析检查,掌握劳动合同订立和履行的全面情况,培训劳动合同管理人员,完善劳动合同的管理制度,自上而下地形成完整的劳动合同管理网络,并通过与组织建立广泛的联系,帮助和指导组织依法订立和履行劳动合同。

(3) 广泛宣传劳动合同法规,进行劳动合同法制教育。各级劳动行政部门应当拟定劳动合同法制宣传教育计划,结合贯彻劳动合同法规组织实施。通过举办学习班、研讨班、培训班,总结推广先进经验,交流信息,分析案例,组织劳动合同法规知识竞赛等,大力宣传劳动合同法规知识,增强广大员工的劳动合同法律意识和观念,增强执行劳动合同的自觉性。

(4) 进行劳动合同鉴证。劳动合同鉴证是劳动行政部门对劳动合同实施行政管理的有效手段,是一项监督服务措施。劳动合同订立后,对于当事人申请劳动合同鉴证的,劳动合同签订地或履行地的劳动行政部门负责进行鉴证。

(5) 确认和处理无效劳动合同。确认和处理无效合同,是劳动合同管理中的一个十分重要的环节,是保障合同有效的有力手段。劳动部门是国家确认无效劳动合同的管理机关,对监督检查劳动合同订立和履行过程发现的无效劳动合同、第三者告知的无效劳动合同以及劳动争议仲裁委员会在仲裁中遇到的无效劳动合同,依照有关法律、法规进行确认和处理。

(6) 受理和仲裁劳动合同争议案件。根据《中华人民共和国企业劳动争议处理条例》的规定,各级劳动行政部门、经济综合管理部门和工会组成劳动争议仲裁委员会,处理包括劳动合同争议在内的企业劳动争议案件。仲裁委员会的主任由劳动行政部门主要负责人担任,仲裁委员会的办事机构设在劳动部门。劳动行政部门负责受理劳动合同争议案件,并主持劳动争议仲裁委员会处理劳动合同争议,依法维护劳动合同当事人的权益。

(7) 查处和制裁违法劳动合同。对于违反法律、法规和国家政策的劳动合同,由劳动行政部门负责依法查处。劳动行政部门在检查劳动法律、法规贯彻执行情况时,对于违法劳动合同,根据有关法律、法规的规定可以给予违法者以警告、罚款等行政处罚,提请工商行政机关吊销营业执照,对有关责任人员可提请其主管机关给予行政处分,触犯刑律的,要由司法机关追究刑事责任。

2.员工所在组织对劳动合同的管理

劳动合同的管理，除了劳动行政部门负主要责任外，组织的管理也是劳动合同管理的一个重要方面。当然，员工所在组织对劳动合同的管理不同于劳动行政部门的管理，因为组织不是专门的劳动合同管理机关。但是，劳动管理是组织经济活动的重要组成部分，对生产经营活动有着直接关系。劳动合同是明确双方当事人权利和义务的协议，劳动合同履约率的高低，直接影响着生产经营活动。因此，组织对劳动合同的管理主要通过下列活动实现：

（1）建立组织内部劳动合同管理机制。组织内部劳动合同管理是建立现代组织制度所要求的。组织建立劳动合同管理机制，主要应做好三个方面的工作：①要有管理机构，从组织制度上保证劳动合同的管理；②要有专人管理，明确职责，各司其职；③要有切实可行的规章制度，使组织对劳动合同的管理有章可循。

（2）健全组织劳动合同管理制度。组织劳动合同管理的内容一般应包括：招聘、用人的条件和标准，岗位责任或岗位说明书，劳动合同的订立、变更、解除、终止和续订的条件，劳动合同履行情况的考评奖惩制度，企业内部劳动合同档案制度，劳动合同统计报告制度，劳动纠纷调解制度等。

（3）配合劳动行政部门或主管部门做好劳动合同管理工作。劳动行政部门是劳动合同的管理机关。主管部门是组织的领导机关和行政管理机关，对其所属组织订立和履行劳动合同的情况负有管理责任。组织作为用人单位，与员工签订劳动合同建立劳动关系后，除了按职责范围对劳动合同进行管理外，在合同的变更、解除，合同的鉴证，合同法制教育，劳动争议处理，合同履行情况的检查以及合同统计报告方面，要积极主动配合劳动行政部门或主管部门做好管理工作，接受劳动行政部门、主管部门的管理指导，不断提高管理水平。

（4）实行考评制度。考评，是指根据一定的标准、方法、程序对员工的工作表现和履行劳动合同情况等进行评价和认定的一种活动。组织具有生产性或服务性的特征，组织的目标是追求最佳经济效益和社会效益。组织的特征和目标，决定着它必须使用必要数量和相应素质的员工。因而，组织按定岗定员招（聘）用员工后，还必须经常对员工的工作态度、工作成效等与劳动合同相关的内容进行考评，并以考评的结果作为工资分配和人事使用提拔的依据。考评不仅具有评价和认定的作用，还具有激励员工学习、调动其生产积极性的作用。考评一般分为经常性考评和年度考评。组织应重点抓好经常性的考评工作，对员工经常性考评结果要记录备查，作为年度考评重要的参考资料和奖惩依据。

（5）实行动态管理。劳动合同制度是一种适应社会主义市场经济体制的新型用人制度，它与传统固定工制度的一个显著区别是：员工能进能出，能上能下。因此劳动合同制度在运行中就要进行动态管理，即通过考评，根据员工职责的履行情况，员工不同的劳动态度，不同的技能和表现，将员工分为"在岗""试岗""下岗""待岗"四种状态。四种状态的人员分别享受不同的工资待遇，使"在岗"人员有光荣感和责任感，"试岗"人员有压力感，"下岗"人员有紧迫感，"待岗"人员有危机感。"四岗"制构成动态的劳动合同管理机制，既能促使企业强化考评管理工作，又能增强广大员工的竞争和进取意识。

3. 工会对劳动合同的管理

工会是工人阶级的群体组织。工会在劳动合同管理方面的职责主要有：

（1）对员工进行劳动法律、法规教育，增强员工的劳动法制观念。工会对员工的宣传教育工作，是工会教育职能所决定的。工会对员工进行劳动法律、法规教育，使员工了解自己享有的权利和应履行的义务，提高员工的素质，使员工了解自己签订劳动合同的重要性，并组织员工认真履行合同义务，遵守厂规厂纪，积极生产劳动。同时，通过宣传教育，使员工正确理解合同中的权利与义务的关系，两者不可偏废。只有这样，才能有效地提高合同的履约率。

（2）监督劳动合同的订立和履行。《工会法》规定工会有权利代表和组织员工参与国家社会事务管理，参加企业事业组织的民主管理，当然也包括对劳动合同的管理。工会对劳动合同的管理，主要是指签订劳动合同，监督组织履行劳动合同，维护员工的合法权益。

（3）参与劳动合同争议的调解、仲裁工作。在市场经济条件下，由于多种经济成分并存，使劳动关系呈现多元化的形态，劳动关系更加复杂。劳动关系双方因履行劳动合同而引发的争议是不可避免的。工会作为员工群众与企业行政发生联系的桥梁，有权而且有必要参与劳动争议的处理工作。

工会在劳动争议的调解、仲裁和诉讼中应发挥积极作用。工会代表是企业劳动争议调解委员会负责人，应由他主持调解工作，对调解工作负主要责任。同级工会代表参加各级劳动争议仲裁委员会，并在评议或者裁决时，有权发表自己的意见。对工会代表的不同意见，仲裁决定中必须如实记录。工会在劳动争议诉讼中，有权支持和帮助员工当事人行使起诉权；接受员工当事人的委托，担任其诉讼代理人；在人民陪审中，和人民陪审员一起行使国家审判权；可以参与人民法院的调解工作，促使当事人和解；有权协助人民法院调查取证，协助人民法院执行已生效的法律文书；同时，工会还应及时做好案件处理善后工作。

工会参与劳动争议的处理是一项新的工作。工会必须坚持以事实为根据，以法律为准绳的原则，对于员工的正当要求，应当予以坚决支持，以维护员工的合法权益；对于员工的无理要求，工会应当进行耐心细致的说服教育工作，以维护企业的决定。

第四节 组织职业生涯规划的操作

一、组织职业生涯规划的目标

（一）员工的组织化

1. 基本目标——组织人

一般来说，员工的组织化即员工在一个组织中完成其社会化、成为合格员工的过程。人力资源管理学者对于个人初入单位的被接纳与塑造成为合格员工的过程即组织化过程，给予了高度的重视。在这一过程中，个人要实现对职业岗位的适应、组织文化的适应和职业心理的转换，组织则要把没有职业阅历或者有其他单位职业经历的新招聘人员塑造成为基本符合本单位需要的员工，即在本组织中被认同，能够完成组织工作，具有与老成员类似特征的人。

2. 有价值的文化人

发达国家是经过"机器人""经济人"的理念，到承认人的社会性、满足员工的成就感、提升要求等，使员工成为服从组织的"社会人"，20世纪90年代进一步发展为承认人的教育和文化背景、承认人的不同观点和思考方式，即把员工看作有价值的"文化人"。

3. 合理自利的企业人

组织中的人是"企业人"，具有"有限工作欲望假设""有限理性假设"和"合理自利假设""将企业目标、社会规范内化到员工的价值体系中，引导员工自觉地在合理的范围内去追求其自身利益，从而使个人利益与企业目标达到和谐统一的很高境界"。

4. 完成社会化的全面人

个人进入组织的职业方面是"学会工作、担任好角色、译解组织文化、融入组织"的特定社会化过程，可以把工作人看作是"全面人"，这样，组织对员工的职业生涯以至其他个人生活问题也应当给予关心。

（二）协调组织与员工的关系

任何组织，都是由从上到下各层级的一个个员工所组成，组织与员工之间的协调至关重要。协调组织和员工的关系，一般说即是承认员工个人的利益和目标，这能够使员工的个人能力和潜能得到较大的发挥，使他们努力为组织完成生产经营任务，达到"双赢"的目标。推行职业生涯规划，正是协调组织与员工关系，对员工产生巨大的激励作用并使组织目标和员工目标达到统一的重要途径。

（三）为员工提供发展机会

人力资源是一种能动性的资源，发挥其能力与潜能至关重要。通过职业生涯规划，可以使组织更加了解员工的能力，从而恰当地使用这一资源。尊重人、尊重员工，也是现代管理的理念。在组织正常发展的情况下，实行职业生涯规划和管理措施，尽量考虑员工的个人意愿,为员工提供发展机会,也是组织发挥员工主动精神的重要手段。

(四)促进组织事业的发展

实行职业生涯规划的目的,还有利于大大提高员工的综合素质,进而提高组织的效益和对外部变化的应变能力。从根本上说,是要促进组织事业的发展。要做到这一点,必须靠组织之中各方面人员的努力。

1.好的领导者

要以领导者的真知灼见规划组织的未来,并制订方案去实现。实行职业生涯规划本身,也有利于从现有组织成员中选拔出最优秀的领导者。

2.各层次的管理者

通过职业生涯规划,各层次的管理者有了明晰的升迁渠道、路径,也有了较多的培训和其他个人能力发展的机会,因而他们会以非常负责任的态度和创造性的精神去从事管理活动,解决各种问题,这有利于保证组织工作的有效运行。

3.每一个员工的团结协作

对广大员工开展职业生涯规划与管理,有利于一般员工主人翁精神的形成,有利于他们执行组织决策,积极工作,自觉地为组织的目标努力。

二、职业生涯规划的实施

(一)制订职业生涯规划表

职业生涯规划表,是组织对于员工实施职业生涯规划与管理的主要方法之一,也是设计、实施和观察职业生涯规划与管理的重要工具。

职业生涯规划表可以有不同的内容和多种模式,要根据一个组织的具体情况和职业生涯规划与管理需要选择和制定,例如表7-3。

表7-3 职业生涯规划表

第 次生涯计划		上次计划时间:	年 月 日
姓名		员工编号	
年龄		性别	
专业		学历	
目前任职岗位		岗位编号	
目前所在部门		部门编号	
计划制订时间	年 月 日	部门负责人	
职业类型 (在选定种类的题号上画钩,可选择两个或以上) 1.管理;2.技术;3.营销;4.操作;5.辅助。 如选择的职业类别更具体、细化,请进一步说明:			

续表

人生目标 人生目标结构： 1. 岗位目标： 2. 技术等级目标： 3. 收入目标： 4. 社会影响目标： 5. 重大成果目标： 6. 其他目标： 人生通道： 图示（简略）： 简要文字说明： 实现人生目标的战略要点：
长期目标（通常在 10 年以上）（略） 长期目标结构： 长期通道： 实现长期目标的战略要点：
中期目标（通常在 3 年以上）（略） 中期目标结构： 中期通道： 实现中期目标的战略要点：
短期目标（通常在 1 年以上）（略） 短期目标结构： 短期通道： 实现短期目标的战略要点：

（二）员工自我分析

员工首先应对自己的基本情况（包括个人的优势、弱点、经验、绩效、喜恶等）有较为清醒的认识，然后在本人价值观的指导下，确定自己近期与长期的发展目标，并进而拟订具体的职业发展计划。此计划应有一定的灵活性，以便根据自己的实际情况进行调整。

进行正确的自我分析和自我评价并不是一件简单的事情，要经过较长时期的自我观察、自我体验和自我剖析。其中员工自我评价就是通过对一系列问题的回答分析自己的能力、兴趣和爱好等的方法，如表 7-4 所示。

表 7-4　员工的自我评价

1. 从下述第三条所列项目中选出你近期最感兴趣的项目
2. 从下述第三条所列项目中选出你近期最不感兴趣的项目
3. 填写出下列表中未列出，而你又最感兴趣或最想干的工作
（1）有自由支配时间的工作　　　　（2）具有权力性的工作
（3）工资福利待遇高的工作　　　　（4）具有独立自主性的工作
（5）有趣味性的工作　　　　　　　（6）有安全性的工作
（7）有专业地位的工作　　　　　　（8）具有挑战性的工作
（9）无忧无虑的工作　　　　　　　（10）具有广泛接触、能广交朋友的工作
（11）具有声誉性的工作　　　　　 （12）能表现自己且能让别人看得见的工作
（13）具有地区选择性的工作　　　 （14）有娱乐活动性的工作
（15）环境气氛和谐的工作　　　　 （16）有教育设施和机会性的工作
（17）领导性的工作　　　　　　　 （18）具有专家性的工作
（19）带用旅行性的工作　　　　　 （20）可与家人有更多时间在一起的工作
4. 你目前从事哪一类的工作？它能满足你下一步的要求吗？说说为什么能，为什么不能的理由。
5. 你希望你接着从事的工作能满足你的要求吗？如希望的话，如何进行或计划；如果不希望的话，请说明理由。
6. 请具体描述你下一步最希望从事的工作。
7. 根据你的实际爱好和能力，说明你最希望从事的工作的各种具体活动或内容，不要描述其工作的头衔，而要说明其具体的工作活动和内容。说明你将如何去实现自己的愿望。例如，具体列出你目前可以干的五种工作。如：我可分析财务报表，我可以进行某产品的市场销售预测，我可以编写广告等。
8. 为了从事你下一步从事的工作，你是否需要接受培训或通过自学等形式学习和掌握新的知识或技能？如果需要的话，请详细说明，并说明学习或获得这方面知识和技能的途径或方法。
9. 你的这些要求是否可以在你目前从事的工作以外的方面得到满足？如果可能的话，你是否希望发展可升到更重要一级的岗位上？
10. 概述你自己希望并能干什么工作以满足你的需要。

（三）组织对员工的评估

组织评估是组织指导员工制订职业生涯规划的关键，它对组织合理地使用、开发人才和员工职业生涯规划目标的实现都有重要影响。组织评估的渠道主要有三种：

（1）从选择员工的过程中收集有关的信息资料（包括能力测试、员工做出评估填写的有关教育、工作经历的表格以及人才信息库中的有关资料）做出评估。

（2）收集员工在目前工作岗位上表现的信息资料（包括工作绩效评估资料、有关晋升推荐或工资提级等方面的情况）做出评估。

（3）通过心理测试和评价中心法做出评估。发达国家的许多大企业组织都设有评价中心，有一支经过特别培训的测评人员，这两种方法在我国的一些组织中也已得到应用。

（四）提供职业岗位信息

一个员工进入一个单位后，要想制订一个切实可行的、符合企业需要的个人职业发展计划，就必须获得企业内有关职业选择、职业变动和空缺岗位等方面的信息。从组织的角度看，为了使员工的个人职业规划制订得实际并有助于目标的实现，就必须将有关员工职业发展方向、职业发展途径以及有关职位候选人在技能、知识等方面的要求及时地利用本单位内部报刊、公告或口头传达等形式传递给广大员工，以便使那些对该职位感兴趣、又符合自己职业发展方向的员工参与公平的竞争。此外，组织还要创造更多的岗位或新的职位，以使更多员工的职业计划目标得到实现。

（五）进行职业生涯发展咨询

在制订职业生涯发展规划时，员工往往有下列问题，需要咨询帮助：

（1）我现在掌握了哪些技能？我的技能水平如何？我如何去发展和学习新的技能？发展与学习哪些方面的新技能最为可行？

（2）我在目前工作岗位上真正的需要是什么？如何才能在目前的工作岗位上既达到使上司满意，又使自己满意的程度？

（3）根据我目前的知识与技能，我是否可以或有可能从事更高一级的工作？

（4）我下一步朝哪个职位（或工作）发展为好？如何去实现这个目标？

（5）我的计划目标是否符合本组织的情况？如我要在本组织实现我的职业计划目标，应接受哪些方面的培训？

组织的人力资源部门及各级管理人员，应能够为员工回答这些问题，并根据本企业的实际情况，协助员工制订出切实可行的职业规划，并对其目标的实现和途径进行具体的指导。

（六）职业生涯规划年度评价

年度评价，是职业生涯规划与管理的一项重要手段。从基本意义上说，年度评价是周期性地对组织职业生涯规划与管理进行"盘点"，它有利于组织检查职业生涯规划与管理工作的效果，发现存在的问题，根据组织及环境的变化及时调整职业生涯规划工作，而且还可以使职业生涯规划与管理的对象了解情况，积极参与并及时做出调整。

职业生涯规划年度评价的具体方法，包括自我评估、直线经理评估和全员评估几种。一般来说，自我评估是自主和自觉的评估，也是能够取得实效的评估；直线经理评估比较详细，能够与组织的工作有机地结合，而且容易跟进组织的职业生涯管理措施；全员评估类似于人力资源绩效评价中的360度考核，评估结果比较全面和客观。

三、职业生涯发展渠道的提供

为员工提供职业生涯发展渠道，是组织的重要责任。一般来说，组织在为员工提供生涯发展渠道方面需要注意的问题有以下几个方面。

（一）组织的前途

员工的职业发展远景是基于组织的前途的。可持续发展，尤其是近期能够快速成长的单位，能够给员工提供较多的发展机会，"短命公司"则不能够有所作为。为此，组织、决策者和广大员工要非常紧密地团结和努力，解决好组织的发展和壮大，从而使"职位"

和机会大大增加。

（二）职业路径明晰

组织要全面展示自己的机构、职业阶梯、任职条件、竞争情况和成长概率，使每一个员工都清楚地了解本组织的职业生涯路径。在有条件的情况下，还应当帮助每个员工进行个性化的生涯发展设计。例如安徽江淮汽车集团公司实行"员工成长路径"的职业生涯规划与管理方法，进行人力资源整合改革，把员工在组织中的发展路径分为技术、管理、生产三类，各有不同的档次等级，员工的晋升有培训、年限和业绩的条件。

（三）工作与职业的弹性化

职业生涯规划的目的之一，是促进员工的全面发展。为此，组织要积极推动工作再设计，要采取多通道的职业生涯管理，而且要在一定程度上打通各通道，使员工的职业生涯发展有更多的选择余地。例如安徽江淮汽车集团公司的员工成长路径，理念是"让每个人有机会成全自己"，员工在不同的职业成长路径之间有着选择的余地和转换的可能，这为普通员工创造了许多脱颖而出的机会。就管理类职务而言，在某职位（例如部门经理）有需求的时候，面向集团公司概括招考。上述方法，使仓库保管成为搞综合计划的职员，使装配工成为销售员，又竞聘成为副经理。

四、职业生涯管理的日常工作

（一）招聘与职业生涯规划

在一个组织中进行职业生涯管理，对选拔合格分子是极为重要的。为此，用人单位在招聘方面，要对组织政策进行调整。包括两个主要方面：其一，在招聘过程中，突出对应聘者价值观、人性和潜力的选择，要选拔具有"自我实现人"特征和与组织文化、价值观相同的求职者。其二，生涯导向的招聘对象，定位在"初级岗位补充空缺"。因为组织的中高级岗位基本上留给员工发展之用。

（二）职务调配与职业生涯规划

晋升和调配，是人力资源管理中的经常性工作，这些工作大量涉及员工的个人前途与发展，因而应当在职业生涯规划与管理中给予高度关注。传统的人事管理，以组织需要为出发点对员工进行调配，对员工的考虑很少。在现代人力资源管理中，员工工作岗位的调配应当是具有职业生涯导向的，它强调根据员工的职业生涯发展需要进行。除了职业岗位的晋升外，在同一层次、不同职业或职务岗位上的横向移动，也具有工作再设计的功能，它能够对员工起到增加第二岗位以至第三、第四岗位的工作能力，增强职业适应能力，增加信息和开阔眼界，建立比较广泛的联系的作用。其结果，不仅为以后的晋升积累一定的条件和创造一定的机遇，而且也拓宽了员工的职业生涯发展道路，为成功地进入不同的职业通道创造条件。

（三）培训与职业生涯规划

培训工作是组织人力资源管理的重要内容。在组织从事职业生涯规划与管理的情况下，培训工作不仅目标明确、具体，而且很容易和员工的需求相结合，从而取得较好的培训效果。在该方面应当注意的是，培训要有超前意识，并要与职业生涯规划有机地结合。

职业生涯培训，可以分为内部培训和外部培训。一般来说，内部培训和日常工作结合较紧，对职业生涯规划工作的支持面也大；外部培训则与未来的生涯晋升联系更加密切，尽管其投入较大，但其激励效果更好。这两种方法应根据具体情况选择使用。

（四）绩效考评与职业生涯规划

人力资源管理中的绩效考评，主要目的在于帮助员工寻找绩效方面的问题及其原因，进而采取改进绩效的行动。在推行职业生涯规划的情况下，绩效考评既可以帮助员工改进绩效，达到修正生涯发展偏差的作用，也是修改或调整生涯计划的重要依据。

本章小结

职业生涯是指个体的工作行为经历，但职业生涯管理可以从个人和组织两个不同的角度来进行。从个人的角度讲，职业生涯管理是一个人对自己所要从事的职业、要去的工作组织、在职业发展上要达到的高度等做出规划和设计，并为实现自己的职业目标而积累知识、开发技能的过程。它一般通过选择职业、选择组织（工作组织）、选择工作岗位，在工作中技能得到提高、职位得到晋升、才干得到发挥等来实现。

从组织的角度对员工的职业生涯进行管理，集中表现为帮助员工制订职业生涯规划，建立各种适合员工发展的职业通道，针对员工职业发展的需求进行适时的培训，给予员工必要的职业指导，促使员工职业生涯的成功。

劳动合同就是员工与组织确立劳动关系、明确双方权利和义务的协议，是组织和员工之间确立劳动关系的法律凭证。劳动合同的内容是指劳动合同中约定的事项，主要是劳动关系当事人双方（员工和组织）各自的权利、义务、责任。

本章习题

一、名词解释

1. 劳动合同
2. 职业
3. 职业生涯

二、简答题

1. 劳动关系的主要内容和法律特征。
2. 劳动合同的主要内容以及解决劳动争议的具体方法。
3. 就业指导工作的主要内容。
4. 职业生涯发展的不同阶段。

三、案例分析题

惠普之道

惠普之道是惠普公司不断超越自我的根本原因，是企业核心竞争能力所在。

所谓惠普之道，是美国惠普公司的经营管理原则，也是企业价值观、公司宗旨、规划和具体做法等因素结合在一起形成的组织行为模式。1957年惠普公司上市时，公司创始人休利特和帕卡德就明确了公司宗旨和价值观。最初的宗旨有6个要点，即利润、顾客、业务领域、发展、员工和公民义务，基本核心是"客户第一，重视个人，争取利润"。这些宗旨经过多次修改，并通过许多具体规划和实施办法加以落实，最终形成了被业界誉为"惠普之道"（HP Way）的企业行为模式。

惠普之道的核心内容是，要求员工树立一定的企业价值观，遵循相应的行为规则，做合格的公司员工。为此，惠普公司把企业价值观落实到经营管理实践中，建立起一套与生产经营活动相衔接的行为规范，作为员工甄选、使用、分配、开发的依据，促使员工按照企业要求不断努力，依托企业发展自己。

在长期实践中，惠普公司坚持不懈地向员工展示惠普之道，对惠普之道进行全方位诠释，并由各层经理与员工沟通，使员工了解其中的含义，并切实贯彻。

为惠普公司60多年来的立身之本，惠普之道是推动惠普向前发展的动力源泉，而不断对惠普之道进行创新，是惠普持续成功的一个关键因素。对此，惠普公司自己也有深刻的认识。惠普公司创始人之一帕卡德曾说："回顾一生的辛劳，我最自傲的，很可能是协助创设一家以价值观、做事方法和成就，对世界各地企业管理方式产生深远影响的公司；我特别自傲的是，留下一个可以永续经营、在我百年之后恒久作为典范的组织。"

思考题：

惠普公司是如何打造其员工职业生涯之路的？

第八章 员工激励与沟通

【导入案例】

36 年前，美国的研究人员对艾瑞默航空公司（现在是联邦快递的一部分）的搬运工进行了一项经典的研究。公司的管理层希望搬运工将货物搬入集装箱内而不是随便地四处放置（因为使用集装箱可以节省开支）。当研究人员问搬运工的集装箱使用率是多少时，他们的回答为 90%，然而根据研究人员的调查和分析，此时的集装箱使用率只有 45% 左右。那么，该如何让搬运工提高集装箱的使用率呢？

在研究人员的建议下，管理部门建立了一个反馈和积极强化的方案，也就是每位搬运工将每天搬运的货物记录到一张货物搬运一览表上，包括放入集装箱和没有放入集装箱的。同时，让每位工人自己计算其集装箱的使用率。此外，每天管理部门都会向工人们反馈他们的工作情况。

惊人的结果发生了。在实施该方案的第一天，集装箱的使用率就从 45% 飙升到 90% 以上，并在之后的时间里一直保持这种水平。据艾瑞默公司报告显示，这一方法为公司节省了数百万美元的开支。

第一节 激励的基本知识

激励是组织用以吸引、保留员工的重要手段，可以说它在员工的引进和绩效的提高方面有着不可替代的作用。但激励是一个界定比较宽泛、内容十分丰富的领域，许多专家在对激励的定义上存在较大的差异。

一、激励的内涵和定义

激励这个词语来源于拉丁文字"movere"，原意是采取行动的意思。在我国最早出现"激励"一词的文献是《史记·范雎蔡泽列传》，"欲以激励应侯"，这里的意思是激发使其振作。司马光的《资治通鉴》一书中也有"贼众精悍，操兵寡弱，操抚循激励，明设赏罚，承间设奇，昼夜会战，战辄禽获，贼遂退走""将士皆激励请奋"之类的句子。在这里，"激励"是指激发、鼓动、鼓励之意。

在现代，国内外的学者对激励的定义进行了不同角度的描述。如美国学者吉尔布勒斯将激励看作工作动机的激发，认为"激励"是"促使员工努力工作的力量来源、心理

状态与行为结果",并指出工作动机包含有三层意思:

(1) 一个人在做某件事背后的动机是什么。

(2) 一个人在做这件事情的动机有多强。

(3) 一个人做事的样子、行为、个人的努力程度如何。

孔茨认为激励是"一系列的连锁反应,即是从需要出发,由此引起要追求的目标,然后,个体出现了一种紧张感(未满足的愿望),并引发为实现目标的行动,最后,满足了个体的要求",主要是指人的行为过程。国内学者周三多认为,激励是"通过影响职工的需要达成来提高他们的工作积极性、引导他们在企业经营中的行为"。张晓芒等认为激励是指激发人的动机的过程,"是针对人的行为、动机而进行的工作"。苏东水则认为激励是"激发他人动机,使人有一股内在的动力,朝着所期望的目标前进的心理活动过程",并认为"激励是调动积极性的过程"。俞文钊指出,激励是指持续激发人的动机的心理过程,是指引员工个体产生明确的目标并牵引行为的内在动力。他认为,激励可以使人们始终保持持续的兴奋状态,从而提高工作绩效。

综合国内外关于激励的定义,我们可以发现激励的内涵中有三个方面值得注意:

(1) 什么激励着人类的行为;

(2) 行为的方向或渠道是什么;

(3) 怎样保持或持续行为。

在我们对工作中人类行为的解释里,这三个成分中的每一个都代表着一个重要因素。首先,激励的概念是指驱使个体以某种方式行动的内在积极力量和经常激发这些力量的环境因素;其次,部分个体存在目标导向,他们的行为指向某些事情;再次,这种看待激励的方式包含了一个系统倾向,即它考虑到了那些个体的力量和周围的环境力量。环境力量对个性的反馈既强化了他们的动力强度和能量方向,也阻止了他们的行动过程,使其重新调整了努力的方向。

根据前面的分析,在本书中,我们将激励定义为:在外界环境等诱因的作用下,个体根据自己的内在驱动力量,通过运用一定的自我调控的方式,从而达到激发、引导、维持和调节行为并朝向某一既定目标的过程。在该定义中,我们强调三个激发动机的因素,分别是内驱力、诱因和自我。

在现代企业管理中,激励的最简单心理过程模式可以表示为:源于需要、始于动机、引起行为和指向目标这几个程序(见图8-1),具体来说就是员工个体因为自身内在或外在的需要而产生了一系列的动机,随后又由动机支配引导自己的行为,而这些行为都是个体为了达到某个目标的活动,借此满足自己的需要,最后,这一行动又刺激和强化了原来的动机,从而形成一个循环。

第八章　员工激励与沟通

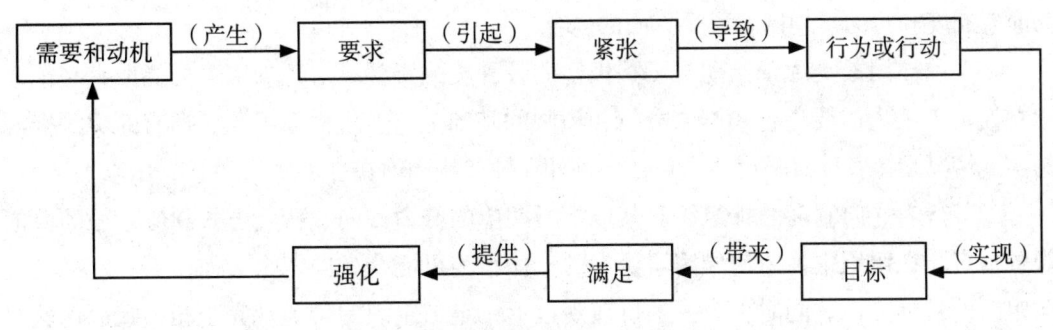

```
需要和动机 ─(产生)→ 要求 ─(引起)→ 紧张 ─(导致)→ 行为或行动
    ↑                                                    │
    │                                                    ↓
   强化 ←(提供)─ 满足 ←(带来)─ 目标 ←(实现)─────────────
```

图 8-1　动机激发的简单心理过程模式

如果将上图稍微做一些调整，即在需要的前面加上引起需要的刺激，包括内在的和外在的刺激，那么我们就可以得到比较全面的激发模式图（见图 8-2）。

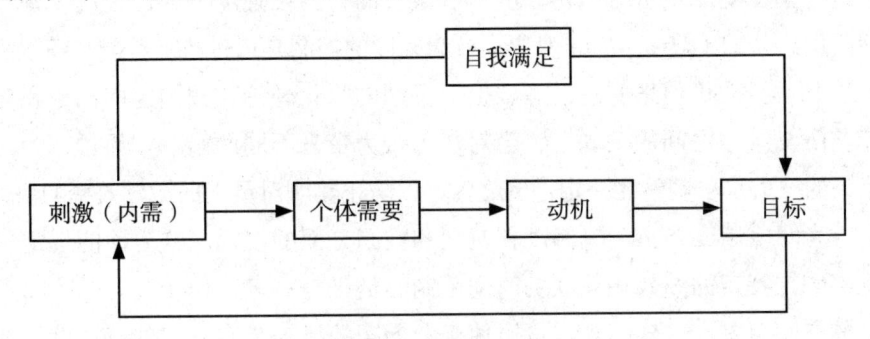

```
           ┌──────── 自我满足 ────────┐
           │                          ↓
刺激(内需) → 个体需要 → 动机 → 目标
    ↑                                 │
    └─────────────────────────────────┘
```

图 8-2　激发模式图

从心理学的角度来分析激励过程，实质上就是心理学研究中的刺激变量（S）、机体变量（O）和反应变量（R）这三种变量之间的关系。

刺激变量是指能够引起有机体反应的刺激特征。这些特征可以具有多种形式，主要包括可以变化与控制的自然和社会环境刺激。

机体变量是指个体自身的特征。主要包括物种特征（比如猴子与狗对同频率声波的感受性）和个体特征（比如性别、学历、动机、内驱力强度等）以及学习特征（如成功感、习得性无助感等）。

反应变量是指刺激引起在行为上发生变化的反应种类和特征，人的行为反应可分为言语行为反应和动作行为反应。

二、激励机制

（一）激励机制简述

现代组织行为学理论认为，激励的本质是调动员工去做某件事的意愿，这种意愿是以满足员工的个人需要为条件的。因此，激励的关键在于正确地把握员工的内在需求，并以恰当的方式去满足他们。

刘正国认为激励机制是指通过一套理性化的制度来反映激励主体与激励客体相互作

215

用的方式。一般来说，激励机制主要包括诱导因素、行为导向制度、行为幅度制度、行为时空制度和行为规划制度五个方面的内容。

（1）诱导因素是用于调动员工积极性的各种奖酬资源。对诱导因素的提取，必须建立在对员工个人需要进行调查、分析和预测的基础上，然后根据组织所拥有的奖酬资源的实际情况设计各种奖酬形式，包括各种外在性奖酬和内在性奖酬。

（2）行为导向制度是指组织对其成员所期望的努力方向、行为方式和应遵循的价值观的规定。在组织中，由诱导因素诱发的个体行为可能会朝向各个方向，不一定都是指向组织的目标方向。同时，个人的价值观也不一定与组织的价值观完全相一致，这就要求组织在员工中间培养一定的主导价值观。行为导向一般强调全局观念、长远观念和集体观念，这些观念都是为实现组织的各种目标服务的。

（3）行为幅度制度是指对由诱导因素所激发的行为在强度方面的控制规则。根据弗鲁姆的期望理论公式（$M=V \times E$），对个人行为幅度的控制是通过改变奖酬与绩效之间的关联性以及奖酬本身的价值来实现的。根据斯金纳的强化理论，按固定的比率和变化的比率来确定奖酬与绩效之间的关联性，会对员工行为带来不同的影响。通过行为幅度制度可以将个人的努力水平调整在一定范围之内，以防止奖酬对员工的激励效率的快速下降。

（4）行为时空制度是指奖酬制度在时间和空间方面的规定。这方面的规定包括特定的外在性奖酬与特定的绩效相关联的时间限制、员工与一定工作相结合的时间限制以及有效行为的空间范围。这样的规定可以使企业期望的行为具有一定的持续性，并在一定的时间和空间范围内发生。

（5）行为归化制度是指对成员进行组织同化和对违反行为规范或达不到要求成员的处罚和教育。它包括对新成员在人生观、价值观、工作态度、合乎规范的行为方式、工作关系、特定的工作机能等方面的教育，使他们成为符合组织风格和习惯的成员，从而具有一个合格的成员身份。

（二）激励机制的实现途径

在实践应用中，结合管理学、心理学的激励理论，激励机制可以通过薪酬体系的设计与管理、职业生涯管理和升迁变动制度、分权与授权机制等多个方面的处理来实现，下面我们就来具体介绍。

1. 薪酬体系

薪酬设计与管理是人力资源管理的核心职能模块，更是激励员工的重要手段和方式。而要实现薪酬最有效的激励效果，必须树立科学的薪酬分配理念，合理拉开分配差距，同时在企业中建立依靠员工业绩和能力来支付报酬的制度化体系。要实现这些目标，企业应该做到如下几点：实现"职位分析—职位评价—职务工资设计一体化"，实现"能力分析—能力定价—能力工资设计一体化"，实现"薪酬与绩效考核的有机衔接"；实现"薪酬与外部劳动力市场价格的有机衔接"，将"员工的短期激励与长期激励有机结合"。

2. 职业生涯管理和升迁变动制度

传统的职业生涯通道建立在职务等级体系的基础上，是一种官本位式的职业生涯管理制度。一般来说，等级是呈金字塔形状分布的，在这样的职业生涯制度下，如果员工职务升迁无望，也就意味着其发展的意愿破灭，这一切就会导致员工的工作积极性下降，甚至滋生腐败。在现代的企业中，我们主张建立多元的职业生涯通道，让员工在不同的职业通道内合理"分流"，在各自的通道内发展，得到同样的工资、奖金、地位、尊重等，从而达到激励的效果。

3. 分权与授权机制

分权与授权机制主要是针对知识型员工的，也就是具有一定知识、技能和能力的员工。这些员工除了看重薪酬、职务升迁等因素之外，对工作的自主性、工作的参与权以及决策权也有很大的需求。企业建立恰当科学的分权与授权机制（主要包括员工在财务、人事和业务工作方面的权限），不仅可以较大幅度地提高组织运行的效率，同时还可以对员工起到较高的激励效果。

三、激励的作用

对一个企业来说，科学有效的激励制度和方式、方法至少具有以下两方面的作用：

（一）实现企业的经营目标

企业有了好的绩效才能生存，企业要有较高的绩效水平就需要员工有较高的个人绩效水平。在企业中，我们常常可以看到有些才能卓越的员工的绩效却低于一些才能明显不如他们的人，可见好的绩效水平不仅仅取决于员工的个人能力，还取决于员工的努力程度。为达到经营目标最大化，企业在管理上就需要对员工进行激励。具体来说，有效的激励对企业实现其经营目标有以下作用：

1. 为企业吸引大批优秀的人才

在很多成熟型的企业中，激励措施有丰厚的薪酬福利待遇、优惠的各种政策、快捷的晋升途径和良好的发展前景等，这些都可以使企业在市场竞争中赢得大批优秀人才。

2. 协调企业目标和个人目标

在实际工作中，企业组织目标与个人目标之间既有冲突矛盾的一面，又有一致和谐的一面。很多时候，往往因为利益分配不均导致企业的组织目标与员工的个人目标产生不一致甚至是相悖的情况。这个时候就需要通过一些合适的激励措施把个人目标和组织目标合二为一。同时，对于与组织目标不一致的员工个人目标也应该区别对待。在不会对企业组织目标造成重大危害和负面影响的时候，企业应该承认其合理性，并在许可的范围内尽量地帮助和支持员工去实现，这样可以更好地激发员工的工作积极性，进而提高员工对组织的忠诚度和归属感。

3. 形成良性竞争环境，保证员工完成个人绩效

科学的激励制度包含着一种竞争精神，它的运行能够创造出一种良性的竞争环境，进而形成良性的竞争机制。在具有良性竞争机制的组织中，组织成员会受到环境的压力，在竞争机制的作用下，这种外在的环境压力将转变为促使其努力工作的动力。正如麦格雷戈所说"个人与个人之间的竞争，才是激励的主要来源之一"。

（二）促进员工的个人成长

每个员工都有自己的梦想，也都渴望别人能够肯定甚至激励自己的工作。在日常工作中，我们经常看到这样的一种现象：某些企业尤其是品牌企业，或许它们的薪酬、福利不是最高的，但它们却往往比那些高薪的企业更能吸引和留住人才。这是为什么呢？原因就在于企业的激励方式更有利于员工成长，很多员工在选择自己的雇主企业时，相比于普通的物质薪酬而言，更看重的就是个人成长这一点。所以说激励员工：挖掘员工潜力在生产和管理过程中有着极为重要的作用。

四、现阶段我国企业存在的激励误区

现阶段，我国在企业管理方面已经引进了大量西方管理中的激励理论和手段，促进了我国企业管理的发展，然而，在具体实施过程中，依然存在着很多的问题，总的来说有如下几点误区。

（一）管理理念落后

首先，有的企业尤其是一些中小企业，表面上重视人才，但实质上对人才不是很重视，认为有无激励一个样。这些企业就需要革新自己的陈旧观点，把人才当作一种资本来看，注重挖掘人的潜力，重视激励机制的健全。否则，必然会遭市场淘汰。还有一些企业，口头上表示重视人才，但行动上却还是以往的一套。这些企业管理思想落后，员工很难有高的积极性。

其次，许多企业认为激励就是奖励。这是企业中普遍存在的一个误区。管理者也要认识到仅仅有奖励是不够的，奖励的同时要与一定的约束机制相结合。因为被剥夺有时候也可以激起员工的紧张状态，使其产生较高的积极性。企业的一项奖励措施往往会使员工产生各种行为方式，但其中有的部分却并不是企业所希望的。因此，适当的束缚措施和惩罚措施就很必要。奖励正确的事、约束错误的行为才是正确的管理之道。

（二）激励存在一定的盲目性

不少企业看到别的企业有激励措施，自己便"依葫芦画瓢"。合理的借鉴是必需的，但很多企业只是盲目地照搬。此外，有人认为激励的强度越大越好。其实，这也是一种错误的观点，凡事物极必反，激励也是这样。过度的激励就会给员工过度的压力，当压力超过员工承受力的时候，结果是可想而知的。所以说适当的激励才会有积极意义。激励的有效性在于员工的需要。只有立足本企业员工的需要，激励才会有积极意义。所以，要避免盲目激励，就必须对员工的需要做科学的调查分析，针对这些需要来制订本企业的激励措施。

（三）激励措施无差别化

许多企业实施激励措施时，并没有对员工的需要进行分析，而是"一刀切"地对所有人采用同样的激励手段，结果适得其反。这也是因为没有认识到激励的基础是需要。同样的激励手段不可能满足所有的需要。此外，企业需要注重对核心员工的激励。在企业中，核心技术人员、高级管理者，营销骨干等都属于核心员工，他们有着高于一般员工的能力。加强对他们的激励，可以起到事半功倍的效果。当然对核心员工的激励可以使用长期激励手段，如股票期权、目标激励等。

（四）激励过程中缺乏沟通

因为缺乏沟通，企业往往只重视命令的传达，而不注重沟通和反馈。松下幸之助曾经说过"在我所遇到的组织中，沟通不畅是其面临的一个基本问题"。从人际误解到财政、运营和生产问题，无不与低效沟通有关。在激励过程中也同样存在类似的误区，比如，在对员工进行奖励的时候，企业关注的只是奖励的对象和数目，而沟通这一环节往往忽略不计。其实，相对于激励的结果来说，激励的沟通过程同样重要。急员工之所急，注重沟通的激励，更能起到激励的作用。

第二节 激励理论

在学术界，激励理论一般有如下两种分法：一种是将激励理论分为行为激励理论、认知激励理论和综合型激励理论，另外一种分类是将其分为内容型激励理论、过程型激励理论和强化型激励理论。我们尝试着从心理学的角度对原有的激励理论进行重新整合和划分。在此，我们将激励理论分为外在诱因激励理论、内驱力激励理论和自我调节激励理论三大类。

一、外在诱因激励理论

（一）强化激励理论

强化激励理论的代表人物是斯金纳，他也是行为主义学派极负盛名的代表人物，也是世界心理学史上最为著名的心理学家之一。在哈佛大学攻读心理学硕士的时候，他受到了行为主义心理学的吸引，从此开始了他一生的心理学家生涯。他在华生等人的基础上向前迈进了一大步，提出了有别于华生和巴甫洛夫理论的另一种行为主义理论，即操作性条件反射理论。在此基础上，他提出了强化的激励理论。

1. 强化激励理论的内容

斯金纳在对动物学习进行了大量研究的基础上提出了强化理论，该理论十分强调强化在学习中的重要性。斯金纳认为，强化就是通过"强化物"增强某种行为的过程，而强化物就是增加反应可能性的任何刺激。该理论认为人的行为是其所受刺激的函数。如果这种刺激对他有利，那么这种行为就会重复出现；若对他不利，则这种行为就会减弱直至消失。因此，管理者要采取各种强化方式使人们的行为符合组织的目标。根据强化的性质和目的，强化可以分为正强化和负强化两大类型。

（1）正强化。所谓正强化，就是奖励那些符合组织目标的行为，以使这些行为得到进一步加强，从而有利于组织目标的实现。正强化的刺激物不仅包含奖金等物质奖励，还包含表扬、提升、改善工作关系等精神奖励。

为了使强化达到预期的效果，还必须注意实施不同的强化方式。有的正强化是连续的、固定的正强化，譬如对每一次符合组织目标的行为都给予强化，或每隔一段固定的时间给予一定数量的强化。尽管这种强化有及时刺激、立竿见影的效果，但久而久之，人们就会对这种正强化有越来越高的期望，或者认为这种正强化是理所应当的。管理者需要不断加强这种正强化，否则其作用会减弱甚至不再起到刺激行为的作用。

另一种正强化的方式是间断的、时间和数量都不固定的，管理者根据组织的需要和个人行为在工作中的反映，不定期、不定量实施强化，使每次强化都能起到较大的效果。实践证明，后一种正强化更有利于组织目标的实现。

（2）负强化。所谓负强化，就是惩罚那些不符合组织目标的行为，以使这些行为削弱甚至消失，从而保证组织目标的实现不受干扰。实际上，不进行正强化也是一种负强化，譬如，过去对某种行为进行正强化，现在组织不再需要这种行为，但基于这种行为并不妨碍组织目标的实现。这时就可以取消正强化，使行为减少或者不再重复出现。同样，负强化也包含着减少奖酬或罚款、批评、降级等。实施负强化的方式与正强化有所差异，应以连续负强化为主，即对每一次不符合组织要求的行为都应及时予以负强化，消除人们的侥幸心理，减少直至消除这种行为重复出现的可能性。

2. 强化激励理论对管理的启示

在激励的实际应用中，强化理论给我们的启发在于如何使强化机制协调运转并产生整体效应，为此，在运用该理论时应注意以下五个方面：

（1）应以正强化方式为主。在企业中设置鼓舞人心的安全生产目标，这是一种正强化方法，但要注意将企业的整体目标和员工个人目标、最终目标和阶段目标等相结合，并对在完成个人目标或阶段目标中做出明显绩效或贡献者，给予及时的物质和精神奖励（强化物），以充分发挥强化作用。

（2）采用负强化（尤其是惩罚）手段时要慎重。负强化应用得当会促进安全生产，应用不当则会带来一些消极影响，它们可能使人由于不愉快的感受而出现悲观、恐惧等心理反应，以至于产生对抗性消极行为。因此，在运用负强化时，应尊重事实，讲究方式方法，处罚依据准确公正，尽量消除其副作用。实践证明将负强化与正强化结合应用一般能取得更好的效果。

（3）注意强化的时效性。注意强化的时间对强化的效果有较大的影响。一般来说，及时强化可提高行为的强化反应程度,但需注意及时强化并不意味着随时都要进行强化。不定期的非预料的间断性强化,往往可以取得更好的效果。

(4)因人制宜,采用不同的强化方式。由于人的个性特征及其需要层次不尽相同,同时,不同的强化机制和强化物所产生的效果会因人而异。因此,在运用强化手段时,应采用有效的强化方式,并随对象和环境的变化而做出相应的调整。

(5)利用信息反馈增强强化的效果。信息反馈是强化人们行为的一种重要手段,尤其是在应用安全目标进行强化时,定期反馈可使员工了解自己参加安全生产活动的绩效及结果,既可使员工得到鼓励、增强信心,又有利于及时发现问题、分析原因、修正所为。

(二)目标激励理论

目标激励理论也称作目标管理法,是由美国管理心理学家彼得·德鲁克根据目标设置理论而提出的目标激励方案。综合来说,目标管理理论认为组织群体共同参与并制订具体可行的、能够客观衡量的目标是激励的关键所在。

1. 目标激励理论的内容

目标管理是在泰勒的科学管理和行为科学管理理论的基础上形成的。它强调"凡是在工作状况和成果直接严重地影响公司生存和繁荣发展的地方,目标管理就是必要的,而且希望各位经理所能取得的成就必须来自企业目标的完成,同时他的成果必须用他对企业的成就有多大贡献来衡量"。

德鲁克认为,企业的目的和任务必须转化为目标,目标的实现者同时也应该是目标的制订者。首先,他们必须一起确定企业的航标,即总目标,然后对总目标进行分解,使目标流程分明。其次,在总目标的指导下,各级职能部门制订自己的目标。再次,为了实现各层目标必须把权力下放,培养一线职员的主人翁意识,以唤起他们的创造性、积极性和主动性。除此之外,绝对的自由必须有一个绳索——强调成果。否则总目标只是一种形式,而没有实质内容。企业管理人员必须通过目标对下级进行领导并以此来保证企业总目标的完成,如果没有方向一致的分目标来指导每个人的工作,则企业的规模越大,人员越多时,发生冲突和浪费的可能性就越大。只有每个管理人员和工人都完成了自己的分目标,整个企业的总目标才有完成的希望。企业管理人员对下级进行的考核和奖励也需要依据这些分目标进行。

此外,德鲁克还主张在目标实施阶段,应充分信任下级员工,实行权力下放和民主协商,使下级员工进行自我控制,独立自主地完成各自的任务。成果评价和奖励也必须严格按照每个管理人员和工人的目标任务完成情况和实际成果大小来进行。这样有利于激励其工作热情,发挥其主动性和创造性。

2. 目标激励理论的主要观点

总体来说,目标激励理论有如下几个观点:

(1)明确的、具体的目标能提高员工的工作绩效。设置具体明确的目标要比笼统的模糊不清的目标效果更好，具体的目标规定了员工努力的方向和强度。如一个销售人员在一个月内要销售5 000件产品，要比只有笼统目标"尽最大努力"的销售员做得更好。也就是说，目标的具体性本身就是一种内部激励因素。

（2）目标越具挑战性，绩效水平越高。该理论认为，如果能力和目标的可接受性这样的因素不变，目标越困难，绩效水平就越高，即困难、压力越大，则动力越强。

（3）绩效反馈能带来更高的绩效。如果人们在朝向目标努力的过程中能得到及时的反馈，人们会做得更好，因为反馈能帮助人们了解他们已做的和要做的之间的差距，也就是说，反馈引导行为。

（4）通过参与设置目标可以提高目标的可接受性。目标设置理论认为在某些情况下，参与式的目标设置能带来更高的绩效；而在另一些情况下，上级指定目标时绩效更高，也就是参与目标不一定比指定目标更有效。但是，参与的一个主要优势在于提高了目标本身作为工作努力方向的可接受性。这是由于人们一般更为看重自己劳动成果的心理趋向使然。如果人们参与目标设置，即使是一个困难的目标，相对来说也更容易被员工接受。因此，尽管参与目标不一定比指定目标更有效，但参与可以使困难目标更容易被接受。

3. 影响目标与绩效关系的主要因素

目标设置理论表明，除了明确性、挑战性和绩效反馈以外，还有三个因素影响目标和绩效的关系。

（1）目标承诺。目标设置理论的前提假设是每个人都忠于目标，即个人做出承诺不降低或不放弃这个目标。因此，当目标是当众确定的、自己参与设置而不是指定的时可能会产生出较高的工作绩效。

（2）自我效能感。自我效能感是指一个人对他能胜任的工作的信心。自我效能感越高，对自己获得成功的能力就越有信心。研究表明：在困难情况下，具有高自我效能感的人会努力把握挑战，而自我效能感低的人则降低努力或放弃目标；同时，高自我效能感的人对消极反馈的反应是更加努力，而自我效能感低的人面对消极的反馈则可能降低努力程度，甚至偃旗息鼓，萎靡不振。

（3）个体差异。目标设置理论假设的条件是：下级有相当的独立性，管理者和下属都努力寻求挑战性的工作，管理者和下属都认为绩效是非常重要的。如果这些前提条件不存在（事实上也不一定存在），则有一定难度的具体目标不一定能带来员工高绩效。

（三）双因素理论

双因素理论是非常重要的激励理论之一，但理解起来比较困难，为了易于理解，我们先来看下面的几个小案例，并请读者比较一下。

案例一

这是发生在一个企业饮水房里的事情，以前企业都会在饮水房里放置一些纸杯，供那些没有带杯子的员工免费使用。然而某一天企业开会决定节省各项开支，于是就把免费提供纸杯这一项目取消了。企业的这一行为激起了员工的很大的不满，认为企业不关心他们。

案例二

某企业发现员工的生产效率和积极性不高，于是便在年底的工作满意度调查上加大了投入力度，想借此找到原因。然而统计结果发现该企业员工对企业的各项制度和配置均没有明显的不满意，此时企业的高层困惑了……

案例三

20世纪90年代初期的沿海某企业，夏季的生产车间里很是闷热，经过工会的调查发现，大部分员工都认为不安装风扇是无法进行生产工作的。该企业的领导人觉得要想体现对员工的关心，就应该比同行企业做得更好，于是该企业投资给各个车间安装了当时还很昂贵的空调，员工深受感动。

上述事件或多或少地在我们身边不断发生着。尤其是案例二中的该企业高层的困惑也是现实中很多企业管理者的困惑。既然员工"没有明显的不满意"，那么为何他们的工作没有积极性呢？

案例一中的"不满意"与案例三中的"满意"，这两个概念是否是同一连续体的两端？还是"满意"和"不满意"拥有各自的不同的前因和变量？带着这些问题，我们来介绍一下赫茨伯格的双因素理论。

1. 双因素理论的内容

20世纪50年代末期，赫茨伯格和他的助手们在美国匹兹堡地区对9个企业中的203名工程师、会计师进行了调查访谈。结果他发现了两种性质不同的因素：使员工感到满意的都是属于工作本身或工作内容方面的；使职工感到不满的，都是属于工作环境或工作关系方面的。他把前者叫作激励因素，后者叫作保健因素。具体如表8-1所示。

表 8-1 双因素理论两种因素分类表

激励因素	保健因素
工作本身	环境
成就 业绩的承认 责任的增长 成长与发展	政策与环境 监督 作业条件 人际关系 金钱、地位、安全

保健因素的满足对职工产生的效果类似于卫生保健对身体健康所起的作用。保健从人的环境中消除有害于健康的事物，它不能直接提高健康水平，但有预防疾病的效果。因此，它不是治疗性的，而是预防性的。保健因素包括公司政策、管理措施、监督、人际关系、物质条件、工资、福利等。当这些因素恶化到人们认为可以接受的水平以下时，就会产生对工作的不满意。但是，当人们认为这些因素很好时，它只是消除了不满意，并不会导致满意。因此，赫茨伯格认为，传统的满意与不满意是相反概念的观点是不正确的。满意的对立面应当是没有满意，不满意的对立面应该是没有不满意。

在满意和不满意中，那些能带来积极态度、满意和激励作用的因素就叫作"激励因素"，这是那些能满足个人自我实现需要的因素，包括成就、赏识、挑战性的工作、增加的工作责任以及成长和发展的机会。如果这些因素具备了，就能对人们产生更大的激励。从这个意义出发，赫茨伯格认为传统的激励假设，如工资刺激、人际关系的改善、提供良好的工作条件等，都不会产生更大的激励。虽然它们能消除不满意，防止产生问题，但这些传统的"激励因素"即使达到最佳程度，也不会产生积极的激励。按照赫茨伯格的意见，管理当局应该认识到保健因素是必需的，不过它一旦与不满意中和，就不能产生更积极的效果，只有"激励因素"才能使人们有更好的工作成绩。

2. 对双因素理论的分析

（1）赫茨伯格双因素理论的贡献。突破了传统两分法的局限，赫茨伯格的贡献是显而易见的。

①他告诉我们一个事实，采取了某项激励的措施以后并不一定就能带来满意，更不等于劳动生产率就一定能够提高。

②满足各种需要所引起的激励深度和效果是不一样的。物质需要的满足是必要的，没有它会导致不满，但是即使获得满足，它的作用也往往是很有限的、不能持久的。

③要调动人的积极性，不仅要注意物质利益和工作条件等外部因素，重要的是要注意工作的安排，适才适用，各得其所，注意对人进行精神鼓励，给予表扬和认可，注意给人以成长、发展、晋升的机会。用这些内在因素调动人的积极性，才能起到更大的激励作用并维持更长的时间。

（2）对赫茨伯格双因素理论的批评。赫茨伯格的双因素理论虽然在国内外有很大影响，但也有人对它提出了各种各样的批评意见，归结起来，主要有以下四个方面：

①赫茨伯格调查取样的数量和对象缺乏代表性。样本数量较少，而且对象是工程师、会计师，他们在工资、安全、工作条件等方面都比较好。因此，这些因素对他们自然不会起激励作用，但这显然不能代表一般员工的情况。

②赫茨伯格在调查时，设计问卷的方法和题目有缺陷。首先，根据归因理论，把好的结果归因于自己的努力，而把不好的结果归罪于客观的条件或他人身上是人们一般的心理状态，人们的这种心理特征在他的问题上无法反映出来。其次，赫茨伯格没有使用满意尺度的概念。人们对任何事物总不是那样绝对，要么满意，要么不满意，一个人很可能对工作一部分满意，部分不满意，或者比较满意，这在他的问卷中也是无法反映的。

③赫茨伯格认为满意和生产率的提高有必然的联系，而实际上满意并不等于劳动生产率的提高，这两者并没有必然联系。

④赫茨伯格将保健因素和激励因素截然分开是不妥的。实际上，保健因素和激励因素、外部因素和内部因素都不是绝对的，它们相互联系并可以互相转化。保健因素也能够产生满意，激励因素也能够产生不满意，例如奖金既可以成为保健因素，也可以成为激励因素，工作成绩得不到承认也可以使人闹情绪，以致消极怠工。

二、内驱力激励理论

相比于外在诱因激励理论来说，内驱力激励理论更强调在激励过程中个体内在意向所起的关键作用。内驱力激励理论主要包括马斯洛的"需要层次理论"、奥尔德弗的"ERG理论"、麦克利兰的"成就需要理论"、佛隆的"期望理论"等。

（一）需要层次理论

需要层次理论是由马斯洛提出来的，马斯洛是美国心理学家，早期曾从事动物社会心理学的研究。1940年在美国社会心理学杂志上发表《灵长类优势品质和社会行为》一文，之后又转向研究人类社会心理学，提出了融合精神分析心理学和行为主义心理学的人本主义心理学。

（1）需要层次理论的内容在《人类动机的理论》(1943)一书中，马斯洛提出了需要层次理论，他将人类的需要分为5个层次，即生理需要、安全需要、归属与爱的需要、自尊的需要和自我实现的需要，如图8-3所示。

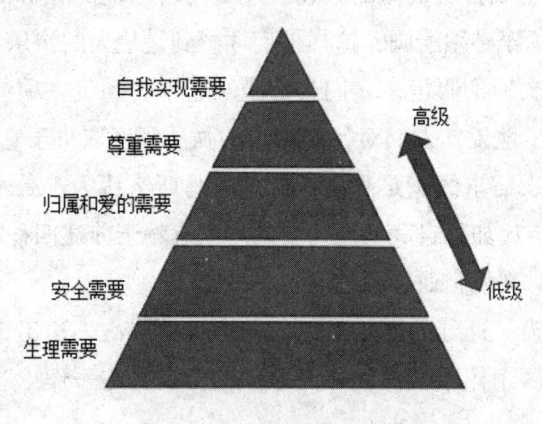

图8-3 马斯洛需求理论图

（1）生理需要。凡是属于基本生理需要的大都可以归纳在这一栏目内，包括食物、睡眠、性等，这些需要在所有需要中占绝对优势。如果这些需要没有得到满足，此时有机体将全力投入到满足这些需要的活动之中。如果员工还在为生理需求而忙碌，那么他们所真正关心的问题就会与他们所做的工作无关。此时，企业在激励员工时就应该重点考虑增加工资、改善劳动条件、给予更多的业余时间和工间休息、提高福利待遇等。

（2）安全需要。人们趋向于喜欢一个安全、有秩序、可预测、有组织的生活环境。一般来说，如果个体的生理需要相对充分地得到了满足，就会出现安全需要。对许多员工而言，安全需求表现为生命是否健康以及是否有医疗保险、失业保险和退休福利制度等。如果管理人员认为对员工来说安全需求最重要，那么就应该在管理中着重满足这种需要，强调规章制度、职业保障、福利待遇，并保护员工不失业。

（3）归属和爱的需要。归属和爱的需要指个人对爱、情感和归属的需要。比如人们需要朋友，渴望在团体中与同事间有深厚的关系等。如果生理需要和安全需要都很好地得到了满足，归属和爱的需要就会产生。如果这些需要得不到满足，就会影响员工的精神状态，导致高缺勤率、低生产率、对工作不满以及情绪低落等状况的产生。当管理者意识到下属在努力追求满足这类需求时，通常需要采取支持与赞许的态度，并积极地开展诸如有组织体育比赛和集体聚会等业务活动，满足员工这些需要。

（4）自尊需要。社会上的所有人都希望自己有稳定而牢固的地位，希望得到别人的认可和高度评价。一般来说，自尊需要可分为两类：一是希望有实力、有成就、能胜任、有信心以及要求独立和自由；一是渴望有名誉或威信、赏识、关心、重视和高度评价等。

在企业管理中，第一，激励员工时应特别注意采取公开奖励和表扬的方式；第二，布置工作时要特别强调工作的艰巨性以及成功所需要的高超技巧等；第三，颁发荣誉奖章、在公司的刊物上刊登表扬文章、公布优秀员工光荣榜等方式都可以提高人们对自己工作的自豪感，进而满足员工的自尊需要。

（5）自我实现的需要。自我实现的需要是指促使人的能力得以实现的趋势，这种趋势就是希望自己越来越成为所期望的人物，完成与自己能力相称的一切事情。例如，音乐家必须演奏音乐，画家必须绘画，这样他们才感到是最大的快乐。

马斯洛的需求层次理论假定，人们会被激励起来去满足一项或多项在他们一生中很重要的需求。更进一步地说，人们对特定需求的强烈程度取决于它在需求层次中的地位，以及它和其他更低层次需求的满足程度。此外，马斯洛认为，激励的过程是动态的、逐步的、有因果关系的。比如，自我实现需要的产生有赖于前述四种需要的满足。

2.需要层次理论对现代企业管理的启示

需要层次理论认为，这五种需要是以一种渐进的层次表达出来的，也就是说必须满足低层次的需要，然后个体才会关注更高层次的需要。这一理论对现代企业管理的启示有如下几点：

（1）依据马斯洛需要理论，人的生理需要和安全需要是较低层次的"匮乏性的基本需要"，也就是说只有满足这两种需要员工才能有更高层次的需要。这就要求企业必须为员工提供一份稳定和足够的薪酬，因为这些薪酬不仅满足了员工及其家庭生存的基本需要，同时一份稳定的工作和收入也会有助于巩固员工安全感。

（2）管理者不要总是固执地认为员工所关心和追求的仅仅是金钱及物质待遇，只要给钱，他们就会卖力干活儿，钱给得越多他们干活儿越卖力。随着现代社会物质财富日益丰富，人类素质不断提高，人类的需要层次也逐渐从生理性的、安全的低级需要向高级的归属和爱的需要、尊重的需要和自我实现的需要演进；金钱和物质需要的比重不断下降，而团队、尊重、自我实现等精神性的需要比重则明显上升。同时随着社会的进步，人类需要层次的高端化和"空洞化"也越来越明显。

（3）实践表明，高层管理人员和基本管理人员相比，前者更能够满足他们较高层次的需求，因为高层管理人员面临着有挑战性的工作，在工作中他们能够自我实现；相反，基本管理人员更多地从事常规性工作，满足较高层需求就相对困难一些。这些就需要在任务设置时要有意识地进行必要的内容调整。

（二）ERG 激励理论

ERG 理论是美国耶鲁大学教授克雷顿·奥尔德弗于 20 世纪 70 年代提出的一种新的人本主义需要理论，该理论是在马斯洛提出的需要层次理论和赫茨伯格的双因素理论的基础上形成的。

1.ERG 理论的内容

奥尔德弗把人类的需要层次整合为三种需要，即生存需要（Existence）、相互关系需要（Relatedness）和成长需要（Growth）。因为这三种需要的英文首写字母分别为"E""R"和"G"，所以该理论被称为 ERG 理论。

奥尔德弗认为这三种需要之间是没有明显界限的，它们是一个连续体。ERG 理论的特点表现在它对各种需要之间内在联系的有力阐述上：

（1）各个层次的需要得到的满足越少，则这种需要就越为人们所渴望。比如，满足生存需要的工资越低，人们就越希望得到更多的工资。

（2）与马斯洛需要层次理论类似的是当个体的较低层次需要满足得越充分，则其对较高层次的需求则越强烈。比如，在 E、R 的需要得到满足后，G 需要就会突显出来。

（3）较高层次的需要满足得越少，则对较低层次需要的渴求则越强烈。

此外，奥尔德弗还认为在任何一个时间内，人都可以有一个或一个以上需要同时发生作用；并且这些需要由低到高顺序也并不一定那样严格，可以越级上升。

2.ERG 理论对现代企业管理的启示

阿尔德弗的 ERG 理论告诉我们，作为一个企业管理人员，应该了解员工的真实需要，这种需要和工作成果有着一定的关系，管理人员要想有效地掌控员工的工作行为或工作结果，首先需要从调查研究入手，了解员工的真实需要；其次，应该在调查研究的基础上对员工的需要进行综合分析，同时考虑到下属的个性心理特点，逐步地、合理地解决其问题。通过对员工需要的满足来达到控制员工行为的目的。需要本身就是激发动机的原始驱动力，一个人如果没有什么需要，也就没有什么动力与活力。反之，一个人只要有需要，就表示存在着可激励的因素。由于每一层次包含了众多的需要内容，具有相当丰富的激励作用，因而这些需要就为管理者提供了设置目标、激发动机和引导行为的依据。此外，低层次需要满足后，又有上一层次需要继续激励，因而人的行为始终充满着内容丰富多彩、形式千变万化的激励方式。管理者要想对员工进行有效的激励，提高企业运作的有效性和高效性，就要将满足员工需要所设置的目标与企业的目标密切结合起来。

此外，ERG 理论还提出了一种叫作"受挫—回归"的思想。ERG 理论认为多种需要可以同时作为激励因素而起作用，并且较高层次需要的满足受挫会导致人们向较低层次需要回归。因此，管理措施应该随着人们需要结构的变化而做出相应的改变。当有些需要不能满足，或一时得不到满足时，也应该向下属解释清楚，做好思想引导工作，以防止"受挫—回归"现象的发生。

（三）成就需要理论

成就需要理论是美国哈佛大学心理学家戴维·麦克利兰经过长期的研究之后于 20 世纪 60 年代提出来的一种新的理论。

1. 成就需要理论的内容

成就需要理论认为，个体在较高层次上存在三种需要，即权力需要、亲和需要和成就需要。

（1）权力需要。权力需要是指影响和控制别人的一种愿望或驱动力。不同的人对权力的渴望程度也有所不同。一般来说，具有较高权力欲的人，对施加影响和控制他人表现出很大的兴趣，也就是我们通常所说的喜欢对别人"发号施令"，注重争取地位和影响力，他们喜欢具有竞争性和能体现较高地位的场合和情境，追求出色的成绩，但他们这样做并不像高成就需要的人那样是为了个人的成就感，而是为了获得地位和权力。

（2）亲和需要。很多教材中将其翻译为归属需要，它是指寻求被他人喜爱和接纳的一种愿望和需要。具有这方面需要的人通常会从友爱、情谊、人际之间的社会交往中得到欢乐和满足，同时他们也在设法避免被某个组织或社会团体拒之门外而带来的痛苦。这种人喜欢保持一种融洽的社会关系，享受亲密无间和相互理解的乐趣，并随时准备去安慰和帮助处在困境之中的伙伴。可以说归属需要是保持社会交往和人际关系和谐的重要条件。

（3）成就需要。成就需要指个体追求成功的一种欲望。该理论认为具有强烈成就需要的人渴望将事情做得更为完美，提高工作效率，获得更大的成功，他们追求的是在争取成功的过程中克服困难、解决难题、努力奋斗的乐趣以及成功之后的个人的成就感，而他们并不看重成功所带来的物质奖励。个体的成就需要与他们所处的经济、文化、社会、政府的发展程度有关；同时，社会风气也制约着人们的成就需要。

2. 成就需要理论的基本观点

麦克利兰认为，不同的人对成就、权力和友谊的需要程度不同，层次排列不同。个体行为主要取决于那些被环境激活起来的需要，经过大量广泛的研究，他得出如下结论：

（1）具有高成就需要的人更喜欢具有个人责任、能够获得工作反馈和适度冒险性的环境。当具备了这些特征，高成就者的工作积极性会很高。例如，不少证据表明高成就需要者在创新性活动中更容易获得成功。如开发新产品，管理一个大组织中的一个独立部门。

（2）高成就需要的人不一定就是一个优秀的管理者。尤其是在一个大组织中，高成就需要者感兴趣的是他个人如何做好，而不是如何影响其他人做好。高成就需要的销售人员不一定是优秀的销售管理者。

（3）友谊和权力需要与管理者的成功有密切关系。高权力需要可能是有效管理的必要条件，这种观点认为一个人在组织中的地位越高，权力动机就越强。因此，有权和较高的职位是高权力需要者的激励因素。

（4）可以通过培训激发员工的成就需要。具有高成就需要的人才可以通过教育培训的方法加以培养。培训人员指导个人根据成就、胜利和成功来思考问题，并以高成就者的方式行动；设计具有个人责任、反馈和适度的冒险性的环境；提供取得成就的榜样，刺激人们取得成功的愿望和行为。

（四）期望理论

期望理论是一种过程型的激励理论。它是由美国心理学家佛隆提出来的。佛隆出版了著作《工作与激励》，正式提出了"期望理论"这一经典的过程型激励理论。佛隆认为，人总是渴求满足一定的需要并设法达到一定的目标。这个目标在尚未实现时，表现为一种期望，此时目标反过来对个人的动机又是一种激发，而这个激发力量的大小，取决于目标价值（效价）和期望概率（期望值）的乘积。用公式表示如下：

$$M=\sum V \times E$$

其中，M表示激发力量，是指调动一个人的积极性，激发人内部潜力的强度。V表示目标价值（效价），这是一个心理学概念，是指达到目标对于满足他个人需要的价值。同一目标，由于各个人所处的环境和需求不同，其需要的目标价值也就不同。同一个目标对每一个人可能有三种效价：正、零和负。效价越高，激励力量就越大。E是期望值，是人们根据过去的经验判断自己达到某种目标的可能性是大还是小，即能够达到目标的概率。目标价值大小直接反映人需要动机的强弱，期望概率反映个体实现需要和动机的信心强弱。这个公式说明假如一个人把某种目标的价值看得很大，估计能实现的概率也很高，那么此时这个目标激发动机的力量越强烈。

关于怎样使激发力量达到最高值，佛隆提出了人的期望模式：

个人努力→个人成绩（绩效）→组织奖励（报酬）→个人需要

在这个期望模式中的四个因素需要兼顾如下三个方面的关系：

（1）努力和绩效的关系。这两者的关系取决于个体对目标的期望值。期望值又取决于目标是否适合个人的认识、态度、信仰等个性倾向以及个人的社会地位、别人对他的期望等社会因素。

（2）绩效与奖励的关系。人们总是期望在达到预期成绩后，能够得到适当的合理奖励，如奖金、晋升、提级、表扬等。组织的目标，如果没有相应有效的物质和精神奖励来强化，时间一长，积极性就会消失。

（3）奖励和个人需要的关系。奖励需要匹配各种人的不同需要，要充分考虑效价。要采取多种形式的奖励，满足各种需要，最大限度地挖掘人的潜力，最有效地提高工作效率。

期望值也叫期望概率，在日常生活中，个体往往根据过去的经验来判定一定的行为能够导致某种结果或某种需要的概率。一个人对某个目标，如果他估计完全可能实现，这时概率为最大（$P=1$）；反之，如果他估计完全不能实现，那么此时概率则为最小（$P=0$）。由此可见，对于一个一心想升迁的公务员来说，升迁对他来说效价（V）很高，如果他觉得升迁的可能性比较大（期望值 E 比较高），那么用升迁对其进行激励，则能收到较好的激励效果。

由此可见，当一个人对某项结果的效价很高，并且判断自己获得这项结果的可能性也很大时，用这项结果来激励就会起到很好的作用。从此可见，要想使被激励对象的激励作用变得更大，效价和期望值也必须变高。

期望理论的出现推进了对组织个人行为和动机更深刻、更全面的理解，同时也为描述人类行为提供了新的有力工具。但其也有着一些本身固有的局限性：一是期望理论的模式太过理想化，二是由于期望理论的模式过于复杂，所以很难进行全面的试验；三是人们在做努力之前，还可能存在按照模式的要求在内心进行复杂的计算。此外，期望理论中涉及的效价和自我期望值，这些概念和变量中包含着动机的成分，而动机要受到个性和个人价值观的影响，这其实是很复杂的，有待进一步的研究。

三、自我调节激励理论

自我调节型激励理论是激励理论中的又一重要组成部分，该类激励理论侧重于研究人们从产生动机到实施行为的心理过程中个体的自我调节作用。这些激励理论主要包括亚当斯的公平理论、海特的归因理论和班杜拉的自我效能感理论等。下面我们来具体介绍这些理论。

（一）公平理论

美国心理学家亚当斯1963年发表了论文《对公平的理解》，1965年他又发表了论文《在社会交换中的不公平》，从而正式提出了公平理论的观点。该理论侧重于研究工资报酬分配的合理性、公平性及其对职工生产积极性的影响。

1. 公平理论的内容

公平理论的基本要点是：人的工作积极性不仅与个人实际报酬多少有关，而且与人们对报酬的分配是否感到公平的关系更为密切。人们总会自觉或不自觉地将自己付出的劳动代价及其所得到的报酬与他人进行比较，并对公平与否做出判断。公平感直接影响职工的工作动机和行为。因此，从某种意义上来讲，动机的激发过程实际上是人与人进行比较，做出公平与否的判断并据此以指导行为的过程。

亚当斯的公平理论用公式可以表示为：

$$O_p/I_p = O_o/I_o$$

其中 O_p 代表了一个人对他自己所获报酬的感觉；I_p 代表了一个人对自己所做贡献的感觉；O_o 代表一个人对他人所获报酬的感觉；I_o 代表了一个人对他人所做贡献的感觉。组织中，员工对自己是否受到公平合理的对待是十分敏感的，他们有时更关注的不是他们所获得报酬的绝对值，而是与他人所获报酬进行比较后的相对值，当 $O_p/I_p = O_o/I_o$，也就是个人感觉自己所获得的结果与投入的比值与别人相等的时候，就产生了公平感。如果一方的比值大于另一方，另一方就会产生不公平感，反之亦然。具体来说，有以下几种情况：

$O_p/I_p = O_o/I_o$ 报酬相当，双方感觉都公平（自己满意）；

$O_p/I_p > O_o/I_o$ 自己的报酬过高，自己感觉多得（自己满意）；

$O_p/I_p < O_o/I_o$ 自己的报酬过低，自己感觉不公平（自己不满意）；

同样，在上述三种情况之下，员工所表现出来的激励状态是不一样的。

第一种情况即双方比值相等的情况下，员工会觉得公平，此时应该说员工所处的是一个相对稳定的激励状态。第二种情况之下，员工自己感觉报酬过多，自己多得了，此时员工会觉得很满意，并且受到了激励。第三种情况之下，员工感觉不公平，此时员工可能出现如下的情况：心理挫折和失衡、改变投入、要求改变产出、改变对自身的看法、改变对他人的看法、重新选择比较对象和离开现在的工作环境等。

调查和实验的结果表明，不公平感的产生，绝大多数是由于经过比较认为自己目前的报酬过低而产生的。但在少数情况下，也会由于经过比较认为自己的报酬过高而产生。我们看到公平理论提出的基本观点是客观存在的，但公平本身却是一个相当复杂的问题，这主要是由于下面几个原因：

（1）个人的主观判断。上面公式中无论是自己的或他人的投入和报酬都是个人感觉，而一般人总是对自己的投入估计过高，对别人的投入估计过低。

（2）个人所持的公平标准。上面的公平标准是采取贡献率，也有采取需要率、平均率的。例如有人认为助学金应改为奖学金才合理，有人认为应平均分配才公平，也有人认为按经济困难程度分配才适当。

（3）绩效的评定。我们主张按绩效付报酬，并且个人之间应相对均衡。但如何评定绩效？是以工作成果的数量和质量，还是按工作中的努力程度和付出的劳动量？是按工作的复杂和困难程度，还是按工作能力、技能、资历和学历？不同的评定办法会得到不同的结果，最好是按工作成果的数量和质量，用明确、客观、易于核实的标准来度量，但这在实际工作中往往难以做到，有时不得不采用其他的方法。

（4）它与评定人有关。绩效由谁来评定？是领导者评定、群众评定还是自我评定？不同的评定人会得出不同的结果。由于同一组织内往往不是由同一个人评定，因此会出现松紧不一、回避矛盾、姑息迁就、抱有成见等现象。

2. 公平理论对现代企业管理的启示

公平理论在实践应用中对现代企业管理有着很多启示：

（1）对赏罚制度的启示。无论在西方还是东方的文化背景下，公平都是企业管理中谈论比较多的一个话题。我国由于受多年的计划经济和"大锅饭"的影响，人们对公平的比较心理比较重，所以说公平理论给我国企业管理最重要的启发就是重视员工的公平感，管理者要真正认识到"不患寡，而患不均"。

另外，员工的不公平感很大程度上来源于组织中的不公平的制度。员工有功不奖，有过不罚，无功者受到表彰，这些随意的管理奖惩都是企业管理的大忌。尤其当组织中的不良现象和行为（比如拉帮结派、徇私舞弊）较多时，员工就容易产生不公平感。组织要想解决这些不良现象，就需要在制度上建立起一套明确的赏罚制度，使广大员工真正感受到公平的氛围。

（2）对报酬分配的启示。

①按时间付酬时，收入超过应得报酬的员工的生产水平会高于收入公平的员工。按时间付酬能够使员工生产出高质量与高产量的产品。

②按产量付酬，将使员工为实现公平感而加倍努力，这会促使产品的质量或数量得到提高。然而，数量上的提高只能导致更高的不公平，因为每增加一个单位的产品导致了未来的付酬更多，因此，理想的努力方向是指向提高质量，而不是数量。

③按时间付酬对于收入低于应得报酬的员工来说，将降低他们生产的数量或质量。他们的工作努力程度也将降低，而且相比收入公平的员工来说，他们将减少产出数量或降低产出质量。

④按产量付酬时，收入低于应得报酬的员工与收入公平的员工相比，他们的产量高而质量低。在计件付酬时，应对那些只讲产品数量而不管质量好坏的员工，不实施任何奖励，这种方式能够产生公平性。

（二）归因理论

1. 归因理论的内容

归因是指寻找已经产生的某种行为的原因，也就是通过分析来寻找可能归属的某一原因。归因有广义和狭义之分。广义的归因指人们对自然现象、社会现象、精神文化现象等做出解释和说明的过程，从这个意义上说，人的一切认识过程都是归因过程；狭义的归因过程是特指心理学意义上的归因，即根据行为或事件的结果，通过感知、思维、推理等内部信息加工的过程而确定造成该结果的原因的认知活动。归因理论就是指由行为的结果来推断行为原因的过程，然后通过已成定局的成功或失败的结果来寻求最佳激励途径的一种理论。

1958年，奥地利社会心理学家海德主张从行为结果入手探索行为的原因，从而倡导了归因理论。他将个人行为产生的原因分为内部和外部两大类，其中能力和努力属内部的，任务难度和运气属外部的，这就是单维度归因理论。维纳认为单维度归因是片面的，不能表征事件原因的所有属性。1972年，他在海德研究的基础上提出了自己的归因理论，该理论说明的是归因的维度及归因对成功与失败行为的影响。维纳认为内外因和稳定性是人们在进行归因时所考虑的两个维度，这两个维度互相独立。

此外，维纳还论述了人们如何归因对其今后成就行为的影响。例如，把成功归于内部的稳定因素（如能力），会使个体感到自豪，觉得自己的聪明导致了成功。相反，把成功归于外部的不稳定因素（如运气）则会对未来类似活动上的成功不敢肯定，产生担心的情绪情感体验。而把自己的失败归于内部稳定因素，会使个体产生羞耻感，引起无助忧郁的情绪情感体验。相反，把自己的失败归因于外部的不稳定因素，则会对未来类似活动的成功期望不至于过低，会继续努力，这将有助于保持乐观的情绪情感体验。

维纳于1982年又提出了归因的第三个维度即可控制性，即事件的原因是处于个人能力控制之内还是之外。在他看来，归因的这三个维度经常并存，可控制性这一维度有时本身也可以发生变化。该理论认为，当归因对象是自己时，把成功的结果归因于可控制的原因，如努力，会使个体充满自信；把成功归因于不可控的原因，如能力、任务难度、运气等，则产生惊异的感觉。若把失败的原因归因于可控制的原因，会感到内疚；反之，如果将失败的原因归因于不可控的原因，个体则会感到无奈。

维纳的归因理论把归因过程与成就动机紧密结合起来，从而构建了完整的动机和情绪归因理论。归因会引起期望的改变，这主要与原因的稳定性有关。如果某一行为结果被归因于稳定性原因，那么这种结果就会被预期或期望再度出现。因此，个体将成功结果归因于稳定性原因，则在未来的类似活动上对成功抱有高期望，预期成功会重复出现，对未来充满希望；反之，如果将失败结果归因于稳定性原因，则对未来类似活动上成功的期望值低，失败会重复出现。如果某一行为结果被归因于不稳定性的原因，那么这种行为结果是否再度出现就很难确定。在这种情况下，先前的成功并不一定导致随后还会成功的期望，先前的失败也不一定引起随后还会失败的期望。总之，将行为结果归因于稳定性的原因而非归因于不稳定性的原因，行为有更大的重复可能性。

2. 归因理论对现代企业管理的启示

归因理论在实践应用中对现代企业管理有着很多的启示，具体来说有如下几点：

（1）招聘选拔过程中注意归因的个体差异。个体对事件的归因存在着个体差异。简单说来，个体对结果的解释分为两种，即内因和外因，他们所对应的个体归因风格即为内控型和外控型。联系具体工作，不难发现个体的内控程度越强，就越倾向相信自己可以采取措施，如提高自身能力或增加努力程度来完成任务以达到较高的绩效水平；而外控者往往会消极地认为是外界的控制导致低的绩效水平。因此，组织在招聘过程中，可以挑选在归因风格上表现出内控倾向的员工来从事那些对员工素质要求较高、工作环境较差、需要挑战性和创造性的工作。

（2）培训开发过程中加强归因风格的训练。不同的归因方式对个体的情绪、动机、行为以及结果有不同的影响。因此，在人力资源管理过程中，如何趋利避害，使员工形成正确的归因风格以利于工作的开展就变得尤为重要。通过归因训练（通过一定的训练程序，使个体掌握某种归因技能，形成比较积极的归因风格）可以帮助员工形成正确的归因风格，以提高工作积极性和取得高绩效。

（3）绩效评估过程中防范各种归因偏差。前面已经阐述了较为理性和科学的归因理论和原则，但在现实的人力资源管理实践中，特别是在对员工的绩效考评过程中，由于受到管理者主客观条件的限制，在归因过程中难免会出现诸多偏差。因此，防范这些偏差以及消除因此而来的消极后果就成为了管理实践中的一个重要课题。

（三）自我效能感理论

自我效能感是由美国著名心理学家班杜拉在《思想和行为的社会基础》一书中提出来的概念，在以后的著作中逐步形成了自我效能感理论的框架体系。从20世纪80年代开始，西方工业和组织行为学家逐渐开始关注自我效能感在组织行为领域中的应用研究。近年来，有关研究还呈现出逐年增多，研究范围逐渐细化的趋势。

1. 自我效能感理论的内容

（1）自我效能感的定义。班杜拉认为自我效能是指"个体对其组织和实施达成特定目标所需行为过程的能力的信念"。他认为自我效能并非一个人的真实能力，而是个体对自己行为能力的评估和信心。班杜拉认为个体的行为是受行为的结果因素与先行因素双重影响的。行为的结果因素就是通常所认为的强化，行为主义观点认为强化是形成新行为的关键原因，但班杜拉认为预期是认知和行为的中介，是行为出现概率的决定性因素。该理论认为，在学习中即使没有强化也能获得有关的信息并形成新的行为，而强化只是可以激发和维持行为的动机以控制和调节人的行为。因此，班杜拉认为行为出现的概率是强化的函数这一种观点是不确切的，因为行为的出现不是由于随后的强化，而是由于人们认识了行为与强化之间的依赖关系后产生了对下一步强化的期望。正是这种期望对行为出现的概率起到了关键性的作用。

（2）影响自我效能感的因素。以班杜拉为代表的西方学者研究指出影响自我效能感形成的因素主要有以下四点：

第一，个人自身以往的成败经验。该效能信息源对自我效能感的影响最大。以往的成功经验是自我效能感形成的重要前提，它为个体提供判断并构成自我效能感的行为信息。一般来说，成功经验会提高效能期望，反复的失败会降低效能期望。但有研究表明，事情并非如此简单。因为成功经验对效能期望的影响还要受个体归因方式的左右，如果个体把成功的经验归因于外部的不可控的因素，那么这种成功的经验就不会增强效能感；同样，如果个体把失败归因于内部的可控的因素，也不一定会降低个体的自我效能感。

第二，模范或替代。学习和工作中的很多知识和经验并不是都需要通过亲身实践而形成，也有很多是通过对别人行为观察和模仿而获得。姚凯认为，榜样的成就和行为给观察榜样的人展示了达成成功所需要采取的策略以及为观察者提供了比较和判断自己能力的标准。同时，观察和模仿也为个体提供了一种只要通过努力就能成功的信念。这些替代性信息对观察者尤其是那些缺乏经验的新手而言具有更大的意义。

第三，言语劝说。姚凯认为言语劝说虽然不能直接提高个体的智力与技能水平，但可以通过别人的劝说，使得个体对已有的能力产生更加客观和积极的评价，从而对自己的行为进行改变。当然在进行言语劝说的时候需要遵循个体的心理特殊性，比如在企业中，当员工感觉到自己被主管所信任或者是得到主管认可的时候，主管的言语劝说更为有效。

第四，个体生理与情绪的状态。个体对生理、心理的主观知觉都会影响自我效能感。比如员工在焦虑、害怕或紧张的时候容易降低个人的自我效能感，疲劳和疼痛也会导致工人自我效能感的降低。

第三节　员工沟通技巧

一、沟通的基本内容

（一）沟通的含义与对象

沟通是指可理解的信息或思想在两个或两个以上的人群中传递或交换的过程，在这个过程中，人们通过书面语言、口头语言和行为语言等方式，进行交流信息、获取信息、解释信息、共享信息的活动。

团队沟通的对象，从团队外部看，包括组织领导、其他组织成员、团队的客户和供应商等；从团队内部看，包括团队领导和成员。

（二）沟通的类型与模式

1.团队沟通的类型

（1）按照沟通的方向划分，有自上而下的沟通、自下而上的沟通和水平沟通三种。从高层次向低层次进行的沟通称为"自上而下的沟通"，从低层次向高层次进行的沟通称为"自下而上的沟通",发生在同一团队成员之间、同层次的团队成员之间、同层次的管理者之间的沟通称为"水平沟通"。

(2)按沟通的方法划分,可以分为书面沟通和口头沟通。书面沟通包括对团队内部使用备忘录,对客户和非公司人员使用信件方式进行的沟通,其中备忘录和信件均可通过拷贝或电子邮件来传递。口头沟通,即面对面的沟通,或通过电话、有声邮件或电话会议等方式实现的沟通。

(3)按组织系统划分,可以分为正式沟通和非正式沟通。一般来说,正式的团队沟通是指团队正式组织系统的信息传递,非正式团队沟通指的是团队非正式组织系统的信息传递。

2.沟通模式

无论是哪一种类型的沟通都具有一般的沟通要素,遵循共同的沟通模式,如图8-4所示。

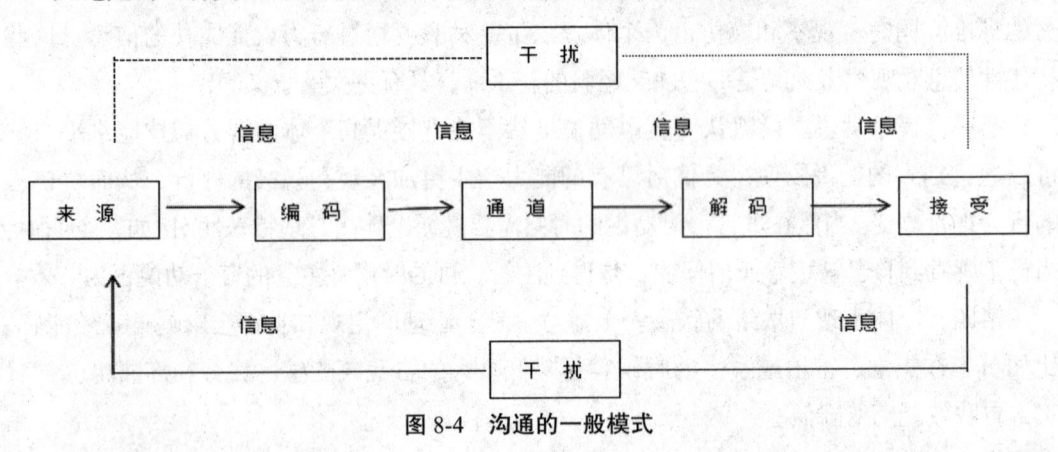

图 8-4 沟通的一般模式

其中:来源——信息的来源,即信息发出的主体;编码——口述或书写时传送信息的符号;通道——用来传送信息的中介或载体;解码——接收者对信息的解释、理解;接收——计划的信息接收者,信息到达的客体;反馈——确定信息真实性的信息;干扰——也称噪声,即造成信息失真、错乱、误解或干扰沟通过程的任何信息。

(三)团队沟通的方式

1.会议沟通

举行各种类型、各种规模、各种形式的会议可以起到集思广益的作用。在会议讨论中,可以互相激发思想火花,各种不同思想的碰撞和交锋,从不协调到协调,从不同想法到获得相近或一致的见解。团队会议不能是简单的一端发送另一端接收指示的收听式,而应是有中心有目的地汇集团队成员的智能、思想、经验和信息的交互式。

2.个别交谈

团队是一个整体,成员间必须相互关怀,互相了解。个别交谈既是彼此关心建立感情的渠道,也是探讨和研究问题的重要方式。个别交谈比会议讨论可能更深入、更细致,更容易获得双向交流以提升信息的质量。

3. 开放式讨论

事先向团队成员发出讨论的主题，要求每个团队成员事先做好发言准备。开放式讨论采用的是有主题无领导的讨论，只有会议记录员对讨论的内容做详尽的记录。开放式讨论能够汇集各种思想，把团队成员对这一主题的研究通过"头脑风暴"法获得提升，并使团队成员共享彼此的研究成果。这是整体效益最佳的交流过程，而非1+1的简单叠加。

4. 网络沟通

充分利用网络，能快速地传递团队成员所获取的最新信息和创造的最新思想。快速传递会达到快速撞击，快速的撞击有时会获得意想不到的创新成果。团队成员还可通过电子邮件表示彼此的关心和实现个体劳动的连结，成员可以利用网络请求帮助和给予帮助以求得团队的最优绩效。

二、沟通的基础是倾听

（一）倾听的特征与类型

1. 听与倾听

不能把听与倾听混为一谈。听是一个生理过程，是听觉器官对声波的单纯感受，是一种无意识的行为。倾听不仅是生理意义上的听，更是一种积极的有意识的听觉与心理活动。通过倾听，不仅可获得信息，更能获得感知。听与倾听的差别在于：听是用耳朵接受各种听得见的声音的一种行为，只有声音、没有信息，是被动的、无意识的行为，主要取决于客观；倾听是主动获取信息的行为，有信息、需要专心关注，是积极的、有意识的行为，主要取决于主观意识。

2. 倾听的类型

（1）全神贯注地倾听。这是管理沟通关键所在，它可使管理者获得比直接提问所得到的反馈更真实、更具有价值。为此，它强调集中思想、综合分析及评价，不仅要求仔细地倾听，还要正确理解并使之成为有意义的信息。它通常被称作批评的倾听，是一种积极倾听、有效倾听。

（2）专心地倾听。虽与第一类倾听相似，但要求倾听的内容没有那么复杂或抽象，其追求的信息往往富于娱乐性或趣味性，一般属于业余爱好的东西。

（3）随意地倾听。一般属于社交性倾听，无须任何评价技巧。

有些人并不善于"倾听"，虽看起来在听，却心不在焉。约翰·迪格塔尼将不善于倾听的人分为五类：

（1）坐立不安者。表现为心神不定、局促不安，倾听时动来动去。

（2）追根溯源者。这类倾听者急于获得需要的、正确的信息，而表现出强烈的专注，过分追根溯源，既引起信息传播者的发窘甚至恐慌，也影响沟通正常进行。

（3）情感冷漠者。这类倾听者只接受事实的东西，对观点、论述、情感不感兴趣，甚至态度冷漠，影响沟通效果。

（4）有耳无心者。这类倾听者心不在焉、人在心不在。

（5）断章取义者。对听来的信息断章取义，选择性倾听将影响获取的信息完整性、有效性。

不良的沟通习惯影响有效沟通：急于概括他人意思者、武断性概括者、好为人师者、好发言批评者等。

（二）倾听的重要性

1. 倾听可获得重要的信息

通过倾听可了解对方要传达的消息，同时感受到对方的感情，还可据此推断对方的性格、目的和诚恳程度。透过提问，可澄清不明之处，或是启发对方提供更完整的资料。耐心地倾听，可以减少对方自卫的意识，受到对方的认同，甚至产生同伴、知音的感觉，促进彼此的沟通了解。倾听可以训练以己推人的心态，锻炼思考力、想象力、客观分析能力。

2. 倾听可以掩盖自身弱点

俗话说"沉默是金""言多必失"。静默可以帮助人们掩盖若干弱点。如果你对别人所谈问题一无所知，或未曾考虑，保持沉默便可不表示自己的立场。

3. 善听才能善言

在听别人说话时，你是否迟滞发呆、冷漠烦闷？你是否坐立不安、急于接话？人们常常会因为急于表达自己的观点而根本无心聆听对方在说些什么，甚至在对方还未说完的时候，心里早在盘算自己下一步该如何反驳。用一种消极、抵触的情绪听别人说话，最终自己的发言也会毫无针对性和感染力，交谈的结局可想而知。

4. 倾听能激发对方的谈话欲

让说话者觉得自己的话有价值，他们会愿意说出更多更有用的信息。称职的倾听者还会促使对方思维更加灵活敏捷、启迪对方产生更深入的见解，双方皆受益匪浅。

5. 倾听能发现说服对方的关键

如果你沟通的目的是为了说服别人，多听他的意见会更加有效。因为通过倾听，你能从中发现他的出发点和弱点，即是什么让他坚持己见，这就为你说服对方提供了契机。同时，你又向别人传递了一种信息，即你的意见已充分考虑了他的需要和见解，这样他们会更愿意接受。

6. 倾听可使你获得友谊和信任

人们大都喜欢发表自己的意见，如果你愿意给他们一个机会，他们便会觉得你和蔼可亲、值得信赖。作为一名管理者，无论是倾听顾客、上司还是下属的想法，都可消除对方的不满和愤懑，获取他们的信任。

（三）倾听中的障碍

1. 环境因素

（1）环境的封闭性。指谈话场所的空间大小有无遮拦设施、光照强度、有无噪声干扰等因素，它决定着信息在传送过程中的损失概率。

（2）环境氛围。即环境的主观性特征，它影响人们的心理定式及是否容易接受信息，对接收的信息如何看待和处置等倾向。环境的温馨和谐或火药味重，是轻松愉快还是紧张，是野外还是房间等，都影响心理接受定式。

（3）对应关系。对应关系可分为一对一、一对多、多对一、多对多四种。不同的对应关系会导致不同心理角色定位、心理压力和注意集中度。如在教室里听课及听同事谈心或下属汇报，其心理是完全不同的，前者是一对多的关系，听课者压力小、思想易开小差；后者一对一，听者感到自己角色重要，心理压力大，注意力自然集中；而新闻发布会则是一对多，记者七嘴八舌提问，主持人必须全神贯注，丝毫不敢懈怠。表8-2列出了环境类型特征及倾听障碍源。

表8-2　环境类型特征及倾听障碍源

环境类型	封闭性	氛围	对应关系	主要障碍源
办公室	封闭	严肃、认真	一对一、一对多	不平等造成的心理负担、紧张，他人或电话打扰
会议室	一般	严肃、认真	一对多	对在场他人的顾忌，时间限制
现场	开放	可松可紧张、较认真	一对多	外界干扰，事前准备不足
谈判	封闭	紧张、投入	多对多	对抗心理，说服对方的愿望太强烈
讨论会	封闭	轻松、友好、积极投入	多对多、一对多	缺乏从大量散乱信息中发现闪光点的洞察力
非正式场合	开放	轻松、舒适散漫	一对一、一对多	外界干扰，易跑题

2. 语言因素

过分精确的语言、术语的运用、太多的信息等，往往会导致听者在短时间内无法有效接收信息。比如某管理学院教授在课堂上用了许多字母的缩略语："总之，许多MBA学员认为，在实施BOT项目时，应该谨慎。"（MBA——工商管理硕士；BOT——Build, Operation and Transfer）此外，口头语言与身体语言不相符，也会导致听者产生疑问。比如当你与别人谈话时，你想说"3"，而此时却伸出5个手指，如果听者注意到你的动作，必然会迷惑。

3. 倾听者的因素

倾听者本人在整个交流过程中具有举足轻重的作用。倾听者理解信息的能力和态度都直接影响倾听的效果。所以，在尽量创造适宜沟通的环境条件之后，管理者要以最好的态度和精神状态面对发言者。来自倾听者本身的障碍主要可归纳为以下几类。

（1）用心不专。用心不专是影响倾听效果的重要因素之一。如果倾听者的思想老是翻来覆去，不能集中在别人的讲话内容上，必定会错过许多重要信息，导致不能很好地与说话者交流、沟通。

（2）急于发言。人们容易在他人还未说完的时候，就迫不及待地打断对方，或者心里早已不耐烦了，这样往往不能把对方意思听懂、听全。急于发言并不利于双方的沟通。交往中，人们经常会听到别人这样说："你听我把话讲完，好不好？"其实许多时候只要认真听完别人的讲话，心中的疑问也已经消除了。

（3）选择倾向。有些人喜欢听和自己意见一致的人讲话，偏心于和自己观点相同的人。这种拒绝倾听不同意见的人，注意力就不可能集中在讲与自己意见相左的人身上，也不可能和任何人都交谈得很愉快。

（4）心理定式。每个人都有自己的好恶，都有根深蒂固的心理定式和成见，与自己不喜欢或不信任的人交流，很难以客观冷静的态度接收说话者的信息。

（5）厌烦。当一个平时比较啰唆的人要求和你谈话时，你总是有心无心地听他讲，因为你会觉得他讲的许多都是废话，从而错过了一些有用的信息。

（6）生理差异。倾听是感知的一部分，它的效果受听觉器官、视觉器官的限制，如果生理有缺陷，必然会影响倾听的效果，比如盲人和耳聋者，他们之间的沟通需借助第三者，或者其他工具，这必然会影响到沟通的效果。

（7）要求过高。企图把演讲者的一字一句都听进去、记下来，听得既费劲，又收效甚微。

（8）武断。自以为听懂了对方想说什么，武断地不让对方说完，也不想再听对方说什么。

（9）扭曲。过于注重演讲的方式及演讲者的外表，忽视了对方的内容及要义，产生倾听扭曲，是演讲交流过程中最主要的干扰因素之一。

（四）倾听者的障碍克服

1. 克服粗心大意

（1）事先列出自己要了解、要得到的信息、知识、技术及要解决的问题。

（2）相互会晤，在会谈将结束时，要与对方核实自己的理解是否正确，要解决的问题是否有正确答案。

（3）记下关键点及要害。

2. 克服误解障碍

（1）切忌自作主张。不要自以为是地认为哪些信息不重要，否则易忽略重要信息。

（2）消除成见。既要克服思维定式的影响，又要虚心倾听，客观地理解信息。

（3）分析了解。要进一步分析对方的背景及经历，想想他为什么这样说，有没有特定的含义或企图。

（4）认真落实。对双方商谈的内容要进一步核对，让对方能更正你理解的错误之处。

3. 排除相关障碍

（1）排除心理定式。

（2）克服急于发言、打断别人说话的毛病。

（3）消除厌烦心理。

（4）切忌要求过高，要实事求是。

（5）排除武断、扭曲的缺点。

（五）有效倾听的原则

1. 专心原则

要集中精力、全神贯注，以积极的态度，真诚坦率地倾听。专心原则要求主动倾听，而不是被动倾听。积极主动倾听能使你更了解说话的内容，抓住关键点及要害，更懂得欣赏对方并产生思想感情交流，引起共鸣。回答也会切中要害，有理有节。总之，有效倾听的第一步是专心，要认识到倾听既是有价值的信息搜集活动，更是有效沟通的开端。

2. 移情原则

移情原则要求理解说话者的意图而不是你想理解什么。有效的倾听要排除阻碍获得新的知识、文化、思想的内在情感、观念和偏见。在与不同文化背景的人沟通时，要努力超越自己狭隘的文化观点，并对新的知识、技术、文化、观念敞开心胸。

3. 客观原则

要客观地倾听，不要自以为是、以自我为中心，不要边听边批判对方的内容、观点。必须懂得在良好的沟通要素中，话语占7%，音调占38%，而55%完全是非语言的信息。切忌在听到与自己不同的观点时就在心中反驳他人所言，否则，会带来主观偏见和遗漏一些重要的信息。

4. 完整性原则

要对信息发送者传递的信息有一个完整的了解，就要既获得传递的沟通内容，又获得发送者的价值观和感情信息；既理解发送者的言中之义，又发掘出其言外之意；既注意其语言信息，也关注其非语言信息；既要听话听音，更要捕捉其话中之话。

（六）提高有效倾听的策略与要求

1. 倾听策略的运用与提高

（1）选择合适的环境。

（2）排除杂念。

（3）敞开心胸，努力倾听。

（4）不要轻易插嘴。

（5）提升语言和非语言的反馈。

（6）边听边沟通。

（7）不要妄自评断。

2. 提高有效沟通的技巧

（1）要有良好的精神状态。

（2）明确倾听目的。

（3）排除外界干扰。

（4）与讲话人建立信任关系。

（5）使用开放性动作，及时地运用动作和表情给予呼应，如微笑、皱眉、迷惑不解等表情。

（6）适时适度地提问。

（七）听问结合，提升沟通技巧

1. 听问结合的意义及要求

在倾听过程中，恰当地提出问题，与对方交流思想、意见往往有助于人们的相互沟通。沟通的目的是为获得信息，是为了知道彼此在想什么，要做什么。通过提问的方式可获得信息，同时也可以从对方谈话的内容、方式、态度、情绪等其他方面获得信息。

听问结合要做到数量少而精。太多的问题会打断讲话者的思路和扰乱讲话者的情绪，恰当的提问往往有助于双方的交流。要紧紧围绕谈话内容或听讲氛围，不应漫无边际地提出一些不相关的问题。

2. 提问方式

（1）明确性提问。提问的方向或问题明确，要求对方给予明确解释。

（2）相关性提问。对讲话者所讲的内容的相关问题、有关联性问题提问。

（3）激励性提问。激励对方演讲或谈话的兴趣、勇气。

（4）征求意见性提问。

（5）证实性提问。对讲话人提出的观点、数据、事实等进一步证实其准确性、可靠性。

3. 提问技巧

（1）换位思考的提问。要设身处地地理解对方，要以理解的态度倾听、交谈、提问，就能诚恳而准确地提出一些双方都能接受的问题，从而更易于促进沟通；要从对方的特点出发，适应对方的职业、身份、年龄、民族、文化素养、性格等特点，因人而异，对方热诚率直则应坦诚直言，对方生性狡黠多疑者则以旁敲侧击、迂回应对。

（2）提问数量与内容适当。提问数量要少而精，太多的问题会打断讲话者的思路和情绪，尤其是当许多讲话者的讲话内容是即兴发挥时，讲话者不能完全、清楚地记得自己刚才所说的话。恰当的提问往往有助于双方的交流。同时，提问的内容要紧紧围绕谈话内容，不应漫无边际地提一些随意而不相关的问题，因为这既浪费双方时间，又会淡化谈话的主题。

（3）把握提问时机。倾听中把握提问的时机十分重要，交谈中如果遇到某种问题未能理解，应在双方充分表达的基础上再提出问题。一般情况下，在对方刚表现出某个观点时应及时提问，及时提问往往有利于问题的及时解决。否则也许矛盾逐渐累积，会越发不可收拾。"及时提问"并不意味着反应越快越好，最佳的时机还需要倾听者灵活地捕捉。聪明的人善于识别对方言语中真实的感情流露与虚伪的表面情绪，只对他真诚的情感提问。倾听者应特别注意自以为是的虚伪情感，因为它们往往是徒劳无益的，甚至是危险的。而在不适当的时机提出问题，可能会带来意想不到的损失。

（4）提问语速适宜。提问时话说得太急，容易使对方感到咄咄逼人，引起负效应；说得太慢，对方心里着急，不耐烦。

（5）讲究提问方式。讲究提问方式，避免使用盘问式、审问式、命令式、通牒式等不友好、不礼貌的问话方式和语态、语气。否则，易导致会谈气氛紧张，易引起对方对沟通者的行为、语调或话语产生防卫性反应。

（6）明确的语言。语义明确的提问是较为详细的，而且应该是被核实甚至有记录的。意思明确、具体，可以防止过于抽象，或者带有某种成见的感情色彩，更重要的是，它可以避免在指出错误时变成对对方的人身攻击。

（八）沟通中的积极倾听

1. 认真对待倾听

要成为优秀的倾听者，首先要培养自我意识，分析自己对待倾听的短处和不足，并下定决心改正。良好的倾听习惯来自实践和自律。应该把倾听作为一个主动过程。针对现代生活与环境中过多的"被动倾听"（电视、互联网、手机短信等），要学会辨别在哪些情形当中主动倾听是非常重要的。如果真心投入成为有效倾听者的练习活动，将在学习、人际和家庭关系以及事业当中体会到这种练习的回报。

2. 专心致志，排除干扰

在听演讲、报告及上课时，往往出现这样那样的干扰而易引起走神，如客观上，教室过热过闷、窗外响声大、演讲不生动、自己的思维速度比演讲者讲话快得多等。主观上，自己注意力不集中等。排除干扰首先要重视这次演讲、听课的重要性，体谅演讲者，他是做了认真准备的。要将心比心，如果自己是演讲者，遇到不友好的对待又如何？一定要将自己的注意力转回到演讲人所说的事情上来，强迫自己的注意力集中在演讲内容上。要培养听课听讲善抓观点、抓要点、抓关键点的能力与要求，习惯成自然，从"抓"中集中精力等。总之，成为有心的优秀倾听者，能找到各种各样的办法和线索，掌握演讲人要传达的真实信息及观点、论点。开始，也许觉得认真听讲很困难，但多加练习、持之以恒，注意力一定能大大提高。

3. 切忌因外貌、因演讲方式分心

不要被演讲者的外表或讲话方式产生的负面影响，影响你的听讲情绪，对穿着朴实或貌不惊人的演讲者及演讲方式不如你意时，要有宽容心、耐心，要抓住听讲的目的和要求，集中精力听你想要听的信息。另一方面，也不要因演讲者外貌特别吸引而受到影响或误导，历史上、现实生活中有很多没有道德的演讲者，长得漂亮、讲话有技巧，但传播的信息则往往缺乏伦理道德、缺乏社会责任。

4. 搁置判断

人们的思想、感情是不一致的，不能以己之心要求演讲者，当讲的内容与己相左时，不能在心理上与演讲者发生争论或不再听他讲完，这样对演讲者和自己都是不公平的，对人是不礼貌的，缺乏尊重与体谅；对己则丧失了获得有效信息，不能掌握对方的意思，也不能够被人说服。尊重演讲者或交流者，听他把话讲下去、把话讲完，最后才下结论；要分析其观点、想法、论点论据，评估其推理过程，然后再做主张。如果自己的观点正确，也有必要听一听不同意见；如果无法判断自己的想法正确与否，更应听听别人说什么、为什么这样说。

5. 培养专心听讲的能力并培养记笔记的技巧

有经验的倾听者并不会把演讲者所说的所有话都记在心里或笔记本里，而是善于听、记要点（论点）、论据（支持论点的证据）、技巧。对论据，要分析四点：准确吗？是否是从客观来源获取的资料？与对方提出的论点（观点）相关吗？是否足够支持其论点？对技巧，一要分析介绍部分：用什么方法引人注目、引人入胜？如何使演讲与听众发生联系？如何建立可信度和善意？二要评估其演讲的组织方法：要点是否清晰并容易跟上？三要研究演讲人所用的语言，是否准确、清晰、鲜明、合适？能否随机按听众和当时的情形进行调整？四要分析演讲方式，是否流畅、有说服力、有强烈的吸引力？其方式是否有助于强化（或弱化）其主要思想？是否善于利用视线接触、手势和视觉辅助设施？是否善于与听众沟通？

6. 向演讲者学习

有效倾听者应善于向演讲者学习，通过集中精力听讲，注意演讲人的强项弱项，分析其效率、效果的高低成效，总结出值得学习、应该学习的方式方法，并将其充实在自己的演讲中。

（九）积极倾听要善于反馈

1. 有效倾听必须积极反馈

反馈是有效倾听的一个重要组成部分，如果只是倾听而毫无反馈，对于信息提供者而言，有如"对牛弹琴"。积极反馈是有效倾听的体现。管理者通过倾听获得大量信息，既应对信息提供者表示感谢，更应进一步建立沟通渠道，例如邀请对方参与合作，进行积极反馈。

2. 有效运用反馈类型优化沟通

反馈形式有多种：语言的、非语言的、正式的、非正式的。倾听中可以以语言的形式当面进行赞同、赞许、提问，以非语言形式，如微笑、目光肯定、点头等形体语言进行反馈，或以写纸条的方式对所获得信息予以反馈。正式反馈以回函、报告、答复、会议等方式表现。非正式反馈则借助于会晤、闲聊的方式做出反应。同时，积极反馈可起到激励和调节的作用。

3. 有效运用反馈类型优化沟通

（1）提问。通过提问，既可以了解更多的信息以答疑、解惑、充实论证或数据，又可促进双方进一步沟通信息及感情。

（2）分析。优化反馈很大程度上取决于分析，通过对所获信息进行剖析、归纳、逻辑性推理，可以去伪存真、由表及里，获得事情的真相。

（3）复述。复述可为对方纠正你的错误、补充你的不足提供机会，也向对方表达你的兴趣、爱好、观点所在，并为双方进一步沟通创造机会。

（4）评价。分析之后的评价，可以进一步对所获信息加以判断、评论，使管理沟通更上一层楼。

4. 提升积极反馈的技巧

（1）解释。倾听者要用自己的词汇解释信息传递者所讲的观点、论点、论据及相关内容，从而检查自己的理解。

（2）反射感觉。向对方表达你对他的感受。当有人表达某种情感或感觉显得很情绪化时，应用平和、温馨的语言和感情表达你的感受，切忌激化矛盾。

（3）反馈意见。把讲话者所说的观点、内容、事实进行简要概括，必要时提出意见、建议。

（4）综合处理。把讲话者的想法综合处理，使之条理化、系统化。

（5）大胆地设想。从讲话者角度大胆设想，将其论点予以创新，将有助于沟通优化。

本章小结

1. 四种外在的激励理论，并能应用于实践。
2. 四种内驱力的激励理论，并能应用于实践。
3. 三种自我调节的激励理论，并能应用于实践。
4. "听"与"倾听"是两个不同的概念。倾听是积极的、有意识的行为。
5. 影响倾听的个人因素很多，必须注意加以解决和克服，才能提升倾听效果，包括用心不专、急于发言、选择倾向、心理定式、厌烦、生理差异、要求过高、武断、扭曲。
6. 克服倾听者的障碍主要涉及三个方面：克服粗心大意；克服误解障碍；排除相关障碍（心理定式、急于发言、厌烦心理、要求过高、武断、扭曲等）。

本章习题

一、名词解释

1. 激励

2. 外在诱因激励理论

3. 强化激励理论

4. 需求层次理论

5. ERG 激励理论

二、问答题

1. 谈谈你对激励理论的分类思考。

2. 外在激励理论具体有哪几种？请结合具体的实例加以阐述。

3. 内驱力的激励理论具体有哪几种？请结合具体的实例加以阐述。

4. 自我调节的激励理论具体有哪几种？请结合具体的实例加以阐述。

5. 试述倾听的特征与类型。

6. 试述倾听中个人因素障碍有哪些？如何克服？

7. 试述有效倾听的原则。

8. 如何做优秀的倾听者？

三、案例分析题

与非 VIP 客人的纠纷

在某四星级酒店的牡丹厅中，一张方桌已有五张桌边坐满了客人。桌上热气腾腾，色、香、味、形俱佳的中式海派菜肴完全与欧美顾客要求的少盐、少油、少脂肪相吻合，三张桌子的老外都点了鸭子芋头汤。两桌国内商务客一桌点的罗宋汤，一桌点的羊肉煲。餐厅王经理陪着一位酒店营销专家进来，选择在角落的桌子上，一面用餐一面聊讲座的问题。突然，点羊肉煲那桌一位先生嚷了起来："服务员，这菜叫人怎么吃，你来看！"服务员小苏跑过去问："先生您好，有什么问题吗？"

"什么问题，你看，这水晶虾仁中怎么会有头发，叫人怎么吃？"

"先生，对不起。这不可能吧，这水晶虾仁一青一白，雪白的虾仁加上几根小葱，若有头发会很醒目的。先生，我们都扎好辫子的……"

"什么，你这是什么意思，难道这头发是我的，我的头发会掉到菜中去……"

餐厅王经理马上与自己的客人打好招呼，前去处理。

王经理："小苏，你去洗手间检查一下自己的头发，再让上菜的小马也去检查一下。"

"对不起，先生，有什么话对我讲好吗？我是餐厅的经理。"

顾客："你看这菜中有头发，叫我们怎么吃。找她投诉，她还不承认。"

经理看看桌上的水晶虾仁，一根五六公分长的硬黑头发正好在菜的中央，于是对顾客说："啊，对不起了。好，我们为你换一盘。作为补偿，这道菜免单，好吧。"随即搬来一把椅子坐在桌边，征求顾客的意见。

经理："先生贵姓？"

顾客："我免贵姓王，这位是老张，这位是老李，这位是老耿。"

经理:"呀,500年前是一家了,有不满意的地方尽管说。听几位先生口音,好像是××地人吧?"

顾客:"是,500年前是一家。在家靠父母,出门靠朋友嘛。我们都是××地方人。王经理,你去过××地方吗?怎么一看一听就知道我们是××地方的人?"

经理:"不瞒各位,我干酒店、开餐馆20多年了。改革开放后,接待和培训过不少地方的餐饮管理人员。××地方的酒店还请我去参谋、指导过。我在××市鸿门楼大酒店还待过半个月呢!"

顾客:"怎么样,王经理,那儿不错吧?"

经理:"是不错,大修过,硬件都不错的,年轻职工朝气蓬勃,就是体制还不怎么顺,职工的培训还差点,服务技能与服务质量的关系很密切。"

顾客:"很对。服务态度好,也热情。但菜肴品质、上菜、斟酒技能差些。不过,鸿门楼很优惠的,第二次去就是老顾客了,打八折。"

经理:"王先生来我们这儿也不是第一次了吧,我们也有回头客优惠。可以发VIP卡,以后凭卡打折。"

顾客:"我已经是第三次来了,上次来忘了要VIP卡,这次来了,说没卡没有优惠。说什么第一次来消费后才发VIP卡。有这种事吗?我们前两次走时忘了要卡嘛。"

经理:"啊,这就对不住大家了,老王,你看,今日的用餐就按VIP给您打折。您住在本店吗?"

顾客:"是,3号楼218和219室。"

经理:"我帮你打电话让前厅部给各位送上VIP卡,老顾客了,有什么要求尽管讲,有什么不满意的地方,给我们提出来。如果有服务不到位的地方,一方面请包涵,另一方面打电话,叫服务员、叫我都行。"

这时,新换的水晶虾仁端上来了。

小苏:"先生,对不起,刚才我不该对各位解释,应该主动找问题。好,菜上齐了,请慢用。"

经理:"各位,尝一尝。"在顾客品尝美味菜肴,嘴巴"叭叭"吃得津津有味之时,经理说道:"怎么样,各位满意吗?我们还是很重视员工培训的,发现了头发,就有责任,尽管不是上菜这批女孩子的。我还要去检查厨师穿戴整齐不整齐呢,你们慢慢品尝吧。"

顾客突然拉着经理:"别去了,别去了,小事一桩。不瞒你说,刚才我头痒,我还抓头呢!老王,不,王经理,我们来了登记房间,说没有VIP卡不优惠;来点菜时,也说有卡才优惠,我吃得就不大爽。唉,小事一桩。我太认真、太急了,你别去责备这些孩子了。"

王经理:"好,各位朋友,多谢了。如果我们工作中有不到位的,几位讲出来,那我们改进工作,举一反三。我还要代表酒店谢谢大家。好,各位慢慢用,希望今晚开心,以后多光临。"

顾客:"开心!开心!王经理,你忙吧,不过千万别批评服务员了。"

王先生等四人来自××市两家贸易公司,之后,两个公司的商务人员来上海,全都是在这家酒店下榻。王经理第二年调到一家五星级酒店任副总,他们就不时到那家新开张的五星级酒店餐厅用餐,找机会与王经理打个招呼、聊上几句。

思考题:
1. 分析小苏、王经理是如何进行有效倾听的,如果您是小苏,应如何进行换位思考?
2. 王经理是如何通过有效倾听发展与非VIP客人的关系的?

参考文献

[1] 李宝元. 战略性激励——现代企业人力资源管理精要 [M]. 北京：经济科学出版社，2002.

[2] 张德. 人力资源开发与管理 [M]. 北京：清华大学出版社，2001.

[3] 刘昕. 人力资源管理教程 [M]. 北京：中国人事出版社，2009.

[4] 朱舟. 人力资源管理教程 [M]. 上海：上海财经大学出版社，2001.

[5] 陆国泰. 人力资源管理 [M]. 北京：高等教育出版社，2000.

[6] 萧鸣政. 人力资源管理 [M]. 北京：中央广播电视大学出版社，2001.

[7] 陆国泰. 人力资源管理 [M]. 北京：高等教育出版社，2000.

[8] 陈远敦，陈全明. 人力资源开发与管理 [M]. 北京：中国统计出版社，1995.